아시아계 미국문학과
메트로폴리타니즘

생성의 도시학

Asian American Literature & Metropolitanism

김애주 지음

신아사

이 저서는 2011년 정부(교육부)의 재원으로 한국연구재단의 지원을 받아 수행된 연구임(NRF-2011-812-A00187).

프롤로그

2007년 봄, '도시를 가로지르는 연결'이란 표제로 뉴욕에서 열린 아시아계 미국 학회(Association of Asian Americans)의 주제는 '아시아계 미국 도시주의와 다인종의 만남'이었다. 세계 각국에서 온 500명가량 학자들이 뉴욕 맨해튼에 모여 아시아계 미국인들의 문학, 문화, 도시학 등 다양한 학문 영역을 통해 도시의 의미를 탐구하는 이색적인 학술대회를 펼쳤다. 문학과 사회학 등 인문학자 뿐 아니라 건축학, 도시 행정학 등 실제 도시 건설에 참여하는 공학자들과 행정가들이 함께 머리를 맞대고 도시의 의미를 다른 각도에서 파악하는 융복합적인 지식의 향연이었다.

그 때 시애틀의 워싱턴 대학에서 연구년을 보내던 필자는 워싱턴 대학 영문과의 스티브 수미다 교수와 한 팀을 만들어 발표할 기회를 갖게 되었다. 시애틀을 배경으로 하는 일본계 미국 작품 『노-노 보이』를 도시주의로 분석, 발표할 준비를 하면서 문학 속의 도시가 얼마나 다양하고도 복합적인 문학 장치인지 알게 되었다. 수미다 교수와 그의 학생들과 함께 '노-노 보이 필드 트립'이라고 이름을 짓곤 시애틀 다운타운에 있는 잭슨 스트리트, 클럽 오리엔탈의 옛터, 시애틀 역 앞의 시계탑 등 『노-노 보이』에 나오는 실제 지역들을 답사했다. 책으로만 경험하던 공간을 실제로 만나니 작품 속에 숨어 있던 미지의 세계가 마치 새로운 생명을 띠고 출현하는 것처럼 생생하게 느껴졌다.

▌2007년도 아시아계 미국학회 팜플렛

뉴욕의 학회도 신선했다. 참석한 학자들의 범위도 중국계로부터 몽(Hmong), 아랍계 등 폭넓었고 학제 간 논의도 문학, 종교, 스포츠, 관광 등 다양하게 아우르며 진행되었다. 무엇보다 신선한 충격을 받은 것은「뇌리에서 떠나지 않는 기억의 지형학("The Geography of Haunting and Memory")」같은 세션이나「L.A.에서 읽고 구매하는 것("To read and buy in L.A.")」같은 세션에서 도시 계획자, 역사학자, 정치학자, 사회학자, 영화 전공자, 경영학자 등 다른 학문 영역의 전공자들이 함께 모여 의미를 탐색하는 장면을 목격했을 때였다. 학제 간 연구가 중요함을 인식하면서도 실제로는 치열한 연구 풍토를 만들지 못했던 필자로서는 진정한 의미의 학제 간 소통이 일어나는 현장에서 신선한 충격과 자극을 받았던 것 같다.

『생성의 도시학 : 아시아계 미국문학과 메트로폴리타니즘』은 이후 귀국하고 나서도 지속적으로 도시주의에 관심을 갖고 연구하다가 2011년 연구재단의 저술 지원 사업에 선정이 되어 이제 결실을 맺는 연구 결과물이다. 공간이 개인의 의식과 정체성을 확립하는 과정에 큰 영향을 미친다는 것은 널리 알려진 사실이다. 하지만 실제로 문학 작품에 나타난 도시를 연구하는 과정에서 공간, 특히 도시 공간은 역사, 문화, 정치, 예술이 함께 양피지처럼 축적되어 있는 복합적이고 미묘한 장소임을 실감하였다. 빅터 위고의 도시 하수구는 단지 장발장의 죽음을 건 음습한 도피처만이 아니다. 그곳은 인간의 무의식이 의식세계에서 추방된 찌꺼기들의 저장고인 것처럼 문명이 만들어 낸 온갖 폐기물들이 부유하는 도시의 무의식이다. 도시는 우리들처럼 의식과 잠재의식, 그리고 무의식이 함께 공존하는 심리적인 공간이다. 내가 연구를 하는 과정에 깨달은 것이 바로 '이것,' 도시는 살아 있는 생물체이며, 그러므로 살아 있는 존재를 다루듯이 다양한 방법으로, 정교하게, 마음으로, 접근해야 한다는 것이었다.

그런 맥락에서 이 책에서는 우선 도시에 관련된 역사적인 사실과 인식론적인 배경을 먼저 훑어보기로 한다. 인간의 삶은 공간과 분리할 수 없고, 공간은 그곳에 누적된 역사적인 흔적, 공간의 발달사와 불가분의 관계를 맺고 있기 때문이다. 2장 '아시아계 미국 이민과 디아스포라 역사'는 일본계 미국 역사학자인 로널드 다카키(Ronald Takaki)의 『낯선 해안에서 온 이방인들(*Strangers from a Different Shore*)』(1998)을 주로 참조하여 이민사를 개괄하였다. 다카키의 『낯선 해안에서 온 이방인들』은 아시아계 미국 이민사를 총괄함과 동시에 각 국가의 차별화된 이민 역사를 상세히 다룸으로써 명실 공히 아시아계 미국 이민사의 고전으로 부르기에 부족함이 없다. 필자는 그의 책을 참조하면서 작품 분석에 필요한 역사적인 정보를 간략하게 정리해 보았다.

3장 '도시주의 계보와 메트로폴리타니즘'은 문학 작품에 적용할 도시학을 정리하였다. 막스 베버, 게오르그 짐멜 등 초기 실존주의 도시학자들로부터 레이먼드 윌리엄스, 데이비드 하비, 프레드릭 제임슨 등 맑스주의 도시학자, 그리고 롤랑 바르트, 프랑코 모레티, 해너 네셔 등 도시기호학자들과 포스트모던 도시학자인 마이클 디어에 이르기까지 도시주의에 관한 계보를 훑어보았다. 도시를 어떻게 보고 어떻게 정의하는 지는 도시 텍스트를 읽는 데 중요한 맥락을 제공한다.

이러한 도시의 전반적인 계보를 개괄한 다음 도시성과 아시아계 미국문학의 관계는 어떤지를 짚어보았다. 이민 문학은 대부분 새 땅에 새로운 '집'을 짓고 정착해가는 동화 과정, 이민자가 자신의 정체성을 확립하고자 사투를 벌이는 모습을 담는다. 이민사를 볼 때 대부분 이민자들은 경제활동의 기회가 많은 도시를 중심으로 정착하고자 하므로 아시아계 미국문학도 도시를 배경으로 한 경우가 많다. 역사, 문화, 정치, 예술이 집적된 도시의 특성에 관한 연구는 사실상 아시아 이민자들의 정착 과정과, 심리적인 현상, 문화적인 변용이 어떻게 진행되었는지를 총괄할 수 있는 주요한 연구 분야이다.

4장 '아시아계 미국문학과 생성의 도시학'에서는 6권의 아시아계 미국문학을 도시주의로 분석한 내용을 실었다. 초기 작품으로는 필리핀계 미국 작가 카를로스 불로산(Carlos Bulosan)의 『미국은 내 마음속에(*America is in the Heart*)』와 중국계 미국 작가 루이스 추(Louis Chu)의 『차 한 대접 드세요(*Eat a Bowl of Tea*)』, 그리고 일본계 미국 작가인 존 오카다(John Okada)의 『노-노 보이(*No-No Boy*)』를 실었다. 중기 작품으로는 베트남계 미국 작가인 르리 헤이슬립(Le Ly Hayslip)의 『하늘과 땅이 장소를 바꾸었을 때(*When Heaven and Earth Changed Places*)』와 인도계 미국인인 바라티 무컬지(Bharati Mukerjee)의 『재스민(*Jasmine*)』을 포함시켰다. 최근 작품으로는 한국계 미국작가인 이창래(Chang-rae Lee)의 『네이티브 스피커(*Native Speaker*)』를 다루었다.

6권의 작품은 '생존의 도시학,' '전유의 도시학,' '생성의 도시학'으로 분류했는데, 그 이유는 초기로부터 최근에 이르기까지 삭품에 나타난 도시가 인간의 정착과정에 나타나는 물리적인 생존의 단계, 환경을 자기화하는 전유의 단계, 주체적으로 자신의 영역을 창조하는 생성의 단계와 유사한 양식을 보이기 때문이다.

▶ 4.1. '생존의 도시학'에서는 『미국은 내 마음속에』와 『차 한 대접 드세요』를 다루었다. 도시가 그다지 복잡하지 않은 양상으로 그려져 있는 두 작품에서 인물들은 낯선 미국 땅에 정착하기 위해 물리적으로 힘겨운 싸움을 벌이며 도시는 그 생존기의 배경이다. 『미국은 내 마음속에』의 도시는 제국주의가 도시 발달에 미친 경제적 · 정치적인 영향, 그로 인한 계층적인 차별을 적나라하게 반영한다.

그러므로 맑스주의 도시주의자인 레이먼드 윌리엄스의 '발전도상의 메트로폴리탄 제국주의' 개념이 작품 분석에 유효하다. 『차 한 대접 드세요』의 뉴욕 차이나타운은 남자들 수가 압도적으로 많은 독신남 사회이며 독신남 아버지들의 가부장적인 억압으로 인해 후손들의 삶이 생명력을 잃은 '소수인종 콜로니'이다. 그러나 작품에 나오는 도시 풍경을 기호학적으로 접근해 보면 뉴욕은 불모지 대신 생명을 잉태시킬 가능성을 품은 생존의 도시임이 드러난다.

▶ 4.2. '전유의 도시학'에서는 『노-노 보이』와 『하늘과 땅이 장소를 바꾸었을 때』를 다루었다. 이 두 작품에 나타난 도시는 전자에 비해 보다 복잡한 양상을 띤다. 두 작품의 인물들은 도시를 국가로 확대해서 인식하며 국가를 자신의 정착지로 수용해가는 과정에서 도시의 속성을 내재화, 유용화하는 모습을 보인다. 『노-노 보이』의 이치로는 미국과 일본에 대한 이중 국가의식 때문에 심리적인 혼돈 상태에 빠져 있으며 그 혼돈을 어떻게 수용할 것인지를 고통스럽게 탐색한다. 『하늘과 땅이 장소를 바꾸었을 때』에서 르 리는 베트남 전쟁 당시의 도시에서 자신의 몸을 물신화하는 방식으로 행위주체의 자유를 획득한다. 이 두 작품은 탈식민주의적인 전유화를 통해 '미국인임을 주장하는(claiming Americans)' 아시아계 미국 주체의 출현을 보여 준다. 도시 공간은 그 출현을 허락하는 '전유의 지점'이다.

▶ 4.3. '생성의 도시학'에서는 『재스민』과 『네이티브 스피커』에 나타난 도시를 다루었다. 1980년대 말과 1990년대 중엽에 출판된 두 작품은 이질성, 미결정성, 혼종성 등 포스트모던 도시의 양상을

보이므로 마이클 디어의 포스트모던 도시학을 적용해 보았다. 앞의 작품들에 비해 서술 기법이나 공간 이동이 좀 더 복잡해지고 다양해진 이들 작품에 재현된 도시는 수많은 소수인종의 생존의 각축장이자, 이질 문화의 박람회이다. 『재스민』의 도시는 혼종성이 두드러지며 불법 이민자들이 끝없이 이동하고 주체의 변용을 만들어내는 탈중심화된 공간이다. 『네이티브 스피커』의 뉴욕은 소외와 분열, 몰개성의 디스토피아처럼 보이지만 궁극적으로는 이민 후손들에게 '주변이 중심의 서열에 변혁을 가져온', '주변성의 정치학'을 증명하는 '희망의 공간', 이른바 '생성의 도시'다.

『생성의 도시학』을 출간하면서 아시아계 미국문학을 도시주의로 접근한 연구가 빛을 볼 수 있게 지원한 연구재단에 감사드린다. 한 주제로 끈기 있게 연구할 수 있는 연구 분위기가 일천한 상황에서 몇 년간 한 주제로 깊이 있게 연구할 수 있는 기회가 주어졌다는 것은 행운이었다. 출판 환경이 점점 열악해지는 상황에서도 연구자들의 연구 결과물을 세상에 내놓게 도와준 도서출판 신아사에도 감사드린다. 원고 수정을 위해 땀 흘려준 김대중 교수, 제자 신덕용에게 고마움을 표시한다. 마지막으로 항상 곁에서 격려하고 지원해 준 가족들에게 감사드리고 싶다.

2016년 7월 30일
동악의 연구실에서
저자 김애주

CONTENTS

일러두기

이 책의 일부는 학술지에 이미 발표된 것을 수정 보완하였다.

- 「시티 코드: 도시주의를 통한 아시아계 미국문학 읽기」, 『현대영미소설』 17.2(2010): 7-36.
- 「바라티 무컬지의 『재스민』: 벌거벗은 생명들과 부정의 존재 윤리」, 『미국소설』 20.3(2013): 29-55.
- 「젠더화된 도시 오디세이: 르 리 헤이슬립의 『하늘과 땅이 장소를 바꾸었을 때』」, 『현대영미소설』 21.3(2014): 5-30.
- 「루이스 추의 『차 한 대접 드세요』: 도시주의를 통한 뉴욕 차이나타운 읽기」, 『미국소설』 22.2(2015): 29-52.
- 「사회적 텍스트 『미국은 내 마음 속에』에 나타난 도시주의」, 『현대영미소설』 23.1(2016): 29-55.

아시아계 미국문학과 메트로폴리타니즘

생성의 도시학

Asian American Literature & Metropolitanism

아시아계 미국 이민과 디아스포라 역사

I. 전체 개괄

아시아계 미국 이민 역사는 백인 중심의 미국 주류사회가 가한 차별과 배제의 역사인 동시에 그에 맞서 치열하게 싸우고 정착해간 아시아 이민자들의 저항과 포함의 역사다. 17세기에 종교의 자유와 경제적 풍요를 꿈꾸며 영국에서 대서양을 건너온 보트 피플들의 나라 미국은 발생학적으로 세계 각국의 이주자들이 만든 이민 국가다. 하지만 신대륙에 먼저 정착한 이주자들은 이후에 온 사람들을 국가 안전을 위협하는 불법 이주자로, 국민의 이익과 권리를 위협하는 나사로 규정하고 배척했다. 이러한 차별과 배제, 그에 대응하는 저항과 포함의 작용과 반작용은 세 시기로 분류되는 유럽인들의 이주와 그 이후 진행된 아시아인들의 이주에 반복해서 나타난다. 1776년 미국이 영국으로부터 독립하여 국가를 건립한 이후 19세기와 20세기 초에 이르기까지 세 번에 걸쳐 대규모의 이민 물결이 유럽으로부터 밀려왔다. 첫 물결은 1815년부터 1840년까지 일어났는데 그 때는 아일랜드, 독일, 영국 사람들이 대부분이었다. 두 번째 물결은 남북 전쟁이 끝난 1860년부터 1880년대까지 진행되었다. 이 때에는 독일인, 스칸디나비아인, 영국인이 주를 이루었다. 세 번째 물결은 1880년부터 이민 차별법이 발표된 1924년까지인데 주로 유럽 출신 유대인들과 러시아, 폴란드, 우크라이나, 리투아니아, 이태리, 그리스 등지의 이민자들로 구성되어 있다(『공통된 기반(*Common Ground*)』 3 참조).

아시아인들이 본격적으로 미국에 유입된 것은 이민법을 개정한 1965년부터이지만 그 시발점은 캘리포니아의 황금 러시를 타고 일확천금을 노리며 중국인들이 대거 샌프란시스코로 몰려온 1849년부터라고 할 수 있다. 중국인에 이어 일본인은 1886년 하와이 사탕수수밭 노동자로 이주해 왔으며 한국인은 1903년 7천 명 가량이 하와이로 들어와 1905년에 한국 성공회 교회를 세웠다. 한국인들은 조국이 일본의 식민지가 된 것에 격분하여 1909년 한국 민족협회(Korean Nationalist Association)를 설립하고 독립 운동을 전개했

샌프란시스코 엔젤 아일랜드

다. 하와이에 거주한 한국인들이 독립 운동을 전개하며 일본을 대상으로 투쟁한 같은 해에 일본 출신 농장 노동자 7천 명은 하와이 오아후(Oahu)에서 4개월 간 노동 조건을 개선할 것을 요구하며 파업을 일으켰다. 아시아인들이 사탕수수밭에서 한 노동은 미국 노예제도 때 흑인들이 대농장에서 하던 살인적인 노동과 맞먹는 것이었다. 1907년에는 필리핀 노동자들이 처음으로 하와이에 도착하였으며 1910년에는 아시아계 이민자들의 미국 관문인 엔젤 아일랜드 이민국(Angel Island Immigration Station)이 샌프란시스코 근해 엔젤 아일랜드에 설립되었다.

아시아계의 첫 이주자인 중국 광부들은 낮은 임금에도 불구하고 열심히 일하는 성실한 일꾼이 대부분이었으므로 처음에는 백인 노동자들에 비해 고용 선호도가 높았다. 하지만 일자리를 빼앗긴 백인들이 중국인에 대해 경계하고 배척하는 반중국인 정서가 확대되면서 중국인 배제법(Chinese Exclusion Law)이 1882년 제정되기에 이르렀다. 급속도로 진행된 산업화를 위해 값싼 노동력이 대량으로 필요했던 미국은 필요에 따라 아시아 노동자들을 대거 불러들였지만 자신들의 이익과 맞지 않을 때는 이와 같이 언제든지 입국을 제한하기도 했다. 1965년 이민 차별법이 철폐될 때까지 아시아인들을 대상으로 한 이민법의 제정과 개정, 그리고 철폐가 반복되었고 그 과정에서 아시아 이민자들은 경제적으로 궁핍하고 계급적으로 취약한 사회 소수자로 전락했다. 하지만 그들은 백인중심의 미국 사회가 가한 억압을 고스란히 당하고만 있지는 않았다. 농장에서 일하던 노동자들은 사보타지나 폭동 등을 통해서 저항했으며 도시 노동자들은 노동조합을 만들어 노동 운동을 벌였다. 불이익을 당한 개인들은 국가를 대상으로 법적 소송을 벌이며 투쟁을 하였다. 저항하는 와중에 많은 희생을 치루기도 했지만 희생은 희생으로만 끝나지 않고 아시아계 미국 공동체의 위상을 드높이는 토양이 되었다.

아시아인들의 이민을 규제하는 법적 근거는 18세기로 거슬러 올라간다. 1790년에 제정된 미국귀화법(Naturalization Law)은 미국에 귀화할 수 있는 사람들의 조건을 명시한 것으로서 시민권을 가질 수 있는 사람들을 "자유로운 백인", "도덕성이 높은 인물"(Takaki 14)로 규정하고 있다. 이른바 미국 시민이 될 수 있는 사람을 '도덕성이 높은 백인'으로 한정한 이 미국귀화법은 시민권을 소유하지 않은 타 인종 사람들에게 투표권과 부동산 소유권을 허락하지 않음으로써 정치적 · 경제적인 활동을 제한하였다. 1952년까지 유지된 귀화법으로 인해 백인 외 타 인종을 미국 시민으로 받아들이지 않아도 되는 법적인 제도를 마련한 것이었다.

2차 대전 당시 진주만 공격 이후로 일본이 미국의 적국으로 규정되면서 일본계를 포함하여 아시아계 사람들에 대한 적대감과 불신이 고조되었다. 하지만 아시아인에 대한 편견과 적대감은 그 이전인 1849년부터 시작되었다고 할 수 있다. 1849년 금광에 투입되었던 중국 광부들은 백인 광부들의 일자리를 빼앗는다는 이유로 백인들의 반감을 사서 금광에서 퇴출되었다. 그들은 미국 대륙 횡단 철도 건설이 시작되던 1860년대에 철도 건설 노동자로 전환하여 현장에 투입되었다. "황무지로의 사명"(22)이란 이름으로 값싼 노동력의 중국인들을 철도건설에 투입시킨 것은 국가 팽창의 욕망을 지닌 미국이 저임금 외국 노동자들을 착취한 제국주의의 현장이다. 유괴되거나 강제적으로 외국으로 간 노동자를 일컫는 'coolies'로 불리워지던 중국인들은 철도 건설 도중 수없이 죽어나갔다. '대륙 횡단 철도는 중국인들의 시신 위에 세워졌다'고 알려질 정도로 그들의 희생은 컸다. 미국의 산업 기반 건설을 위해 "산업 예비군"(30)이 필요했던 미국은 아시아, 아프리카, 라틴 아메리카 등 저개발국을 새로운 원자재와 노동력의 원천으로 보았다. 그러므로 아시아인들의 노동 이민은 미국 시민권을 담보로 한 것이 아니라 값싼 노동력을 제공하는, 인종적으로 종속적인, 하위 집단을 불러들인 셈이다.

백인중심의 미국 사회가 외국 노동자에게 가한 착취와 탄압은 여러 측면에서 큰 부작용을 낳았다. 대표적인 사례가 1875년에 발표된 페이지 법(Page Law)이다. 미국 내 거주하는 중국인 수가 점점 불어나면서 중국인의 남녀 성비율이 불균형을 이루자 중국인들은 본토에서 매춘부들을 불러들이기 시작했다. 하지만 중국 매춘부들이 성적으로 문란하거나 마약을 복용하여 사회 문제를 크게 일으키자 미국 정부는 페이지 법을 발표했다. 중국 매춘부의 입국을 금지하는 이법은 그들뿐 아니라 중국 노동자들의 본국 아내들까지 미국에 들어오지 못하게 막음으로써 남녀 성비율의 불균형을 심화시켰다. 아시아계 이민 집단에 흔히 나타나는 독신자 사회(bachelor society)는 이와 같은 법이 가져온 부작용인 셈이다. 순종적이고 임금도 낮았던 중국 노동자들은 백인 고용주들에게 인기가 많았지만 그 수가 점점 불어나자 반(反) 중국인 정서가 사회 전반에 팽배해졌다. 1882년에는 향후 10년 간 중국인 노동자 이민을 금한다는 중국인 배제 법이 공표되었으며 1888년에는 중국으로 잠시 갔다가 다시 미국에 돌아오려는 중국 노동자들의 입국을 금지시키는 법이 제정되기도 했다.

중국 이민자들을 포함해서 아시아인들을 대상으로 한 법 제정과 개정이 수도 없이 반복된 것은 미국이 얼마나 그들을 종속적인 집단으로 보고 있는지, 그리고 얼마나 그들을 임의적으로 통제하려 했는지를 여실히 보여주는 사례다. 1902년에는 20년 전 1882년에 발표된 중국인 배제 법을 향후 10년 더 연장한다는 법을 공표하였고 같은 해에 이민국과 경찰이 체포 영장도 없이 보스턴의 차이나타운을 습격하여 250명에 이르는 중국인들을 체포하는 일이 벌어졌다. 1905년에는 백인과 몽골 인종과의 결혼을 금하는 '캘리포니아 시민 코드 60항(Section 60 of California's Civic Code)'이 발의되었으며 1907년에는 신사협약(Gentlemen's Agreement)을 만들어 미국 이민을 원하는 일본인들에게 여권을 발급하지 않았다. 1913년에는 캘리포니아 주에서 이방인 토지법(Alien Land Law)이 통과되어 시민권을 획득할 자격이 없는 외국인이 땅을 사거나 3년 이상 임대하는 것을 금지하였다. 1922년과 1923년에는 아시아인들에 대한 시민권 부여 문제를 두고 아시아인들과 정부 사이에 법적인 공방이 벌어졌다. 1922년 다카오 오자와(Takao Ozawa)와 정부 간의 법적 공방을 통해 정부는 일본인을 시민권을 취득하기에 적절치 않은 존재로 규정했으며 '시민권에 어울리지 않는 이방인'과 결혼한 미국 여성은 시민권을 상실한다고 발표하였다. 1923년에는 인도인인 바가트 싱 신드(Bhagat Singh Thind)가 정부를 상대로 시민권을 청구했으나 법원은 인도인들을 시민권자가 되기에 부적합한 사람이라고 판정하여 기각시켰다. 이후로 아시아인들에 대한 백인들의 탄압은 점점 더 심해졌는데 1928년 야키마 밸리(Yakima Valley)에서는 필리핀 농부들이 추방되었으며 1930년에는 반 필리핀인 폭동(Anti-Filipino Riot)이 캘리포니아의 왓슨빌(Watsonville)에서 일어났다. 1934년에는 타이딩스-맥더피 법안(Tydings-McDuffie Act)이 발의되어 필리핀이 미국으로부터 독립을 하는 절차를 밟게 되었는데 모순되게도 그 이후 필리핀 이민자는 1년에 50명으로 제한되었다.

아시아계 이민자들은 2차 대전을 기점으로 미국 내의 위상과 권리에 있어 많은 변화를 보이게 된다. 1941년 일본이 미국 하와이의 진주만을 공격하자 미국에 살던 일본인들은 하루아침에 적국민으로 몰려 거주지를 떠나야 하는 사태가 벌어졌다. 2천 명에 이르는 일본 커뮤니티 리더들이 억류되었으며 1942년에는 루즈벨트 대통령이 '대통령령 9066(Executive Order 9066)'을 제정하여 일본인들을 재배치 캠프로 유배시켰다. 2차 대전 당시 미군에 복무한 일본인 2세들의 숫자가 3만 3천 명에 이르렀으며 일본인 2세로 구성된 442부대(442nd Regimental Combat Team)는 전체 미군 부대를 통 털어 가장 혁혁한 공을 세웠다. 하지만 2차 대전 당시와 그 이후 일본계 미국인들은 강제 수용소에 억류되거나 사회적으로 불이익을 당함으로써 역사의 희생자가 되었다.

반면에 2차 대전으로 인해 중국과 필리핀은 미국과 우호적인 관계를 맺게 되었으며 그로인해 중국계와 필리핀계 미국인들의 법적인 지위가 높아졌다. 1943년 의회는 중국인 배제 법을 철폐하고 중국인에세 귀화의 권리를 부여했다. 1946년에는 필리핀이 미국으로부터 독립함에 따라 미국에 살고 있던 필리핀인들은 자연스럽게 미국 시민권을 갖게 되었다. 1948년에는 캘리포니아 대법원이 이 종족 결혼을 반대하는 것은 위헌이라고 결정하여 이 종족 결혼을 한 아시아인들을 헌법으로 보호하고자 하였다. 이어서 외국인들이 토지를 소유하는 것을 금지한 이방인 토지법이 위헌이라고 결정하였다. 1950년대부터 아프리카계 미국인이 중심이 되어 시작된 민권 운동은 아시아 이민자들에게도 좋은 영향을 미쳤다. 1952년에는 매카란 월터법(McCarran-Walter Act)이 발표되어 1790년에 만들어진 귀화법이 인종을 제한한다는 점을 들어 인종제한을 철폐하였으며 일본인들에게 귀화 권리를 부여했다. 미국 정부는 1964년에는 민권법을 선포했고 이듬해인 1965년에는 국적에 따라 이민을 차별하던 이민 차별 법을 폐지하였다.

중국, 일본, 한국, 인도 이민자들로 구성되어 있던 아시아계 이민자들의 국가 구성은 1970년대에 들어와 판도가 달라진다. 1970년대에는 베트남 전쟁 등으로 동남아시아 난민들이 미국에 대거 쏟아져 들어왔다. 1975년 13만 명 이상의 난민들이 베트남, 캄보디아. 라오스 등지에서 미국으로 들어왔으며 1978년에도 베트남을 탈출한 보트 피플들이 죽음의 항해를 하였다. 이민자들의 국적이 보다 다양해진 70년대 이후에도 미국 내 인종 차별과 탄압은 여전히 지속되었으며 그에 대항하는 이민자들의 저항도 계속되었다. 1982년 중국계 미국인 빈센트 친(Vincent Chin)이 인종차별주의자인 백인들의 손에 죽음을 당하자 아시아인들의 저항이 거세어졌다. 1987년 미국 정부는 2차 대전 당시 일본인들을 강제 억류시켰던 점을 공식적으로 사과하였고 재배치 캠프에 억류되었던 사람들 중 생존자들에게 일인당 2만 달러씩의 보상금을 지급했다. 같은 해 미 정부는 베트남 정치범들을 미국으로 이민 올 수 있게 베트남 정부와 동의하였다. 그와 같은 우호적인 분위기 속에서도 이민자들의 법적 지위를 제한하는 법이 1994년 발의 되었는데 '캘리포니아 제안 187(California's Proposition 187)'이 그것이다. 이 법은 불법 이민자들에게 교육과 의료혜택을 받지 못하게 한 법이다. 리사 로우(Lisa Lowe)는 이 법이 19세기에 중국인들을 귀화와 교육, 안전한 노동 조건으로부터 배제시킨 중국인 배제법과 유사하다고 비판한다(Lowe 20).

이와 같이 아시아계의 이민 역사는 1894년 황금러시를 타고 캘리포니아에 발을 디딘 중국인들로부터 1970년대 들어 동남아시아에서 온 보트 피플들에 이르기까지 다양한 국적의, 다양한 동기를 가진, '보다 나은 삶'에 대한 욕구를 지닌 아시아인들의 순례의 역사이다. 그들이 고국의 경제적인 궁핍과 정치적인 불안정에서 벗어나고자 "밀쳐진" 상태로 '보다 나은 삶'을 찾아 순례의 길을 떠나온 것과 별도로 미국은 '미국의 진보'를 주창하며 서부를 위대한 산업화의 현장으로 만들려고 했으며 이것을 위해 절대적으로 필요한 값싼 노동력을 아시아로부터 "끌어당긴," '밀쳐지고 끌어당겨진' 이산의 길이었던 것이다(Takaki 7).

애초에 미국 시민으로 편입시킬 의도가 없이 미국 자본주의의 "산업 예비군"(30)로 받아들인 "낯선 해안에서 온" 값싼 노동력의 "이방인들"(12)은 그러나 아시아계 이민 역사가 100여 년이 된 1986년에는 뉴욕 거주 중국계 이민자들이 30만이며 샌프란시스코 인구의 4분의 1이 아시아계일 정도로 그 세력을 확장시키며 정착해왔다. 그 과정에서 무수히 반복되는 배제와 차별법으로 온전한 가족관계를 가지기 힘들었고 공동체의 유대를 유지하기 어려웠지만 미국 백인 문화를 수용하는 동시에 자신들이 고유문화를 보존하며, 소수인종 공동체들끼리 연대하는 동시에 주류 세력에 저항하면서, 그들은 자신들의 영역을 구축해 왔다.

물론 그들의 이러한 동화 과정에는 세계 정세의 변화와 더불어 미국 내에서 고조된 인권에 대한 의식이 큰 역할을 한 바가 있다. 2차 대전 후 민주주의의 새바람이 불면서 미국은 다양성에 대한 의식이 보다 확장되고 높아졌는데 그러한 사회의식의 변화가 1964년 민권법 선포를 만들어내었고 1965년 이민차별법의 폐지로 이어진 것이다. 1965년에 발표된 이민법은 1924년 제정된 국가에 따른 이민 수를 제한한 이민 차별법을 완전히 철폐한 것이다. 이 법은 미국 국가를 동질적인 백인 사회로 간주하던 전통적인 이념으로부터 벗어남을 알리는 지표이므로 중요한 사회학적인 의미를 갖는다(419). 2차 대전 후 미국 사회를 휩쓴 민권 운동의 물결은 여성, 성 소수자, 장애인 등 사회적인 약자 뿐만 아니라 '다른 해안'에서 온 낯선 이방인들에게도 정착할 수 있는 권리와 소유할 수 있는 권리를 제공하는 기회의 문을 활짝 열게 했다.

II. 다른 해안에서 온 이방인들

중국계 미국 이민사

1849년부터 1930년까지 주로 광동 출신 중국인들 3만 8천 명이 캘리포니아의 샌프란시스코로 향했다. 1850년대에는 이미 샌프란시스코에 차이나타운이 설립되었는데 미국 내에서 가장 오래된 중국인 거주지이다. 1840년부터 1900년까지 250만 명의 중국인들이 하와이, 캐나다, 오스트레일리아, 뉴질랜드, 남미, 아프리카, 동남아시아, 서인도제도 등으로 이주하였다. 그렇게 많은 인구가 외국으로 이주한 것은 중국 국내 사정이 불안정한 때문이었다. 가장 큰 이유는 청나라 말기 불안한 중국 국내 정세 때문이었다. 영국과의 아편전쟁이 두 차례에 걸쳐 일어났으며, 홍건적의 난 등으로 인해 국내 정국이 불안했다. 중국인들이 대규모 이주를 하게 된 또 다른 이유는 그 당시 광동 지역을 강타한 홍수 등 천재지변 때문에 흉년이 들면서 극심한 기근에 시달렸기 때문이다. 그러나 인구수는 76%나 증가하면서 식량난은 더욱 심각한 상황에 빠졌다.

불안정한 국내 정세와 기근에 더불어 19세기 중엽 중국에 팽배했던 미국 샌프란시스코의 금산에 대한 환상도 중국인들의 이주를 부추겼다. "gam saan haak"이라 불리는 "금산 여행자들(travelers to the golden mountain)"(Takaki 33)이 일확천금을 꿈꾸며 대거 미국으로 향했다. 중국 남자들이 이렇게 대거 미국으로 건너간 것과 달리 중국 여성들은 거의 그 대열에 끼이지 못했다. 중국이 여성들의 이동을 극도로 제한하는 유교권 문화였던 것과 더불어 미국에 건너갈 비용을 여성에게는 제공하지 못할 정도로 가난했기 때문이다. 또한 미국으로 건너간 아들이나 남편이 귀향할 명목을 만들기 위해 여성들을 붙잡아 두었던 "저당 이론(hostage theory)"(37)도 그 이유에 속한다. 그러다 보니 미국 내 중국 남성에 비해 여성의 수가 절대적으로 부족했다. 1882년 입국한 39,579명 중 136명만 여성일 정도로 남녀 비율의 불균형이 심각하였다.

1849년 캘리포니아 광산에서 일하기 위해 중국인들이 이주하였을 당시에는 백인들이 그들을 "미국에 새로 도착한 시민들 중 가장 쓸모 있는 계급 중 하나"로 평가하였다. 흑인 대신 무사유 노동자인 중국 'coolies'를 고용했던 백인들은 노예 해방 이후 1870년대에는 "혐오스런 흑인 노동 시스템을 규제하기 위해"(94) 흑인들의 훈육자로 중국인을 고용했다. 1870년 뉴잉글랜드의 외진 마을 노스 아담스(North Adams)에 도착한 75명의 중국인은 백인들의 보조 노동자로 크게 환영을 받았다.

> 그들이 우리와 함께 하다니! 그 천사와 같은 중국인들. 아몬드 빛깔의 옅은 황갈색 눈을 하고, 땋아 늘인 머리에, 보기 드물게 열심히 일하고, 빨리 적응하는, 도덕성도 높은 그들이. 75명 전원이 노스 아담스 마을에서 열심히 일하다.

> They are with us! the Celestials'—with almond eyes, pigtails, rare industry, quick adaptation, high morality, and all—seventy-five of them—hard at work in the town of North Adams. (Takaki 97)

당시 보스턴 연방 지(*Boston Commonwealth*)에 실린 기사가 말해주듯 미국 백인들은 중국인들을 흑인 노동자와 달리 도덕성과 근면함을 갖춘 고급 노동력으로 대환영했다. 그러나 노동 시장에서 경쟁관계가 된 백인들이 '캘리포니아는 미국인의 영토'라는 문구를 내걸고 반중국인 정서를 고조시키자 중국인 노동자들은 광부에서 철도 건설 노동자로 전환할 수밖에 없었다. 백인 노동자들에 비해 조용하고 근면 검소한 중국인들은 점점 반중국인 정서에 밀려 소상인으로 업종을 바꾸었는데 주로 세탁소 일을 하였다. 백인 노동력을 싼값에 대체하는 노동력이라는 점에서 미국 사회의 대대적인 환영을 받았던 중국인들은 점점 속임수에 능하고 교활하기 짝이 없는 이방인으로 폄하되었다.

이 종족 결혼에 대한 적대감도 점점 고조되었다. 1870년대 미국에 거주하던 중국 여성 중 61%가 매춘부들이었다. 성적으로 문란한 그들은 아편 중독자가 되어 사회 질서를 어지럽히기도 하였다. 1882년 중국인 배제법과 1888년 강화법이 발효되어 이미 중국으로 갔다가 다시 미국에 돌아오려는 중국인 노동자들까지 입국이 금지되는 사태가 벌어졌다. 중국인들에 대한 백인들의 스테레오 타입은 "아프리카 종족보다는 좀 나은", 그러나 "야만적이고, 도덕적으로 열등하며, 어린애처럼 유치하고 탐욕적인"(101) 종족이며, 백인 여성을 탐내는 위험한 존재였다. 그런 이미지 때문에 중국인들과의 결혼을 1878년 금지하였던 것이다.

금광이나 철도 공사장에서 점점 밀려난 중국인들은 주로 자영업으로 업종을 전환하였다. 1900년에 중국계 남성 중 4분의 1이 세탁소를 운영했다고 하는데, 소액 투자로 창업이 가능하며 영어가 덜 필요한 직종이었기 때문이다. 세탁소 등 소상인으로 전락한 중국인들은 자신들의 일터인 야채 가게나 식당, 혹은 세탁소가 세상의 전부였을 정도로 폐쇄적인 생활을 하였다. 그들은 그들만이 모여 사는 좁은 지역을 벗어나지 못한 채 그들만의 문화를 공유하며 지냈다. 사회학자인 로버트 브라우너(Robert Blauner)가 지칭한 바처럼 인종적으로 종속된 집단인 "내부 식민지(internal colony)"(재인용 99)를 형성하여 정치적으로 권리를 행사하지 못하는 소수 집단으로 전락하였다. 중국에서 주로 농부로 일했던 그들은 노새처럼 힘들게 일하던 고단한 삶에서 벗어나기 위해 금산의 꿈을 짊어지고 미국으로 향했지만, 일확천금을 누리는 대신 내부 식민지인 차이나타운에서 빛이나지 못한 채 대부분 광부, 철도 건설 노동자, 농장 노동자, 목화 농장 노동자, 공장 노동자 등이나 세탁소, 작은 상점 등을 운영하며 단조롭게 지냈다. 이주 초기에 캘리포니아 시골 등지에서 거주하던 중국인들은 점점 도시에 모여 살게 되었는데 인구 조사에 의하면 1940년 중국인 91%가 도시에 거주하는 것으로 조사되었다. 중국인들이 도시에 세운 차이나타운은 처음에는 불결하고 배타적인 이민자들의 게토로 인식되었지만 점점 소수인종문화를 경험하려는 관광객들이 몰려들면서 관광지로 탈바꿈했다.

1924년 국적에 따라 이민을 제한하는 이민법이 제정된 후 "종이 아들"(235)이 만연하였다. 아버지가 미국 국적을 가지고 있으면 아들이 입국하여 미국 시민이 될 수 있는 법을 이용하여 중국에 있는 젊은이들이 가짜 출생 신고서를 구입하여 입국하곤 했다. 중국 이

▌뉴욕 차이나타운

민자 2세들은 중국과 미국 두 문화 사이에 갇힌 소외된 존재로 자신들을 생각했으며 그 두 문화를 연결하기 위해 노력하였다. 중국인만의 폐쇄 구역이 아니라 보다 나은 지역으로 이동하여 신분 상승을 꾀하던 2세들 중 고등교육을 받으려는 사람들이 늘어났다. 하지만 1930년대만 해도 교육을 받은 2세들도 일자리를 얻기 힘들어 "소수인종의 미숙련 노동 시장(ethnic low-skilled labor market)"(266)에서 벗어나지 못했다.

1940년대 차이나타운은 대도시를 중심으로 형성되었다. 1920년대에 샌프란시스코를 중심으로 거처를 마련하던 중국인들이 1940년대에는 뉴욕시에도 진출하여 미국 내에서 두 번째로 큰 차이나타운을 만들었다. 1940년 당시 뉴욕거주 중국인의 38%가 세탁소를 운영하였다. 필리핀계와 더불어 뉴욕 중국계 공동체도 "독신남 사회"(250)로 일컬어지는데 차이나타운의 여성과 남성의 비율이 1대 6의 비율이었다. 중국계 이민자들의 물질적, 정신적 중심지인 차이나타운을 백인들은 "불결하고, 배타적이고, 불쾌한"(246) 게토로 보았지만 중국인들에게는 "보다 온기가 넘치고, 보다 자유롭고, 보다 인간적인 삶"을 꾸릴 "진짜 중국"(253)이었다. 중국인들은 자신들의 고유 자산과 문화에 대한 자긍심이 강했고 그것을 전수하겠다는 의지가 강했다. 중국의 뛰어난 유산을 후세들에게 전수하기 위해 중국어와 문화를 그대로 유지, 교육시키려는 열성을 보여 강력한 중국 공동체 문화를 만들었고 차이나타운을 관광지의 중심인 "금박의 게토"(239)로 전환시켰다. 하지만 윗세대들의 이러한 자기 보존의 태도는 후세들에게 시대에 뒤떨어진 후진적인 삶의 형태로 비추어져 세대 간의 갈등이 심화되기도 하였다.

1941년 일본의 진주만 공격 이후 중국인을 대하는 미국인들의 태도에 변화가 생겼다. 공격을 당하고 난 후 애국주의가 폭발적으로 고조된 미국인들은 일본을 적국으로 분류하는 대신 중국을 우호세력으로 간주하였다. 전쟁 당시 뉴욕시의 중국인 중 40%가 군에 가서 미국을 위해 싸웠는데 그들에게 군에 입대한다는 것은 차이나타운에서 벗어날 수 있는 드문 기회이기도 했다. 내부의 협소한 식민지 구역을 벗어나 해외로 나갈 수 있는 기회를 누리기 위해 입대한 그들은 미국을 위해 싸웠고 그에 대한 보답으로 미국은 1940년대에 중국인들을 미국 국민으로 인정하기 시작하였다. 노동 시장도 식당이나 세탁소 등 소수인종 노동 시장에서 벗어나 방위산업으로 확대되었으며 전쟁을 통해 여성들도 방위산업체의 직원이나 서기의 직업을 갖게 되었다. 일본과 대조적으로 "백인들의 아시아 희망"(378)이 된 중국으로 인해 중국계 미국인들에 대한 인종차별이 사라졌으며 1944년부터 1952년까지 1428명의 중국인이 미국 시민권을 획득하게 되었다.

일본계 미국 이민사

1639년부터 1853년까지 약 200년간 쇄국정책을 쓴 일본은 굳게 닫았던 나라 문을 1868년 명치유신(Meiji Restoration)과 더불어 활짝 열었다. 명치유신은 일본의 근대화와 서구화를 촉진시켰다. 1868년 148명의 일본 계약 노동자들이 하와이로 건너갔으며 1890년에는 미국 본토에 2,039명의 일본인이 입국하였다. 이후 일본인들은 1924년 이민차별법이 발효되기 전까지 20만 명에 이르는 많은 사람들이 하와이로 이주하였는데, 그 중 무려 18만 명이 본토로 건너갔다. 본토행을 선택한 사람들은 주로 젊은이들이나 의무 교육을 받은 지식인들이었다. 그러다보니 중국 이민자에 비해 일본 이민자를 상류 그룹으로 인식하는 사회 분위기가 높았다. 특히 명치유신으로 민족주의가 고취된 일본 정부는 해외에 거주하는 일본인들을 국가의 대표자로 여겼기 때문에 해외로 내보낼 때 선별해서 보냈다. 일본 정부는 일본 국가의 명예를 보존할 수 있는 건강하고 유식한 자를 선별했으며 중국 이민자와 달리 매춘, 도박 등을 피하기 위해 여성의 이민도 권장하였다. 그러나 1908년 일본인의 노동 이민을 제한하는 신사협약이 발표되면서 이미 미국에 건너 가 있는 일본 노동자의 부모, 아내, 아이들만 이민을 허락했으며 그 외 일본인 이민을 제한하였다. 그 후 일본인들은 일시적으로 미국에 머물려는 '체류자'에서 영원히 정착하려는 '거주자'로 의식을 바꾸었으며 그들 스스로 "미국에 머물라. 그리고 너의 나라로 만들라"(53)라는 슬로건을 만들어 유포시켰다.

하지만 일본인에 대해서도 반 중국인 정서와 유사한 반 일본인 정서가 1920년대에 캘리포니아에 널리 퍼졌다. 일본 이민 1세들이 자영업으로 성공하자 일본인에 대한 백인의 적대감이 팽배해졌으며 일본인을 배척하려는 사회적 분위기가 고조되었다. 백인들은 중국인을 'Chink'로, 일본인을 'Jap'이라 비하하여 불렀다. 일본인 1세들은 떠돌이 노동자, 호텔 업자, 하숙집 운영, 식당, 가게나 당구장을 운영하며 살았다. 1909년 조사에 따르면 4만 명이 농업에, 만 명이 철도 공사장에, 4천 명이 통조림 공장에서 일했다. 어깨에 담요를 말아 짊어지고 이 일터 저 일터를 떠돌아다니는 노동자들은 열악한 농장에서 일하다 한 철 끝나면 또 다른 농장을 찾아 나서야 했으며 거처를 갖지 못한 그들은 의지가 될 만한 공동체를 만들 수 없었다. 철도 공사장 인부들의 사정도 마찬가지였다. 특히 그들은 무더위와 추위 등 그들의 삶을 지배하는 기후와 사투를 벌여야 했다.

철도 노동자…
그게 나지!
난 위대해. 그래, 난 철도 노동자야.

불평들:
"너무 더워!"
"너무 추워!"
"너무 자주 비가 와!"
"눈이 너무 많이 와!"
모두 다 도망가고
나만 남았다.
난 철도 노동자.

A railroad worker…
That's me!
I am great. Yes, I am a railroad worker.
Complaining:

"It is too hot!"
"It is too cold!"
"It rains too often!"
"It snows too much!"
They all ran off.
I alone remained.
I am a railroad worker. (183-84)

무더위와 혹한에 시달리고 폭우와 폭설에 맞서 싸워야 했던 일본인 노동자들은 점점 노동판을 떠나 과일 야채 등 농업으로 전환했다. 1910년에는 캘리포니아 딸기 농사의 70%가 일본인의 손으로 이루어졌으며 1940년 콩 농사의 95%를 일본인이 담당했다고 한다(189).

일본인들도 중국인들과 마찬가지로 자신들의 공동체를 형성하고 살았다. 작은 도쿄라 불리는 니혼마치(Nihonmachi)를 형성한 일본인들은 그 지역을 중심으로 자영업을 융성시켰다. 수가 부족한 여성을 보충하기 위해 일본에 있는 여성과 사진을 통해 서로 결혼 상대를 정하는 중매가 성행했으며 중매를 통해 미국에 입국한 "사진 신부"(190)는 들판에서 일을 하면서도 집안일을 함께 해야 하는 이중노동을 감내하였다. 근면한 일본인들은 1920년대에 이르러 캘리포니아 농작의 10%를 담당했으며, 그 때문에 백인들은 자신들의 영역을 침범하는 의미로 "황색 공포(yellow peril)"(192)란 신조어를 만들어 반일본인 정서를 유도하였다. 백인 노동자들은 미국 문화에 보다 잘 적응하는 일본 노동자가 오히려 중국 노동자보다 훨씬 위험하다고 느꼈다. 1924년 발표된 이민 차별법은 사실상 일본인의 이민을 저지하기 위한 목적으로 만들어졌다고 할 만큼 일본인에 대한 미국인의 경계심은 컸다고 할 수 있다. 백인들은 일본인이 인종적으로 자긍심이 강하고 미국에 궁극적으로는 동화할 생각이 없다고 판단하였기 때문에 더욱 위험하다고 본 것이다. 일본인들이 이렇게 백인들에게 위협감을 줄 정도로 급성장한 것은 두 가지 이유 때문이다. 한 가지는 상호지원 시스템을 만들어 미국에 영구히 정착하는 데 상부상조함으로써 동족끼리의 유대감을 강하게 한 점이다. 또 한 가지는 농업을 자신들의 주요 경제 활동으로 파악하고 재빨리 그 업종을 선점하려고 했기 때문이다. 이 두 가지 요인을 통해 성공적인 정착 자가 된 일본인들은 백인들에게 경제적, 정치적 영역을 침범할 만큼 위험한 종족으로 간주되었다.

1세대와 달리 2세대는 교육의 중요성을 인지한 세대들이었고 교육을 통해 미국 사회에 진입해야 한다고 보았으며 그럼으로써 1세대를 위한 외교관 역할을 할 수 있기를 기대했다. 영어를 구사하며 미국식 교육을 받은 2세들은 동양과 서양의 만남을 통해 세대 간의 가교 역할뿐만 아니라 일본과 미국의 간극을 메울 희망으로 간주되었다. 하지만 1940년 조사에서 일본계 미국인들의 63%를 차지한 2세들은 "이중의식(twoness)"(214) 때문에 좌절하곤 했다. 일본인과 미국인, 일본 문화와 미국 문화 사이에 메울 수 없는 틈을 자각하는 2세들은 아무리 노력해도 진정한 의미의 미국인이 될 수 없음을 뼈저리게 느꼈던 것이다. 미국 내 일본인 콜로니에 갇힌 2세들이 아무리 교육을 받고 노력해도 결국 과일 장수를 벗어날 수 없음에 절망한 것이다. 가령 1925년과 1935년 사이 캘리포니아 대학을 졸업한 161명에 이르는 2세 중 25%만이 전문직을 얻었고 나머지는 교육과 상관없이 소수인종의 노동 시장에서 벗어날 수 없었다. 이러한 인종 차별에 대항하여 일본인들은 1930년대 노동조합인 '일본계 미국 민주주의 클럽(Japanese-American Democratic Clubs)'을 만들었으며 마찬가지로 1930년 시애틀에 지역 전문직 조합인 '일본계 미국 시민

조합(Japanese American Citizens League)'을 결성하여 대항하였다. 그들은 백인과 동등한 것을 넘어서 "능가하는"(223) 존재로 신분상승하기를 원했다.

일본계 미국인들이 독특한 이중 의식에 시달린 것은 미국 내에서 경험하는 타자 의식에 의한 것일 뿐만 아니라 그들의 강력한 일본인 의식 때문이기도 했다. 1926년에 2세들 중 84%가 일본 국적을 가지고 있었다고 하는데 이는 그들이 얼마나 뿌리 깊게 일본 민족주의를 고수하고 있었는지 보여주는 것이다. 1940년에도 미국에 체류하는 일본인 중 50% 이상이 일본 시민권을 가졌으며 언제라도 일본에 귀국할 생각을 한 많은 사람들이 아이들을 일본에 보내 교육을 시켰다고 한다. 몇 년간 일본에 살다가 귀환하는 2세들을 가리켜 "kibei"(216)라고 했다. 그들은 일본에 가서 일본어와 문화를 배우고 돌아왔다.

아시아 미국인들의 이민사에서 역사적인 분수령이 된 사건이 2차 대전이었다. 전쟁은 아시아 이민자들을 미국에 편입시키기도 하고 배제시키기도 한 경계선이 되었다. 중국인들이나 필리핀인들은 미국의 우방으로 인식되었고 일본인들은 적국의 시민으로 인식되었다. 2차 대전을 통해 가장 격렬한 혼돈과 변화를 맛본 집단이 일본계 미국인들이었다. 1941년 11월 7일 일본군이 하와이 진주만을 폭격한 이후 캘리포니아에 거주하던 일본인 94,000명이 강제로 수용소에 억류되었다. 미국 정부가 이들을 억류시킨 이유는 미국에 대한 충성심을 의심해서였는데 일본인의 스파이 활동이나 반정부 음모에 대한 탄압은 실제 사실에 기인 한다기보다 사회에 퍼진 루머나 정치적인 압력에 의한 것이었다. 1942년 캘리포니아에 거주한 일본인들을 일제 검거하면서 "우리의 문 안에 숨어 있는 이방인들"(388)을 색

WESTERN DEFENSE COMMAND AND FOURTH ARMY
WARTIME CIVIL CONTROL ADMINISTRATION

Presidio of San Francisco, California
April 24, 1942

INSTRUCTIONS TO ALL PERSONS OF JAPANESE ANCESTRY

Living in the Following Area:

All that portion of the City of Los Angeles, State of California, within the boundary beginning at the intersection of Pico Boulevard and Arlington Avenue; thence easterly on Pico Boulevard to Vermont Avenue; thence southerly on Vermont Avenue to Washington Boulevard; thence easterly on Washington Boulevard to Main Street; thence southerly on Main Street to Adams Boulevard; thence easterly on Adams Boulevard to Central Avenue; thence southerly on Central Avenue to Slauson Avenue; thence westerly on Slauson Avenue to Vermont Avenue; thence northerly on Vermont Avenue to Jefferson Boulevard; thence westerly on Jefferson Boulevard to Arlington Avenue; thence northerly on Arlington Avenue to the point of beginning.

Pursuant to the provisions of Civilian Exclusion Order No. 22, this Headquarters, dated April 24, 1942, all persons of Japanese ancestry, both alien and non-alien, will be evacuated from the above area by 12 o'clock noon, P. W. T., Friday, May 1, 1942.

No Japanese person living in the above area will be permitted to change residence after 12 o'clock noon, P. W. T., Friday, April 24, 1942, without obtaining special permission from the representative of the Commanding General, Southern California Sector, at the Civil Control Station located at:

2314 South Vermont Avenue, Los Angeles, California.

Such permits will only be granted for the purpose of uniting members of a family, or in cases of grave emergency.

The Civil Control Station is equipped to assist the Japanese population affected by this evacuation in the following ways:

1. Give advice and instructions on the evacuation.
2. Provide services with respect to the management, leasing, sale, storage or other disposition of most kinds of property, such as real estate, business and professional equipment, household goods, boats, automobiles and livestock.
3. Provide temporary residence elsewhere for all Japanese in family groups.
4. Transport persons and a limited amount of clothing and equipment to their new residence.

The Following Instructions Must Be Observed:

1. A responsible member of each family, preferably the head of the family, or the person in whose name most of the property is held, and each individual living alone, will report to the Civil Control Station to receive further instructions. This must be done between 8:00 A. M. and 5:00 P. M. on Saturday, April 25, 1942, or between 8:00 A. M. and 5:00 P. M. on Sunday, April 26, 1942.

2. Evacuees must carry with them on departure for the Assembly Center, the following property:

(a) Bedding and linens (no mattress) for each member of the family;
(b) Toilet articles for each member of the family;
(c) Extra clothing for each member of the family;
(d) Sufficient knives, forks, spoons, plates, bowls and cups for each member of the family;
(e) Essential personal effects for each member of the family.

All items carried will be securely packaged, tied and plainly marked with the name of the owner and numbered in accordance with instructions obtained at the Civil Control Station.

The size and number of packages is limited to that which can be carried by the individual or family group.

3. No pets of any kind will be permitted.

4. The United States Government through its agencies will provide for the storage at the sole risk of the owner of the more substantial household items, such as iceboxes, washing machines, pianos and other heavy furniture. Cooking utensils and other small items will be accepted for storage if crated, packed and plainly marked with the name and address of the owner. Only one name and address will be used by a given family.

5. Each family, and individual living alone, will be furnished transportation to the Assembly Center or will be authorized to travel by private automobile in a supervised group. All instructions pertaining to the movement will be obtained at the Civil Control Station.

Go to the Civil Control Station between the hours of 8:00 A. M. and 5:00 P. M., Saturday, April 25, 1942, or between the hours of 8:00 A. M. and 5:00 P. M., Sunday, April 26, 1942, to receive further instructions.

J. L. DeWITT
Lieutenant General, U. S. Army
Commanding

SEE CIVILIAN EXCLUSION ORDER NO. 22.

대통령령 9066

출하는 전략을 쓰는 등 언론이 앞을 다투어 일본인을 제거하는 캠페인을 고조시켰다. 1942년 2월 19일 루즈벨트 대통령은 '행정 명령 9066(Executive Order 9066)'에 사인을 함으로써 일본인들을 주거지로부터 소개시켜 집단 수용소로 배치할 법적 토대를 제공했다. 이것은 실제로 군사적인 필요에 의한 것이 아니므로 일본인 뿐 아니라 미국 헌법의 측면에서도 비극적인 사건으로 꼽힌다.

일본계 2세들은 미국에 대한 충성을 점검하는 질의서에 참여해야 했고 미국을 위한 전쟁에 참여할 것을 강요받았다.[1] 처음 징집 명령을 받은 2세 10,000명 중 1,208명만 입대한 것으로 기록되어 있으며 전쟁 중에는 33,000명에 달하는 2세들이 미군부대에서 통역관이나 번역관으로 복무하였다. 군 복무를 거부한 노-노 보이들은 감옥에 갇혔으며 출소 이후에도 일본계 공동체에서조차 배척되는 등 사회적인 불이익에 시달렸다. 한편 군에 입대한 일본인 2세들은 "일본인 2세들의 노력 때문에 전쟁 기간이 2년 단축되었다"(399)고 평가받을 만큼 전쟁터에서 투혼을 발휘하였다. 2차 대전 당시 미국 군인 전투사에서 가장 유명한 전투가 일본인 2세들로 구성된 442부대였는데 그 부대의 사상자가 10,000명에 이른다. 일본계 미국인들은 전쟁 이후 장기간 동안 조직적으로 국가로부터 수용소 억류에 따른 피해를 보상받기 위해 노력했으며 드디어 1987년 미국 정부는 일본계 미국인에게 공식적인 사과를 하였고 보상으로 강제수용소에서 생존한

1) 질의서 27번은 "Are you willing to serve in the armed forces of the United States on combat duty, wherever ordained?"이고 질의서 28번은 "Will you swear unqualified allegiance to the United States of America and faithfully defend the United States from any or all attack by foreign or domestic forces, and forswear any form of allegiance or obedience to the Japanese emperor, or any other foreign government, power of organization?"이다. (397)

사람 개개인에게 20,000달러 씩 지급하였다. 1988년에는 일본계 미국인을 배상하고 지원하는 '1988 시민 자유 헌장(The Civil Liberties Act of 1988)'이 공표되었다.

한국계 미국 이민사

한국인들의 미국 이주는 1903년부터 시작되었다. 이후 1920년까지 8,000명의 한국인이 미국으로 건너갔는데 대부분 하와이에 정착했다. 16세부터 44세에 이르는 젊은 세대들이 많았으며 계층도 농부, 노동자, 공무원, 학생, 경찰, 광부, 가정부, 승려 등 다양하였다. 대부분 도시 출신이었으며 70%가 식자층이었다. 그들이 한국을 떠난 이유는 종교적인 목적과 한국 국내의 정치적인 불안정, 그리고 가난 때문이었다. 미국으로 건너온 사람들 중 40%가 기독교인이었으며 미국을 종교적인 안식처로 생각하였다. 일본 식민지였던 한국을 떠나 독립운동을 하려는 사람들도 하와이에 사리를 잡고 활동을 했으며, 1902년 한반도를 강타한 가뭄으로 전 국민이 빈곤에 시달린 것도 이주의 주요 요인이 되었다.

한국의 정세와 빈곤에 시달리던 한국인들에게 미국은 "황금의 땅", "꿈의 땅"(53)이었다. 1903년부터 1906년까지 6,685명이 이민하였는데 그 중 10%가 여자였다. 이후 17년 간 1,066명의 한국 여자들이 사진 신부로 미국에 건너왔다. 하지만 1905년 일본이 한국을 통치하기 시작하자 이민이 금지되었다. 하와이에 살던 한국인들은 1907년 본토로 건너가기 시작했으며 대부분 캘리포니아에 정착하였다. 일본인들이 니혼마치, 중국인들이 차이나타운을 만들어 동족끼리의 공동체를 결성하고 협조하며 살았지만 한국인들은 공동체를

1948년 한국유학생들이 탔던 배

결성하지 못했다. 코리아타운을 만들기에는 이주 한국인 숫자가 적은 이유도 있었다. 하지만 한국 이민자들은 일본 식민지에 대항하여 독립 운동을 했고 그것을 통해 강한 동족의식을 나누었다.

다른 소수인종과 마찬가지로 한국인 이주자들 사이에도 여성의 비율이 절대 부족한 독신자 사회가 형성되었다. 통계에 따르면 1920년 본토에 거주하던 한국인의 75%가 남자였다고 한다. 그들은 대부분 식당 종업원이나 정원사, 수위, 하인, 철도 노동자, 농장 노동자로 일하며 생계를 이어갔다. 한국인들은 정직하고 근면하여 경제적으로 성공한 경우가 종종 있었다. 한국 공동체는 한국 문화인 계(kae)를 결성하여 목돈을 마련했으며 그것을 밑천 삼아 경제적으로 성장하였다. 일본 식민지에서 독립을 하려는 공동의 목적을 공유하던 한국인들은 미국 내의 삶도 독립 운동과 관계된 활동 중심으로 이루어졌다. 교회는 특히 한국인의 독립 운동과 공동체 결성에 구심점 역할을 하였다. 예배와 독립 운동으로 이루어진 한국 이민자의 삶은 교회를 통해서였다. 한국인은 체류자도 거주자도 아닌, 정치적 국외자였으며 따라서 다른 소수인종에 비해 활동 세계가 좁았다. 특히 1세대와 달리 민족정신이 희박한 2세대들은 스스로를 미국인으로 생각했고 민족주의가 강한 1세대와 갈등이 심했다.

아시아인에 대한 백인의 인종차별은 한국인에게도 예외가 아니었다. 한국인을 'Jap'과 동일시했던 백인들은 노동 현장에서 한국인들과 갈등을 빚었다. 1913년에는 한국인의 토지 소유를 금지하는 '1913 이방인 토지 헌장(Alien Land Act of 1913)'이 발표되었으며 캘리포니아는 한국인에게 땅을 임대해 주는 것도 제한했다. 한국이 일본의 식민지가 되자 미국 내 한인 사이에는 반일본인 정서가 팽배해졌다. 스스로 자신들을 체류자가 아니라 정치적 망명자로 여기던 한국인은 노동자라는 신분 대신 "권리를 지닌 군인"(282)으로 생각하는 경향이 있었다고 한다. 한국계 작가인 강용흘(Kang Younghill)도 『동양 서양으로 가다(*East Goes West*)』(1937)에서 한국인들은 자신을 이민자가 아니라 국외자라고 생각한다고 한 바 있다(284).

2차 대전은 한국인들에게도 다른 아시아 국가 출신 사람들과 마찬가지로 미국 내의 위상에 있어 큰 전환점이 되었다. 일본이 신주만을 공격하자 한국인들은 조국의 독립을 희망하며 일본과의 전쟁을 환영하였다. 일본인들이 강제 수용소로 억류된 것은 한국인에게는 미국과 우호적인 관계를 증진시킬 절호의 기회가 되었다. 1965년 이민 쿼터제 철폐 법이 공표되고 나서 한국인들의 대규모 이민이 이루어졌다. 1960년 1만 명이었던 이민자가 1985년에는 50만 명에 이르렀다. 그 중 10만여 명이 뉴욕에 거주하면서 23가와 31가를 중심으로 코리아타운을 만들었다. 1966년 이후에 한국에서 건너 온 이민자들은 전문 기술직이 많았다. 의사나 간호사, 약사, 치과의사 들이 미국으로 건너와 조국의 전통과 역사로부터 벗어나고 싶어 했으며 1970년대는 박정희 정권의 독재에 저항해서 정치적 이유로 많은 사람들이 이주하였다. 한국에서 전문직에 종사하던 이들은 미국에서는 원래 직업을 계속할 수 없었으므로 가게 운영 등 자영업에 종사할 수밖에 없었다.

한국인들은 1983년 소매상 업종을 장악해서 경제적으로 성공했는데 그 이유는 다양하지만 특히 한국인의 특별한 이민 조건 때문이었다. 한국에서 전문직에 종사하던 그들은 근면과 자기절제를 덕목으로 한 윤리 의식에 바탕을 두고 미국에서 자신들의 영역을 개척해 갔다. 한국의 전통적인 경제 활동인 '계'는 자본을 만드는 데 크게 기여를 하였다. 언어 장벽 때문에 소매상 업종이나 자영업에 종사할 수밖에 없었으며 대부분 가족 전부가 업종에 매달리는 특징을 보인다. 그러나 한국인 야채 장수의 78%가 한국에서 대학을 졸업한 식자층이었으며 한국인 대부분이 한국인이 운영하는 가게나 상점에서 일했다. 이들 한인 노동자들은 한인 주인에게 노동을 착취당하는 일도 비일비재했다. 한국 이민자들은 특히 흑인과 갈등이 심했으며 그 갈등은 1992년 L.A.에서 발생한 L.A. 폭동 때 코리아타운이 흑인 데모대의 주요 공격 대상이 된 것으로 비화되었다.

필리핀계 미국 이민사

필리핀이 미국에 합병되어 미국 영토로 편입됨에 따라 필리핀 국민들은 1900년대 초에는 주로 하와이로, 1920년대에는 미국 본토로 이주를 하게 되었다. 90%가 카톨릭 신자였던 필리핀인들은 대부분 젊은 노동자들로 구성되어 있었다. 1920년부터 1929년까지 캘리포니아로 온 31,092명의 필리핀인들 중 84%가 30세 이하였다. 필리핀 이주자들도 성별 차이가 심해 1930년 본토 거주자들 중 6.5%만이 여성이었다. 스스로를 체류자가 아니라 정착자로 생각하였지만 결혼할 여성이 절대 부족한 필리핀 남성들은 18%만이 결혼을 할 수 있었다. 필리핀인들이 미국행을 하게 된 이유 역시 모국의 불안정한 정세와 빈곤 때문이었다. 근대화에 따라 소작농들이 지주들에 의해 땅을 뺏기고 일자리를 잃자 미국을 탈출구로 생각하는 경향이 강했다. 그 당시 필리핀에서는 "하와이 열기"(61)가 뜨겁게 달아올랐는데 필리핀 사람들은 미국 하와이를 '영광의 땅(land of glory)'으로 생각했고 하와이에 가서 돈을 많이 벌어 고향의 저당금을 갚고 고향 집을 되찾을 수 있으리라는 희망을 품었다.

미국 식민지였던 필리핀 사람들은 미국에 와서 국적과 시민권의 괴리에 따르는 정체성의 혼란을 겪었다. 미국의 피 식민지인들이었던 필리핀 사람들은 모국에서는 미국 국적을 가졌지만 정작 미국에 와서는 시민권을 가지지 못하고 외국인으로 취급되었다. 피노이(Pinoy)라고 불렸던 필리핀인들은 갑작스럽게, 대규모로 미국에 입국하였다. 1910년 미국 본토의 필리핀 수는 406명이었다가 1920년에는 약 5,603명으로 증가하였는데 대부분 학생이거나 혹은 식당 급사로 일하는 막노동꾼들이었다. 20년대에 필리핀 이민자가 급속히 늘어난 데는 1924년 이민 쿼터제 제정으로 인해 일본인들의 숫자가 감소하는 대신 필리핀인들의 이민 수를 늘였기 때문이기도 하다. 20년대에 5,603명이던 이민자수는 1930년에는 45,208명으로 급증할 만큼 기하급수적으로 숫자가 늘어났다. 필리핀 1세대를 마농(manon)으로 부르는데 그들은 알래스카의 생선 통조림 공장에 주로 투입되었다가 차차 캘리포니아의 농장 노동자로 전환하였다.

필리핀인들은 대부분 캘리포니아에 정착하였는데 교육을 거의 받지 못하고 기술을 갖지 못한 그들이 할 수 있는 일은 대부분 공장이나 농장의 노동자였다. 필리핀인들의 이민 역사에는 미국의 식민지도 있지만 그 이전 300여 년간 계속된 스페인 식민지도 큰 영향을 미쳤다. 미국 식민지로 인해 영어가 스페인어를 대체했지만 원주민들은 대부분 영어나 스페인어를 배우지 못한 채로 40개에 달하는 토속 방언을 각자 사용했으며 대부분 문맹이었다. 주로 필리핀의 시골 출신이었던 이들 가난하고 문맹인 이민자들을 미국 백인들은 제3의 동양인 침입으로 간주하는 경향이 짙었다. 백인들의 반아시아 정서는 중국인으로부터 일본인에 이르기까지 어김없이 추방이나 이종족 결혼 금지 등으로 표출되었지만 필리핀인들의 경우에는 일본이나 중국과 달리 그들을 대변해줄 정부가 없었다. 또한 유교 문화권 특유의 근검절약과 노력, 그리고 단단한 가족의 유대감과 공동체 의식 등이 바탕이 되어 종족의 결속이나 문제 해결력이 있었던 동북아시아 이민자와 달리 필리핀 이민자들은 그러한 유대와 사회 적응력이 떨어졌다. 게다가 필리핀에서는 미국 국적을 가진 국민으로 간주되었지만 미국에서는 외국인으로 취급받는 필리핀인들의 이중적인 신분 상태는 그들의 삶의 조건을 더욱 힘들게 만들었다. 다시 말해서 미국 식민지국의 국민으로서 그들은 보호되어야 할 권리가 있었지만 실상 미국에서는 시민이 되기에 부적절한 집단으로 분류되어 불이익을 당한 것이다. 미국에서 주거지를 찾기가 힘들 정도로 차별을 받았던 그들은 "goo-goos", "monkeys"로 조롱을 받았으며 1925년 발효된 외국인 토지 법 때문에 집을 소유할 수 없었다.

백인들이 필리핀인들에게 갖는 반감은 성적인 문제와도 깊은 관계가 있다. 1929년 왓슨빌(Watsonville)에서 백인소녀와 함께 있던 필리핀인이 구속되는 사건이 발생했는데 이는 백인 남성들 사이에 퍼진 필리핀 남성에 대한 성적 라이벌 의식 때문이었다. 백인 남성들에게 있어 필리핀 남성은 경제활동을 가로채는 침입자인 동시에 백인 여성들의 관심을 사로잡는 성적 라이벌이기도 했다. 필리핀 남성들의 성적인 위협은 백인들이 갖는 순백 혈통의 순수성에 대한 위협으로 전이되어 외국인혐오감을 고조시켰다. 원래 이종족 결혼 금지는 1880년에 발표된 이종족 결혼 반대 법으로 인해 백인과 흑인, 몽골인, 뮬라토 간의 결혼을 금지한 것이었지만 몽골인에 속하지 않은 필리핀인도 아시아계라는 이유로 금지되었던 것이다. 1931년 롤단 대 L.A. 카운티 공방(Roldan vs. Los Angeles County)에서 법원은 필리핀인을 몽골인이 아니라고 판결을 내림으로써 사실상 필리핀인은 백인 여성과 결혼하는 데 있어 합법적임을 공표했다. 하지만 이후에도 실제로는 백인과 필리핀인의 결혼이 사회적으로 인정받지 못했다.

공장과 농장 노동자로 일하던 필리핀인들은 1930년 노동운동을 전개하기 시작하였다. 1928년 9월 19일 워싱턴의 야키마 벨리에서 시작된 백인들의 반 필리핀인 선동은 캘리포니아의 전 지역으로 확산되었다. 소수인종을 배척하고 학대하는 이와 같은 운동은 1934년 필리핀 독립을 보장하는 타이딩스-맥더피 법으로 인해 최고조로 이르렀으며 이후 필리핀인들의 이민이 금지되었고 필리핀인들을 '이방인'으로 규정하면서 최악의 사태를 맞이하게 되었다. 같은 해 살리나스 벨리(Salinas Valley)의 필리핀 농장 노동자들은 부당한 대우에 저항하여 파업을 일으켰으며 1936년 필리핀-멕시코 노동조합을 결성하여 대항하였다.

하지만 2차 대전으로 필리핀인들도 미국과의 관계에서 새로운 국면을 맞이하였다. 전쟁이 나자 미국 군대에 참전함에 따라 필리핀인들도 미국인임을 주장할 기회를 갖게 되었다. 그들의 참전은 1943년 필리핀이 미국으로부터 독립하는 데 지대한 영향을 미쳤으며 미국이 필리핀에 대한 우호 감정을 고조시키는 데 큰 역할을 하였다. 전쟁이 끝나고 미국은 필리핀 참전 병사들에게 시민권을 부여했으며 그들을 온전한 국민으로 수용했다. 이후 필리핀 이민자들이 대거 유입되었으며 1990년에는 미국에서 두 번째로 수가 많은 아시아 이민 집단이 되었다. 1970년 인구 조사에 따르면 미국 내의 필리핀인 숫자가 343,060 명이며 대부분 캘리포니아, 오리건, 워싱턴 주에 사는 것으로 나타났다. 1970년대에는 과학자, 엔지니어, 의사 들이 대거 미국으로 이민을 왔는데 그 이유가 마르코스 독재에 따른 정치적 이유, 그리고 대학 졸업자가 취직을 하지 못하고 낮은 임금을 받는 경제사정의 악화 때문이었다. 이들 필리핀 지식인들은 정치적·경제적 자유와 풍요를 위해 미국 이민을 택했지만 미국에서 그들이 받는 급료는 백인의 3분의 2 정도로 낮았다.

인도계 미국 이민사

인도인들이 미국에 들어오기 시작한 것은 1904년쯤이며 1907년에는 인도 노동자들이 서부해안에 도착했다는 기록이 있다. 그러나 1917년 인도인에 대한 이민 금지가 내려지는 바람에 6,400명만이 입국하였고 그 중 여성의 비율이 1%도 되지 않았다. 47%가 젊은이였던 이들은 가난하고 무식한 사람들이 대부분이었다. 통계에 따르면 47%가 문맹이며 미숙련 노동자 혹은 농부였다. 종교는 대부분 시크교였다. 이들이 미국에 오게 된 동기는 한국과 마찬가지로 식민지 역사의 후유증 때문이었다. 영국의 식민지였던 인도는 자본주의 농업을 발달시키려 한 영국의 정책에 의해 1899부터 1902년에 이르기까지 토지 소유 시스템(land-tenure system)에 큰 변화를 가져왔다. 이 정책으로 인해 소규모 토지소유자들은 빚을 갚기 위해 땅을 18% 내지 36% 부채로 저당을 잡혔으며 그 부채율이 극심한 정도에 이르렀다. 그 결과 인도인들은 서인도, 우간다, 기아나, 캐나다, 미국으로 일자리를 찾아 고국을 떠나게 된 것이다.

특히 펀자브 지역 출신 인도인들이 많이 이주하였다. 일차적인 이유는 잃어버린 고향 땅을 다시 찾기 위해 이민을 통해 돈을 벌고자 한 경우였다. 두 번째로는 1900년 중국에서 외국인을 배척하기 위한 의화단 사건(Boxer Rebellion)이 터졌을 때 난을 진압하러 그 지역 출신들이 영국 군인으로 중국으로 갔고 이후 미국으로 흘러들어갔다. 혹은 펀자브 지역 인도인들이 경찰직으로 홍콩에 간 경우가 있었다. 이렇게 외국으로 나간 사람들은 주로 집안의 둘째 아들이나 막내아들인 경우가 대부분이었는데 그들은 돈을 벌어 빚을 갚고 고향에 정착하겠다는 원래 의도와 달리 이국땅에 머무는 경우가 대부분이었다고 한다.

인도인들은 중국이나 일본인과 달리 인디아 타운을 만들지 않았다. 백인들은 인도인들을 "새로운 황색 위험"(297)이라고 규정하며 백인 노동자의 경쟁상대로 인식하였다. 백인들은 인도를 "금지 구역(barred zone)"으로 정하여 "금지 구역법(barred zone law)"(298)을 만들고 입국을 금지시켰다. 1923년에 벌어졌던 미국 대 바가트 싱 신드 사건(U.S. v Bhagat Singh Thind case)으로 대법원은 인도인들을 귀화 부적격자로 판정하였으며 백인과의 결혼을 금지시켰고 토지 소유도 금하였다.

인도 이민자들은 문맹 율이 높았으며 남녀 성 비율도 75대 1정도로 심하게 균형이 맞지 않았다. 그래서 인도인들은 멕시코 인들과 결합하는 경우가 많았다. 또 자신들끼리 결속감을 다지고 상부상조하기 위해 사찰을 지어 종교 활동을 활발히 하기도 하였다. 그러나 사회 진출이나 활동의 범위가 아주 제한적이었기 때문에 자연히 알코올에 의존하는 사람이 많았다. 인도인들은 철도 노동자나 제재업 노동자로 일하다 농업으로 전환하는 경우가 많았는데 1920년 이방인 토지법과 1923년 신드 결정(Thind Decision) 이후 인도인의 땅 소유가 금지되었다. 하지만 그에 대응하여 인도인들은 "프론트 맨(front man)"(307)이라는 땅 소유 전략을 세웠다. 직접 부동산을 구입하여 소유할 수 없었던 그들은 백인 농장주나 은행가 혹은 변호사의 이름을 내세워 구입하곤 하였다.

2차 대전은 인도 이주자들에게도 제2의 기회가 되었다. 2차 대전이 발발하자 미국은 일본에 대항하기 위해 인도와의 협정이 필요했고 그래서 이민 완화정책을 썼다. 1944년에는 인도인 이민 쿼터제를 실시했으며 인도인에게 귀화할 수 있는 권리를 부여한 결과 1200명이 입국할 수 있었다. 1947년부터 1965년까지 1,772명이 미국 시민이 되었으며 1965년 이민법 개정 이후에는 인도 이민자 수가 급증하여 1만 명에 이르렀다. 1970에는 2만 명이 파키스탄에서 이민을 왔는데 대부분 전문직에 종사하는 사람들이었다. 1985년에는 52만 5천 명이 미국에 거주했는데 그 중 18%가 뉴욕에 살았으며 뉴욕 6번가는 "작은 인도(Little India)"(445)라고 불리어졌다. 인도인들은 인종적으로 모호하게 규정되었다. 아시아계 인도 미국인(Asian-Indian Americans)으로 불리던 그들의 정체성은 1975년에는 "백인"으로 간주되다가 다음 해인 1976년에는 “백색 인종과 다른 아시아 인도인” (447)으로 불리어졌다.

베트남계 미국 이민사

로널드 다카키에 의하면 아시아계 이민자들은 두 가지 중요한 축에 의해 태평양을 건너 미국으로 이동하였다고 한다. 두 축 중 하나는 “사치(extravagance)”이고 다른 하나는 “필연(necessity)”(470)이다. 전자는 보다 나은 삶을 위해 희망을 품고 이동한 경우이며 후자는 난민들, 정치적 망명자들 등 생존을 위해 필사적으로 고국을 등진 경우이다. 1970년부터 물살을 타기 시작한 동남아 이주자들은 대부분 고국의 살육 현장을 탈출하여 생명을 보존하기 위해 필연적으로 미국에 건너 온 경우가 많다. 19세기 후반부터 프랑스 식민지였던 베트남의 603명에 달하는 난민들이 1965년 미국에 도착하였다. 베트남의 첫 번째 피난물결은 1975년에 있었으며 미국에 건너 온 사람들 대부분이 도시 출신의 교육받은 사람들이었다. 베트남 전쟁 후 공산주의가 장악한 베트남에서는 중상류층에 대한 재건 교육이 실시되었으며 재건의 현장으로 몰린 사람들은 열악하기 짝이 없는 수용소에서 죽음과 같은 노동을 감내해야 했다. 정치적으로 숙청 대상이었던 그들 베트남 지식인들은 주로 가족들과 함께 탈출하였으며 그 중 절반이 여성이었다. 캘리포니아의 팬들턴(Pendleton), 아칸소 주의 포트 채피(Fort Chaffee) 등지에 모여 살았다.

이후 두 번째 피난 물결이 일었는데 이 때 이동 과정에서 많은 베트남 사람들이 해적의 표적이 되어 죽었다. 첫 번째와 달리 두 번째에는 영어를 못하는 무식자가 많았고 그들 중 40%가 중국계 베트남 소수인종이었다. 1985년에는 643,200명이 미국에 도착하여 산호세에 "리틀 사이공(Little Saigon)"(459)을 설립하였다. 그러나 2차 대전 후 미국 전역을 휩쓴 매카시 광풍 시절에는 신분과 성향을 의심받는 등 사회적인 차별을 당했다. 또한 텍사스 걸프 코스트에서는 베트남 어부들이 KKK의 공격 대상이 되었다. 조국의 정치적인 소요와 위협을 피해 태평양을 건너 온 베트남인들은 자신들을 정착자가 아니라 체류자로 생각했다. 1977년 조사에 따르면 미국에 거주하는 베트남인들의 41%가 조국으로 귀환하려는 희망을 품고 있었다. 그러나 베트남 공동체에서도 어김없이 세대 간의 차이와 갈등이 나타났다. 후손들은 베트남의 전통문화와 가치를 부인하고 미국인으로 정착하고 싶어 했으며 산호세 등 북 캘리포니아에 자리를 잡고 미국 국민으로 동화되어 갔다.

동남아계 미국 이민사

베트남 외에도 라오스, 캄보디아, 몽 등 동남아 출신 미국 이주민들은 각기 다른 문화와 계급을 가지고 있으면서도 한 가지 공통된 이주의 목적을 지니고 있었다. 그것은 '보다 나은 삶'을 위한 '사치'의 이주가 아니라 척박한 환경, 참혹한 전쟁으로 인해 삶의 궁지에 몰린 사람들이 생사를 걸고 탈출한 '필연'의 이동이라는 것이다. 그들은 "계획할 시간도, 새로운 땅으로 이동할 준비도 없이"(471) 생사의 벼랑 끝에 내몰린 난민들이었다.

1893년부터 프랑스의 식민지 지배를 받았던 라오스는 2차 대전 이후 독립 운동을 전개하였다. 1954년 프랑스로부터 독립을 하였지만 국가 내분이 일어나 같은 민족끼리 싸움을 벌였고 그것을 피해 라오스 사람들이 대거 미국으로 이주하였는데 대부분 농부이거나 실업자였다.

캄보디아는 베트남 전쟁에 휩쓸려 내란을 겪었으며 1975년 크메르 루즈의 권력 장악으로 200만 명에 이르는 지식인들이 집단 살해를 당하는 "킬링 필드(killing field)"(468)가 되었다. 인구의 3분의 1이 죽음을 당한, 20세기의 전무후무한 내국인 살상으로 인해 수많은 캄보디아인이 태국으로 피신하였다가 다시 미국으로 옮겨 왔다. 대부분 시골 출신인 캄보디아인 10만 명이 미국에 정착했으며 많은 사람들이 외상 후 스트레스 장애에 시달린다고 한다.

III. 침묵을 깨고, 기억하는 공동체

미국에 온 초기 아시아 이민자들은 미국 사회에 대한 유대감이 약했으며 정착하고지 하는 의지도 미약했다. 항상 귀향을 꿈꾸던 아시아인들은 미국 백인이 보기에 영원히 정착하지 못할 '다른 해인에서 온 낯선 자들'이었다. 하지만 상당수 이민자는 미국에 뿌리를 내리면서 자신들의 경제 활동 구역을 넓혀 갔다. 특히 중국계와 일본계가 그런 활동을 활발히 하면서 자신들끼리의 공동체 의식을 굳건히 해나갔다.

새로운 이민법이 제정되어 이민이 보다 자유로워진 1965년 이후에 한국계, 중국계, 베트남계 이민자들은 여전히 자신들의 소수 인종 공동체를 유지, 강화시키려고 하는 데 반해서 인도계와 필리핀계는 미국 사회에 재빨리 동화, 통합하는 경향을 보였다. 1965년 민권법이 제정된 이후에는 민권법의 보호를 받으며 아시아계 이민자들이 정치적인 목소리를 높였다. 대학은 아시아계 미국인들의 문학과 역사 등을 커리큐럼에 포함시켰으며 이중 언어 교육을 활성화시키는 등 변화를 보였다. 그러는 과정에서 아시아계에 대한 미국 백인의 인식도 초기 이민 시기와는 많이 달라졌다. 개척 정신과 자유 정신을 기반으로 한 미국 건국의 정신이 20세기 들어 점점 쇠퇴해가는 데 비해 아시아계 이민자들은 그 정신을 부활시킨 장본인으로 인식되면서 "모범적 소수자(model minority)"(474)의 신화를 일군 일단의 인종 그룹으로 자리매김 되었던 것이다. 1986년 NBC 나이트리 뉴스(Nightly News)는 아시아계 미국인들의 성공에 대해 방영했으며 1987년 뉴스위크지는 「아시아계 미국인들: 모범적인 소수자(Asian Americans: A Model Minority)」라는 표제로 특집을 내었다. 이후 '모범적 소수자'가 아시아계를 지칭하는 용어로 자리매김 되었다. 같은 해 포춘 지도 아시아계 미국인을 미국의 위대한 성공 스토리, 달리 말해 새로운 아메리칸 드림의 예로 실었다.

그러나 여전히 유리 천장의 장벽은 높고 견고하다. 같은 조건에 있으면서도 인종적 차이 때문에 최고의 자리에 도달할 수 없는 장벽이 아시아계 미국인에게는 여전히 존재하기 때문이다. 백인들이 아시아인들을 '모범적 소수자'라고 치켜세우는 용어 자체에도 비하의 의미가 숨어 있다. '모범적 소수자'에는 열심히 일하고 근면 검약하는 정신이 있음을 인정하는 면도 있지만 수동적이고 공격성이 약한 점을 폄하하는 의미도 있다. 미디어에 나타난 아시아인들에 대한 스테레오 타입도 여전하다. 할리우드 영화에서는 찰리 챈(Charlie Chan)이 아시아인을 대표하는 이미지로 굳어졌는데, 재치 있고 지혜로운 이미지를 대변하는 찰리 챈 이미지 외에 반대로 백인 여성을 탐하는 사악한 푸 만추(Fu Man Chu) 이미지도 여전히 유통되고 있다.

1982년 아시아계 미국인에게는 경악할 사건이 벌어졌다. 디트로이트에서 빈센트 친(Vincent Chin)이 백인들의 손에 죽임을 당한 것이다. 이 사건을 계기로 아시아인들은 범-아시아계 미국 소수인종 운동(pan-ethnic Asian American movement)을 전개했으며, 아시아계의 역사 등을 다룬 커리큐럼을 교육에 포함시키도록 촉구했다. 이후 아시아계는 소수인종의 목소리를 높이고 사회적 힘을 모으기 위해 더욱 강력하게 유대하며 공조하고 있다. 1988년에는 "과거를 기억하고 침묵을 깨자"(484)는 의미로 집단 기억을 공론화하는 사회적 흐름이 거세어졌다. 1988년 의회는 2차 대전 당시 일본인들을 강제수용소로 억류시킨 사건을 두고 공식 사과하는 절차법을 통과시켰으며 생존자에게 각각 2만 달러를 지급하도록 판결하였다. 맥신 홍 킹스턴(Maxin Hong Kingston), 밀턴 무라야마(Milton Murayama), 프랭크 친(Frank Chin), 필립 고탄다(Philip Gotanda) 등 작가들은 그들의 과거 역사를 보상받기 위해 활동했다.

21세기에 들어와 미국 인구의 십분의 일이 아시아계 미국인으로 구성되어 있다. 하지만 여전히 인종차별은 사라지지 않고 있으며 1992년 로드니 킹 사건으로 촉발된 L.A. 폭동이 말해 주듯 여전히 인종차별의 희생자는 생겨나고 있다. 그럼에도 불구하고 21세기 들어 아시아계 미국인들은 더 이상 이전의 소수인종성의 좁은 범주에 머물지 않고 복합적인 정체성을 추구한다. 1990년대부터 아시아계들은 그들의 소수인종성이 더 이상 본질적이지도 않고 고정되지도 않음을 인식하고 있다. 아시아계 미국 범소수인종성의 공조에 의해 소수 인종을 구분하던 좁다란 경계가 점점 사라지고 있는 것이다. 1990년대 캘리포니아 지역을 살펴보면 30% 이상이 이 종족 결혼을 하고 있다고 한다. 데이비드 홀링거(David Hollinger)가 명명하듯이 코스모폴리타니즘과 복합적인 정체성으로 이루어진 "탈 소수인종 사회(postethnic society)"(504)가 된 미국 사회는 이전과 다른 새로운 정체성에 대한 요구가 절실하다. 다인종 베이비붐이 일어난 1970년대 이후에는 다인종 결합으로 인해 반은 백인이고 반은 소수인종인 "hapas"(505)가 점점 증가하고 있다. 복합적인 정체성은 곧 다양성을 의미하며 이것이야말로 미국의 미래를 창출할 위대한 자원이라는 인식이 증가하고 있는 것이다.

참고문헌

Kirszner, Laurie G. and Stephen R. Mandell. *Common Ground*. New York: St. Martin's Press, 1994.

Lowe, Lisa. *Immigrant Acts*. Durham: Duke UP, 1996.

Takaki, Ronald. *Strangers from a Different Shore*. Boston: Little, Brown and Company, 1998.

도시주의 계보와 메트로폴리타니즘

모국을 떠나 미국에 이주해온 아시아 이민자들은 비교적 일자리를 쉽게 찾을 수 있는 도시를 중심으로 정착해 갔다. 뉴욕의 엘리스 아일랜드를 통해 입국한 유럽 발 이민자들이 주로 뉴욕을 중심으로 모여 살았다면, 샌프란시스코 엔젤 아일랜드의 관문을 통과한 아시아 이민자들은 샌프란시스코를 중심으로 정착했다. 통과 절차가 다소 느슨했던 엘리스 아일앤드에 비해 검열이 까다로웠던 엔젤 아일랜드를 무사히 통과한 아시아 이민자들은 샌프란시스코를 중심으로 모여 살다가 점차 근처의 도시나 근교 시골 지역으로 이동했다. 대부분 경제적으로 궁핍했던 그들은 시골에 비해 일자리의 범위가 크고 기회가 많았던 대도시를 선호하는 경향이 강했다.

문학 작품이 삶의 실제 모습을 투영하듯이 아시아계 미국문학도 아시아 이민자들의 삶의 편린들을 다양한 형태로 투영한다. 문학 작품에 나타난 그들의 삶은 대개 미국 주류 사회와 단절된 채 도시의 소수인종 콜로니에 모여 살며, 그들만의 경제활동과 문화생활을 영위하고, 백인들로부터 인종적, 계층적인 차별에 시달리는 양상을 보인다. 하지만 이와 같은 억압과 차별, 소외와 빈곤의 삶의 조건 속에서도 그들은 어김없이 도시에 뿌리를 내리며 아시아계 미국인으로서의 정체성을 확립해 갔다. 아시아계 미국문학은 바로 이러한 정착의 과정, 정체성 확립의 과정을 기술한 문학 장르이다.

도시학자인 해너 네셔(Hana Wirth-Nesher)는 소설과 도시는 발생학적으로 불가분의 관계를 갖고 있다고 한다. 소설이 도시의 발달과 더불어 발생했기 때문에 소설의 도시 배경은 소설 자체만큼이나 오래되었다는 것이다. 그러므로 전통적인 소설이란 자아실현을 추구하는 인물들이 적절한 "집," "진실 된" 정체성을 탐색하는 것이며 소설의 배경이 되는 도시는 그 탐색을 위한 대응물이라고 한 바 있다(Nesher 18). 전통적인 소설에서는 이와 같이 도시 공간과 인물들의 자아 정체성의 탐색과정이 유기적으로 연결되어 있는 데 비해 현대 소설에서는 그 관계가 일치하지 않는 경향을 보인다. 공공의 영역과 개별적인 영역이 교차하는 미결정성의 공간인 현대 도시를 배경으로 하는 현대 소설에서는 개인의 자아 정체성 확립도 힘들지만 공간과 정체성과의 내적인 일치도 불가능하다.

이에 대해 네셔는 M. 바흐친(M. Bakhtin)의 크로노토프(chronotope)의 개념을 빌어 전통적인 소설과 현대 소설의 차이를 설명한다. 바흐친은 아인슈타인의 상대성 이론을 문학에 적용하여 크로노토프를 "문학 작품 속에 예술적으로 표현된 시간과 공간 사이의 내적 연관"(Bakhtin 84)이라고 하였다. 네셔에 따르면 집을 사적인 장소, 공공의 영역으로부터 보호해 주는 은신처로 생각하는 전통적인 소설에서는 집이 크로노토프의 기능을 하지만 집이 더 이상 안식처로 구별되지 않는 현대 소설에서는 집이 크로노토프의 기능을 하지 못한다고 한다(Nesher 19). 다시 말해서 전통적인 소설에서는 '집'(도시)이 내밀한 사적 공간의 기능을 함으로써 자아를 실현하려는 인물들의 총체적인 장소가 되지만 현대 소설에서는 '집'이 은신과 노출의 경계선상에 있는 모호한 공간이므로 정체성 탐색의 대응물이 되지 못하며 따라서 크로노토프의 기능을 하지 못하는 것이다.

시대적으로 분류할 때 대다수 20세기 작품인 아시아계 미국 소설은 현대 소설에 속하며 작품 속의 배경으로 볼 때 도시 소설에 속한다. 하지만 기법 상으로나 주제적인 면에서나 전통적인 소설에 가까운 아시아계 미국 현대 소설의 도시는 크로노토프의 기능을 상실한 것으로 보기 어렵다. 20세기 초기 작품인 『미국은 내 마음속에』로부터 20세기 후기 작품인 『네이티브 스피커』에 이르기까지 작품의 배경이 된 도시는 사실주의와 모더니즘, 그리고 포스트모더니즘의 차별화된 소설 기법과 형식에도 불구하고 궁극적으로는 인물들의 '적절한 집'과 '진실한 정체성'을 찾기 위한 대응물로 설정되어 있기 때문이다. 중국, 일본, 한국, 인도, 필리핀, 베트남 등 다양한 아시아 국가에서 아메리칸 드림의 꿈을 안고 미국으로 온 소설의 인물들은 저마다 뉴욕과 샌프란시스코, 시애틀과 L.A. 등 미국 대도시에서 미래에 대한 불안감, 고질적인 질병과 궁핍, 그리고 소외와 고독을 이겨내면서 집을 짓고 '아시아인이자 미국인'인 자신의 존재성을 구축해간다. 도시 공간은 시대의 차이, 지역의 차이에서 비롯된 이질적인 풍경과 다른 속성을 드러내면서 그들의 뿌리내림을 위한 자양분의 역할을 한 것이다.

I. 도시 공간은 무엇인가? 어떻게 경험되는가?

아시아계 미국 소설이 본격적인 현대 소설이라기보다 대부분 전통적인 소설에 가까운 게 사실이지만 그 속에 재현된 도시는 작가의 출신 국가와 역사, 작가의 개인적인 성향과 이민 역사에 따라 다른 특성을 보인다. 『미국은 내 마음속에』의 미국 서부지역 도시들에는 유난히 식민지 역사의 그림자가 깊이 드리워져 있으며, 『차 한 대접 드세요』의 뉴욕은 소수인종 콜로니의 내부 풍경에 초점이 맞추어져 있다. 『노-노 보이』의 시애틀은 일본계 미국인에 가해진 2차 대전의 역사적 트라우마가 도시 전체를 지배하고 있으며, 『하늘과 땅이 장소를 바꾸었을 때』의 도시는 베트남 전쟁 당시의 물신화된 도시를 대신한다. 『재스민』에 등장하는 미국의 도시들은 조국을 떠난

뉴욕의 옛 시가지

국외자들의 임시거처로 부유하며, 『네이티브 스피커』의 뉴욕은 이질적인 다문화의 집합지로 그려져 있다. 이와 같이 이들 작품에 나타난 도시들은 시대와 이민 역사, 그리고 글쓰기 기법의 차이에 따라 다른 모습으로 그려져 있다. 그러므로 작품에 나타난 도시를 보다 정확하게 파악하기 위해서는 각 작품에 맞는 도시주의로 접근함이 필요하다.

20세기 들어 시도된 도시성에 대한 규정은 실존주의 도시학으로부터 맑스주의 도시학, 기호학적 도시학, 포스트모던 도시학에 이르기까지 다양하게 전개된다. 본 책에서 다룰 6권의 아시아계 미국 소설의 도시를 규명하는 데 있어서도 이러한 도시주의 계보에 따른 해석이 필요하다.

실존주의 도시학 : 막스 베버, 게오르그 짐멜

막스 베버(Max Weber)의 『도시(*The City*)』 서문을 쓴 돈 마르틴데일(Don Martindale)은 도시를 생물학적으로 진화하는 "살아 있는 존재"(9)라고 하였다. 생물체가 진화해 왔듯이 도시도 도시에 기거하는 인간들, 그들의 의식, 그들의 분화된 계급과 함께 진화해 왔다고 보는 것이다. 이렇게 유기적이고 역동적인 도시는 그러므로 그에 대한 해석과 규명도 다양하고 복합적일 수밖에 없는데 같은 실존주의 도시주의자이면서도 도시에 대해 다른 해석을 가한 베버와 게오르그 짐멜(Georg Simmel)의 예가 그러하다. 베버가 현대 도시를 '소외의 황무지'라고 한다면 짐멜은 개인의 자유를 위한 '예기치 않은 기회의 장소'라고 규정함으로써 정 반대되는 견해를 피력한다. 베버는 산업혁명으로 인해 인구가 급증하고 이질적인 군중이 모여 있는 현대 도시를 이전의 낭만적이고 동질적이던 도시에 비해 퇴화된 형태라고 본다. 인구수가 늘어남으로써 오히려 사람들 간의 관계는 피상적, 일시적, 단편적으로 변하고 그 결과 개인의 고독과 소외가 심화되었기 때문이다. 반면 짐멜은 현대 도시에 나타난 몰개성과 무관심이 오히려 개인의 자율성과 개별성을 유지시킨 요소라고 함으로써 도시를 '기회의 장소'로 자리매김한다.

도시인이 겪는 정신적인 경험을 기본적으로 분열과 고독이라고 보는 베버는 그 원인을 산업 혁명으로 인한 도시 환경의 변화로 꼽았다. 산업 혁명이 도시에 미친 가장 두드러진 변화는 폭발적인 인구 증가, 이질적인 집단의 대량 이주, 물질적인 팽창이다. 1890년대에 런던과 파리의 인구는 이전보다 두 배로 증가했으며 1890년 미국 도시 인구의 5분의 1이 외국 출신이었다. 당시 미국 뉴욕과 브루클린은 전 세계 이민자들의 중심이 될 정도로 다양한 사람들이 모여 살았다. 인구 밀집 지역에서 낯선 사람들과 서로 상호소통 없이 살아가는 도시인들은 점점 정신적으로 메말라 갔으며 인간관계가 소원해졌다.

> 스트롱에 따르면 도시는 지적인 발달과 도덕적인 발달이 물리적인 성장과 비례하지 않으면 지극히 물질적으로 변한다…. 문명이 점점 복잡한 형태로 발달하면서 개인은 분리되고 의존적이 되며 개인적인 성취의 실패는 점점 더 사회를 재난으로 몰고 간다. 도시가 점점 더 풍요로워지고 부유해짐에 따라 그 이익을 집행하는 행정은 부패의 기회를 더 많이 제공한다.

> A city, according to Strong, is materialistic when its intellectual and moral development are not commensurate with its physical growth…. As civilization grows more complex the individual becomes segmental and

dependent and performance failures on the part of the individual become more socially disastrous. As the city grow more prosperous and rich the administration of its interests affords increased opportunities for corruption. (19)

물질적인 팽창과 부의 증대는 오히려 도덕적인 해이를 불러왔으며 그 결과 도시는 점점 정신적으로 혼탁해지고 도덕적으로 타락해 갔다. 베버는 이렇게 변해가는 도시를 개별적인 인간성이 사라지는 "몰개성"의 공간, 사람들 간의 상호결속이 사라진 "결핍"(71)의 공간으로 보았던 것이다.

한편 현대인의 운명의 중심에 도시가 있다고 본 짐멜은 현대인이 짊어 진 가장 심오한 삶의 문제를 복잡하고도 다난한 사회에서 개인의 자율성과 개별성을 유지시키는 것이라고 하였다. "사회가 가하는 지배적인 힘, 역사적인 유산, 외연적인 문화, 삶의 테크닉에 직면한" 개인이 풀어야 할 가장 근원적인 문제란 "자신의 존재가 갖는 자율성과 개별성을 유지시키는 것"(409)이라고 하였다. 그는 대도시가 바로 개인의 자율성과 개별성을 유지시켜 주는 환경을 조성한다고 보았다.

이러한 메트로폴리스의 전형적인 두 위험인 무관심과 무차별적인 암시로부터 우리를 보호하는 속성은 혐오감이다. 잠재되어 있는 혐오감과 실제 일어날 적대감의 예비단계로 인하여 사람들은 거리두기와 반감을 불러일으키는데, 그것 없이는 이러한 유형의 삶이 전혀 이루어질 수 없다…. 메트로폴리탄의 삶의 스타일에서 직접적인 분열로 나타난 현상은 따지고 보면 사회화의 기본적인 요건들 중 하나일 뿐이다.

From both these typical dangers of the metropolis, indifference and indiscriminate suggestibility, antipathy protect us. A latent antipathy and the

> preparatory stage of practical antagonism effect the distances and aversions without which this mode of life could not at all be led…. What appears in the metropolitan style of life directly as dissociation is in reality only one of its elemental forms of socialization. (416)

사람들이 군집해 있는 도시에서는 외부와 내부의 자극이 과다해지고 변화가 끊임없이 일어나는데 사람들은 위협적인 흐름과 외연적 환경의 파행으로부터 자신을 보호하기 위해 무감각, 거리두기, 반감 같은 속성을 발달시키며 그러한 속성이 곧 "개성의 자기 보존"(415), 이른바 개인의 개별성과 자율성을 유지시키는 요소라고 한 것이다.

덧붙여 그는 대도시가 만들어 내는 개인의 몰개성이 역으로 개성의 극대화를 가져온다는 역설을 전개한다. 현대 도시 문화의 두드러진 특징 중 하나는 노동 분리인데 노동 분리로 인해 개인은 거대한 조직을 이룬 사물과 권력의 미소한 톱니바퀴로 전락하게 되었으며 그 결과 도시는 개인의 개성이 유지되기 불가능한 영역이 되고 말았다. 하지만 몰개성에 대한 반동으로 인간은 가장 자기다운 속성을 유지하기 위해 자신의 "특수성과 독특함에 귀를 기울이고 그것을 극대화"(422)시키려 한다는 것이다. 이렇게 몰개성이 오히려 개인의 특성을 극대화할 수 있는 특별한 조건을 제공하는 대도시는 삶을 에워싼 반대되는 흐름들이 펼쳐지는, 독특한 기회와 자극의 장소이다. 이는 도시를 영적 근원으로부터 차단된, 소외와 단절의 장소라고 한 베버와 전혀 다른 해석을 한 셈이다.

맑스주의 도시학 :
레이먼드 윌리엄즈, 데이비드 하비, 프레드릭 제임슨

도시성을 사회학적 관점으로 접근한 베버와 짐멜이 실존주의 도시학을 정립했다면 맑스주의 도시학자 레이먼드 윌리엄스(Raymond Williams)와 데이비드 하비(David Harvey), 그리고 프레드릭 제임슨(Fredric Jameson)은 제국주의와 도시의 관계를 유물론적 사회학의 맥락에서 정립한다. 레이먼드 윌리엄스는 『시골과 도시(*The Country and the City*)』에서 메트로폴리탄을 '진보적이고, 발전되었으며, 산업화된, 경제, 정치, 문화 권력의 중심지'라고 하면서 기본적으로 메트로폴리탄은 제국과 피지배국가 간의 권력관계와 밀접한 관계를 가진다고 말한다. 19세기 중엽부터 영국에 만연한 아이디어가 있었는데 그것은 영국 식민지로의 이민이 영국 도시의 고질적인 빈곤과 인구과잉 문제를 해결한다는 것이었다. 1880년 이후 식민지를 포함한 대영제국에서는 영국을 '집'으로 보며, 런던을 '강력하고, 명성이 높고, 소비적인 수도'로 자리매김하는 인식이 팽배했다. 영국 산업화의 과정이 곧 식민지에 대한 노동 착취와 자원 강탈을 의미하기도 하는 이러한 제국주의적인 산업화에 의해 영국의 지방 프롤레타리아들은 아시아나 아프리카 등 영국 식민지국으로 향하는 경향이 있었다.

개발도상 시스템으로 정착한 이러한 패턴은 식민지에서 수백만의 노예, 계약직 노동자들, 시골 노동자들을 양산했으며 그들 피 식민지인들은 낮은 임금 때문에 삶을 영위하기 힘들었다. 그 결과 식민지의 시골 지역으로부터 유혈이 낭자한 독립 운동이 전개되었으며 질서 유지를 위해 투입된 사람들이 바로 영국인, 땅을 빼앗긴 아일랜드인, 스코틀랜드인, 웨일즈인 등 영국 도시의 슬럼가 출신들, 실직자들, 땅을 잃은 농부들이었다. 식민지에서 부와 권력을 얻은 그들이 급속도로 신분상승을 하던 것과 달리 식민지 원주민들은 자신의 국가에서 집과 일터를 잃고 최 하층민으로 전락했다. 생존을 위해 그들은 시골 고향을 떠나 도시로, 도시에서 다시 제국의 본산인 영국으로 몰려갔으며 그 과정에서 식민지의 시골은 공동화가 가속화되었고 영국 런던은 이민자들로 넘쳐났다.

런던은 19세기 영제국주의가 팽창할 당시 제국주의 도시의 최 정점에 위치해 있었다. 비교적 하층민 근로자들이 많이 살았던 런던 동부의 이스트 엔드(East End)는 수많은 식민지 이주자가 몰려들면서 빈곤과 비루함의 게토로 변해 갔다. 소수의 권력이 비대해지면서 대다수 사람들이 노동 착취를 당했으며 식민지에서 반복되는 전쟁으로 인해 많은 주변부 사람들이 희생되었다. "혼돈, 방향상실, 정신의 불구."(283) 이것이 바로 식민주의와 깊이 연계된 '도시와 시골에 관한 이야기'이다.

> 그러나 새롭고도 일반화된 의미에서 이것은 '도시'에 의한 '시골'의 침투, 변형, 종속을 의미한다. 오랜 시간 동안 형성되어 온 시골 공동체가 점점 발달하는 메트로폴리탄 제국주의의 군사적·경제적 권력에 의해 뿌리 뽑혀지고 방향선회를 하였다.
>
> Yet in a new and universal sense this was the penetration, transformation and subjugation of 'the country' by 'the city': long-established rural communities uprooted and redirected by the military and economic power of a developing metropolitan imperialism. (286)

산업화, 도시화에 따른 경제 발달은 메트로폴리탄의 형성을 요구하는 방향으로 진행되었으며 그 발전의 논리에는 '모든 시골은 도시가 될 것이다'라는 인식이 지배했다. 다른 말로 모든 시골은 도시화를 통해 발전할 것이며 모든 주변 국가는 제국의 논리를 습득함으로써 진화된다는 논리이다. 많은 미개발된 사회가 메트로폴리탄에 대한 요구 때문에 발달해 왔다는 이러한 이론은 그러나 결과적으로 실제 점점 도시가 발달할수록, 시골이 도시를 닮으려 할수록, 도시와 시골의 부의 차이, 삶의 질의 차이가 벌어졌듯이 주변국이나 피식민지 국이 제국의 중심 논리를 답습할수록 경제적인 빈곤과 정치적인 혼돈이 심각해졌다고 레이먼드 윌리엄스는 주장한다.

레이먼드 윌리엄스가 도시의 형성과 그 특성을 제국주의와 연계시켜 비판했다면 데이비드 하비는 맑스주의 전통과 포스트모더니즘을 결합시키고자 하였다. 유토피아적 사회주의를 표방하는 데이비드 하비는 유토피아란 사회적 관계, 도덕적 질서, 정치·경제적 체제 등에 관하여 광범위하고 흥미로운 사고를 탐구하고 표현하기 위한 창의적인 수단이 되며, 활동가들은 이러한 수단을 통해 공간적인 질서의 무한한 배열을 추구하게 된다고 한다. 특히 역사적으로 제시된 여러 유형의 유토피아들은 대체로 공간적인 형태로 볼 때 도시의 모습을 하는데 이것은 도시와 유토피아적 상상력이 불가분의 관계임을 말한다. 호머의 『오디세이』에 묘사된 도시국가 패아키아로부터 그리스 로마시대의 아테네 등 많은 도시국가들은 당시의 어떤 이상적인 사회 공간의 형태를 반영한 것으로 간주되었고 르네상스 이후 토머스 모어의 『유토피아』에서도 이상적인 세계는 도시의 형태를 띠고 있다. 유대-기독교적 전통은 파라다이스를 모든 선량한 영혼들이 고난과 시련을 겪은 이후에 들어가는 독특한 장소로 규정하며 여기서부터 유토피아에 대한 은유의 방식들은 하느님의 도시, 영원한 도시, 언덕 위의 찬란한 도시로 묘사된다. 그러나 이와 같은 유토피아 도시들이 사회적인 무질서, 도덕적인 붕괴, 죄악의 원천을 동시에 포함한 양가적인 공간임은 역사적으로 증명된 바 있다. 바빌론, 소돔과 고모라의 도시, 플라톤이 고취시켰던 유토피아는 해방적이고 행복한 하늘의 도시인만큼이나 쉽사리 억압적, 전체주의적인 지옥으로 전락할 수 있음을 보여 준 것이다(『희망의 공간』 215-223 참조).

유토피아적 꿈이 특정한 장소를 가진다는 하비의 주장에 의거하면 미국의 교외화는 만성적인 빈곤과 사회적인 질환으로 이미 디스토피아가 된 내부 도시를 떠나 새로운 유토피아를 교외에 실현시킨 사회 공간적인 프로젝트다. 이질적인 인종이 모여 각종 사회 문제를 일으키는 도시에서 벗어나기 위해 배타적인 '풍요의 게토'를 교외에 세우는 미국식 유토피아 건설은 미국의 징표인 정치적 보수주의와 사회적 자유주의의 특이한 혼합에 근거를 두고 있다. 이른바 유토피아의 기나긴 역사에서 미국식 교외화는 상업화된 부르주아적 유토피아로 출현한 최근의 버전이라 하겠다(『희망의 공간』 194-210 참조). 유토피아에 대한 꿈을 안고 대서양을 건너 온 청교도 '보트 피플'이 신세계에 정착하자 '언덕 위의 도시'를 세우고 자신들만의 배타적인 공간을 구축했듯이 최근 미국 도시의 교외화는 최상층 백인들을 위해 건립된 또 다른 '부르주아적 언덕 위의 도시'라고 말할 수 있다.

「모더니즘과 제국주의("Modernism and Imperialism")」에서 모더니즘의 문학과 예술에 나타난 내적 형식과 구조가 제국주의의 속성을 지녔다고 논의한 프레드릭 제임슨은 '메트로폴리탄'이란 용어가 반드시 대도시를 중심으로 구성된 것만을 의미하는 것이 아니라

"제국적인 국가-상태,"(65) 이른바 국가와 사람들의 일상을 지배하는 제국주의적인 속성을 가리킨다고 말한다.

> 다음에 나타난 "메트로폴리스"란 용어는 제국적인 국가-상태를 가리킬 것이다. "메트로폴리탄"이 메트로폴리스의 내부 국가 현실과 일상적인 삶(보다 좁은 의미로 보면 중심적인 도시, "메트로폴리스"를 둘러싼 것이긴 하나 물론 반드시 도시적인 것만이 아닌)에 적용되는 것처럼.

> In what follows, the word "metropolis" will designate the imperial nation-state as such, "metropolitan" then applying to its internal national realities and daily life (which are of course not exclusively urban, although organized around some central urban"metropolis" in the narrower sense). (65)

'메트로폴리탄'이 도시를 중심으로 조직화되기는 하지만 반드시 도시적인 것만은 아닌, 국가 내부의 실체와 일상을 가리킨다는 이 말은 국가와 도시를 동일선상에서 본 것을 의미한다. 제임슨이 말하는 제국적인 국가 상태는 곧 자본, 테크놀로지, 상업, 대중문화 등 거대 자본과 문화가 지배하는 구조와 형식을 말하는 것이며 이는 그 지배 구조에서 밀려나 있는 외부인, 피식민지 사람들 등 타자를 구별하고 분리시키는 것을 가리킨다. 그는 2차 대전 이후 자본에 따른 제1세계와 제3세계의 내적 역동성이 낳은 신식민주의, 신제국주의를 언급하며 그 예로 미국 내부에 생겨난 제3세계를 들었는데, 미국 내 제 3세계가 자기주장을 하면 그것을 문제시하고 억압하는 존재가 "제국의 주체 혹은 메트로폴리탄 주체"(49)라고 하였다. 이와 같이 국가를 대변하는 주권자와 대도시 주체를 동일선상에 놓는다는 것은 도시가 곧 국가의 환유라는 인식을 반영한 것이다.

도시 기호학 : 롤랑 바르트, 프랑코 모레티

인간의 공간은 항상 의미가 있다고 한 롤랑 바르트(Roland Barthes)는 「기호학과 도시("Semiology and the Urban")」에서 인간의 거주지는 곧 문자 텍스트처럼 해독되어야 할 기호라고 하였다(89). 구문론에서 텍스트를 구성하는 구문, 문장, 문단을 다루듯이 도시학은 도시를 구성하는 거리, 지역, 도시의 배치와 형태 등을 마치 구문을 다루듯이 해석해야 한다고 본 것이다. 도시 공간의 기호학적인 의미를 가장 잘 표현한 작가로 빅토르 위고(Victor Hugo)로 보는 바르트는 위고의 다음과 같은 글을 인용한다.

> 도시는 글을 쓰고 있다. 도시에서 이리저리 움직이고 있는 자, 사실상 우리 모두인 도시 이용자는 일종의 독자이다. 자신의 책임을 다하며 자신이 원하는 대로 움직이는 독자는 비밀리에 담론의 조각들을 실체화하기 위해 담론의 조각들을 전유한다. 도시를 이리 저리 떠돌 때, 우리 모두는 크노(Queneau)의 무수한 시들을 읽는, 단 한 줄만 바꾸어도 다른 시를 발견할 수 있는 독자의 위치에 있다. 알지도 못한 채 도시 안에 있는 우리는 전위 독자와 같다.

> The city is writing. He who moves about the city, e.g., the user of the city(what we all are), is a kind of reader who, following his obligations and his movements, appropriates fragments of the utterance in order to actualize them in secret. When we move about the city, we all are in the situation of the reader of the 100,000 million poems of Queneau, where one can find a different poem by changing a single line ; unawares, we are somewhat like this avant-garde reader when we are in a city. (95)

무수히 많은 거리와 지역의 집합체인 도시의 구성 자체가 구와 리듬, 단어와 운율로 이루어진 시와 같다고 본 바르트는 도시를 해석하는 데 있어 도시 기호의 상호관계를 통해 의미를 포착하고자 하였다.

또한 바르트는 '뜨거운', '차가운', '알려진', '미지의' 등 형용사로 기술되는 도시 지역에 대한 묘사는 사실상 인간 심리에 관한 묘사와 유사할 뿐 아니라 그 자체가 도시에 대한 인간의 심리를 반영한 것이라고 한다. 그런 의미에서 도시 기호학은 사회학의 영역이라기보다 정신분석학의 영역이다. 그는 에로티시즘이란 용어로 도시가 지닌 심리적인 기제를 설명하는데, 이른바 도시란 타자와 만나는 장소이며, 도시의 중심은 젊은이들, 청소년들이 점유하는 "상호교환적인 사회성(sociality interchangeably)"(96)의 영역이라고 함으로써 포괄적인 의미의 '에로틱한' 장소로 보고 있다.

> 나는 그것을 에로틱한 차원이라고 부른다. 도시의 에로티시즘은 도시 담론이 지닌 무한히 은유적인 본질로부터 끌어낼 수 있는 수업이다. 난 에로티시즘이란 말을 가장 포괄적인 의미로 사용한다…. 에로티시즘 혹은 다른 말로 사회성이라고 해두자. 본질적으로, 그리고 의미론적으로, 도시는 우리가 타자와 만나는 장소이다. 이 이유 때문에 중심은 모든 도시의 사람들이 모이는 곳이다. 도시의 중심은 무엇보다도 젊은이들, 청소년들이 점유하고 있다.

> I will call it the erotic dimension. The eroticism of the city is the lesson we can draw from the infinitely metaphorical nature of urban discourse. I use the word eroticism in its widest meaning…. I use eroticism or sociality interchangeably. The city, essentially and semantically, is the place of our meeting with the other, and it is for this reason that the center is the gathering place in every city; the city center is instituted above all by the young people, the adolescents. (96)

바르트가 도시의 중심, 즉 다운타운의 중심을 가리켜 "전복적인 힘, 파열의 힘, 우스꽝스런 힘이 작용하고 만나는 지점"(96)이라고 하면서 그것의 유희성을 강조한 것도 젊은이들의 만남의 장소이자 타자와의 접촉이 빈번하게 일어나는 도시의 중심을 에로티시즘으로 파악한 것이다. 이러한 유희의 장소는 가족, 거주, 정체성과 대조되는 것으로서 소비사회에서 벌어지는 실제 에로틱한 활동이라고 할 수 있는 먹기, 구매 등이 포함된 순간의 만남과 교합의 지점이라고 할 수 있다. 이렇게 도시 기호학을 주창한 바르트는 도시를 다양하게 읽으며 그 의미의 가능성을 개방하고자 한다.

바르트와 마찬가지로 도시를 기호학적으로 연구한 프랑코 모레티(Franco Moretti)는 메트로폴리스를 공간이라기보다 시간의 흐름이 누적된 텍스트로 읽는다. 소설에 나타난 도시의 의미는 어느 특정한 장소로서 떠오르는 것이 아니라 시간의 궤적(temporal trajectory)을 통해 뚜렷이 드러난다는 것이다(112). 기본적으로 도시의 삶을 벤야민(Benjamin)처럼 "일련의 충격과 마찰"(116)이라고 하면서도 모레티는 벤야민의 '충격' 개념을 수정하여 새롭게 도시를 읽는다.

> 충격, 분명 그것은 한편으로는 막무가내로 어이없이 기대감을 갖는 것을 전제로 하며 다른 한편으로는 두 번 다시 반복되지 않을 방식으로 그 기대감을 요란스럽게 어기는 사건을 전제로 한다. 그러나 도시의 삶이란 그 관계가 갖는 두 가지 면을 다 완화시킨다. 수용하고 예견하는 장치가 훨씬 더 탄력적이고 훨씬 더 풍부하다. 외부의 자극은 포착되어야 할 '기회'가 되거나(잠재적인 위협과 정확하게 반대가 되는) 혹은 위협적이긴 해도 쉽게 예측할 수 있다. 반면에 충격이란 본질적으로 완전히 예측할 수 없을 때 일어난다.

Shock, to be such, presupposes on the one hand an extremely rigid and poor system of expectations and, on the other, an event that clamorously violates it in an essentially unrepeatable way. City life, however, has modified both aspects of the relationship: the apparatus of reception and prediction has become much more elastic and much richer—while the external stimuli either present themselves as 'chances' to be seized (the exact opposite of a potential offence) or, when threatening, are always rather easy to foresee, whereas total unpredictability is essential to shock. (117)

19세기 소설과 비교할 때 현대 소설에 재현된 도시는 현기증이 날 만큼 '충격'이 가속화되는 장소이다. 하지만 모레티는 벤야민과 달리 도시를 끝없는 충격에 노출된 트라우마의 장소라기보다 오히려 극단적인 충격을 완화시키는 완충지역으로 본다. 『경이를 위해 취해진 기호(*Signs Taken for Wonders*)』에서 19세기 소설에 나타난 도시의 기능을 연구한 모레티는 도시란 그 적응성으로 인해 충격과 충돌을 완화시키는 완충지역이라고 하였다.

변함없는 삶의 습관과 갑작스런 파국, 그 사이에 걸쳐져 있는 것은 전통적인 시골 사회, 마을, 그리고 지방에 훨씬 두드러지게 나타나는 삶의 형태다. 그에 비하면 도시 생활은 극단을 완화시키고 중재 가능성의 범위를 확장시킨다. 보다 유연하고 잠정적인 태도를 취함으로써 파국에 대처한다. 도시 거주자가 항상 전형적인, '적응력 있는' 동물로 보이는 것은 우연이 아니다.

To be suspended between unswerving habit and sudden catastrophe is much more typical of traditional rural societies, villages, and the provinces. By comparison, city life mitigates extremes and extends the range of intermediate possibilities: it arms itself against catastrophe by adopting ever more pliant and provisional attitudes. It is no accident that the city dweller has always appeared as a typically 'adaptable' animal. (117)

▌뉴욕 최근 모습

전통적인 시골 사회가 변함없는 삶의 궤도, 아니면 갑작스런 파국, 이 두 양극에 걸쳐 있다면, 구성원들이 어쩔 수 없이 상호의존적인 도시는 그로 인한 가변성의 결과 충격이 완화되고 파국이 조정되는 완충지역이라고 본 것이다.

포스트모던 도시학 : 마이클 디어

포스트모던 도시이론의 주창자인 L.A. 학파의 마이클 디어(Michael Dear)는 초기에는 맑시즘을 수용하여 맑스주의 국가론과 도시론의 발전에 기여하였다. 그러나 1980년대 이후 기존의 맑스주의가 지닌 경제결정론, 계급 환원론을 비판하면서 포스트모던 도시주의의 주창자로 전환하게 된다. 포스트모던 시대에는 '계획'이 불가능하다고 주장하여 도시 계획 계에서 큰 논란을 빚었던 그는 현재를 '현대(The Modern Age)로부터 벗어난,' "새로운 시공간의 조직"(50)이라고 하며 그러한 현상을 일으키게 된 결정적인 요소를 세계화로 꼽았다. 세계화는 인종과 문화의 다양성, 소수자들의 출현, 계급의 양극화 등 사회문화적인 현상을 만들어냈으며 그 현상은 도시의 특성에도 고스란히 반영된다. 디어가 주장하는 '새로운 시공간의 조직'인 포스트모던 도시의 특성은 탈중심화된, 세계와의 연계가 강해진, 다양성이 증가된 도시다. 포스트모던 사회문화의 조건을 정치적 · 경제적 · 사회문화적인 면에서 과거의 경향과 근본적으로 단절된 것으로 본 디어는 '포스트모던 도시주의'를 지배적인 단일한 명제가 부재한 가운데 다양한 도시의 (불)합리성들이 그 텅 빈 자리를 채우기 위해 경쟁하는 '어떤 상황'으로 본다. 포스트모던 사회의 지형학을 창조하고 있는 것은 바로 이러한 효과들이 구체화된 것, 지역화된 것을 가리킨다는 것이다(50 참조).

디어는 포스트모던 도시주의의 특징을 4가지로 들었는데 첫째가 세계 도시(World City)의 출현이다. 글로벌한 경제 환경 속에서 명령과 통제를 주도하는 몇 안 되는 거대한 중심이 출현함을 강조한다. 두 번째가 이중적인 도시(Dual City)다. 빈자와 부자, 권력자와 권력이 없는 자, 다른 소수 인종간의, 인종 간의, 종교적인 그룹 간의, 젠더 간의 사회적인 양극화가 심화된 도시를 지칭한다. 세 번째는 변경된 공간(Altered Spaces)이다. 현대 도시에 만연된 현상 중 하나는 물질적인 삶과 인식적인 삶에서 진행되고 있는 파편화이다. 이에 따라 전통적인 공동체가 붕괴하고 새로운 문화적인 카테고리와 공간이 출현하면서 문화적인 혼종성이 나타나기도 한다. 네 번째가 사이버시티(Cybercity)다. 사이버시티를 지배하는 정보는 이전의 사회 공간적인 구조를 와해되고 변용시킬 만큼 강력한 힘을 갖는다. 세계화, 양극화, 파편화, 문화적 혼종, 사이버도시, 이것들이 바로 포스트모던 도시주의의 특징이라고 하겠다(67 참조).

II. 도시주의와 문학 연구 :
문학에 나타난 도시, 어떻게 읽을 것인가?

미국 소설에 나타난 도시와 인간 실존의 문제, 정체성 확립과 동화의 문제는 비단 아시아계 미국 소설에서 뿐만 아니라 다른 미국 소설에서도 작품을 이해하는 주요한 요소로 자리매김되어 왔다. 도시주의와 문학에 관한 최근의 연구 경향을 정리한 존 개님(John Ganim)도 이미 고대로부터 도시는 문학의 큰 주제였으며 문학에 나타난 도시를 연구함은 상당한 진척을 보았다고 말한다(365). 가령 씨어도 드라이저(Theodore Dreiser)의 『시스터 캐리(*Sister Carrie*)』나 랠프 엘리슨(Ralph Ellison)의 『보이지 않는 인간(*Invisible Man*)』, 헨리 로스(Henry Roth)의 『잠들다(*Call It Sleep*)』 등 도시 소설을 살펴보면 도시는 단순한 공간적인 배경이상의 기능을 한다. 『시스터 캐리』의 뉴욕은 자본주의 사회의 암울한 저변이자 캐리의 욕망을 좌절시키는 장애물이며, 『보이지 않는 인간』에서 뉴욕은 인종과 계급의 전쟁터이자 도시 거주민들의 억압된 욕망이 돌출하는 임계점이다. 한편 『잠들다』의 뉴욕은 이민자들의 게토인 동시에 다국적 언어가 만들어내는 불협화음의 장터다. 이와 같이 도시는 다양한 인종과 계급 출신인 주인공들에게 욕망을 좌절시키는 장애물이자 그것을 조장하는 배경적인 장치이기도 하고, 때로는 도시 자체가 정체성과 생명력을 지닌 주인공이 되기도 한다.

도시 소설에서 주인공의 정체성 탐색을 위한 배경적인 공간이기도 하지만 한편 그 자체 고유한 속성을 가지며 인물들과 유기적인 관계를 맺는 도시에 대한 연구는 1954년 블란체 겔판트(Blanche

Houseman Gelfant), 그리고 최근의 리처드 레한(Richard Lehan), 해너 네셔에 이르기까지 비평가들에 의해 전문 영역으로 집대성되었다. 겔판트는 『미국 도시 소설(*The American City Novel*)』에서 "도시 소설에 대한 연구는 사회적 비전과 미학적 기법 간의 필연적인 관계를 다루는 것"(9)이라고 한다. 그에 따르면 보통 도시는 주인공의 욕망을 좌절시키는 장애물로 설정되지만 아이러니컬하게도 그 욕망을 조장하고 장려하는 상반된 역할을 동시에 한다. 겔판트가 제시한 도시 연구의 방법론으로는 세 가지 방법이 있다. 주인공의 성장을 통해 도시를 드러내는 "초상 연구(portrait study)", 도시 전체를 인격체로 접근하는 "개관적 연구(synoptic study)", 도시 풍속도와 사회적 관계에 초점을 맞추는 "생태학적 연구(ecological study)"(11)가 그것이다. 존 도스 패소스(John Dos Passos)의 『맨해튼 환승역(*Manhattan Transfer*)』을 개관적 연구로 접근한 겔판트는 뉴욕을 그 자체 정체성과 생명력을 갖춘 인물로 파악하며, 『시스터 캐리』의 뉴욕에 대해서는 그 가치와 풍속을 탐색하는 생태학적 연구를 하고 있다.

겔판트의 연구가 텍스트 내의 요소에 집중하는 신비평적 접근을 하고 있다면 레한이나 네셔 등 최근 비평가들은 독일 사회학자들의 인식론을 바탕으로 문학에 나타난 도시를 해석한다. 막스 베버와 오스왈트 스펭글러(Oswalt Spengler) 등 독일 사회학자들이 정의한 도시 개념을 따르는 리처드 레한이나 카를로 로텔라(Carlo Rotella)는 도시를 소외의 장소로 본다. 낭만적이고 보다 동질적인 중세 후기의 도시에 비해 대량 이주와 이질적인 집단을 특징으로 하는 현대 도시를 퇴행의 형태로 보는 베버와 스펭글러는 도시를 고독과 분열로 요약한다(Nesher 6 재인용). 그와 유사하게 『문학 속 도시(*The*

City in Literature)』에서 레한은 현대 문학에 나타난 도시를 T. S. 엘리엇의 『황무지(*The Waste Land*)』처럼 대지의 생명력으로부터 단절된 불모와 소외의 공간, 토마스 핀천(Thomas Pynchon)의 『제 49호 경매(*The Crying of Lot 49*)』처럼 엔트로피화 되는 분열의 공간으로 이해한다. 문학이 도시에 상상력을 제공해왔듯이 도시의 변화는 문학 텍스트를 변형시켰다고 주장하는 레한은 한때 계몽의 이상향이었던 도시가 현대에 와서 점점 문제 제기의 대상이 되었다고 한다.

로텔라 역시 『10월의 도시들(*October Cities*)』에서 도시를 "1950년대와 1960년대의 질풍노도와 같은 변화로 폐허가 된 종말론적인 세계"(43)로 본다. 『황금 팔을 가진 남자(*Man with the Golden Arm*)』 등 주로 주변 작들을 다룬 로텔라는 작품들의 배경인 시카고, 필라델피아, 뉴욕을 통해 급속한 변화로 인해 이웃 관계가 상실되고, 인종의 이동으로 인해 게토화된 종말론적인 도시를 보여주고 있다. 도시 환경이 급속히 변하고 이웃 관계가 붕괴되면서 정신질환, 약물중독, 쇠약해진 환자들, 일시적인 불구들이 도시에 현저히 나타났으며 이들은 도시 환경의 희생자라는 것이 그의 주장이다.

이와 같이 실존주의 도시학자 레한이나 로텔라가 도시를 소외의 장소로 규정한다면 게오르그 짐멜의 도시 개념을 바탕으로 프랑코 모레티의 도시 기호학을 수용하는 해너 네셔는 도시를 "다양한 상상의 행위로 그 의미가 명백해지는," "항상 창조되고 재창조되는" (Nesher 9) 기호로 해석한다. 짐멜은 도시를 가리켜 무관심과 자기 탐닉의 대가를 치르게 하면서도 개인의 자유와 지성을 발달시키는 "예기치 않은 기회"(6 재인용)의 장소로 자리매김한다. 유태인으로서 기독교 사회에서 이방인이었던 짐멜은 도시의 몰개성과 무관심이 오히려 개인의 자유를 보장하는 요소로 작용했다고 본다. 다시 말해서 시골 사회의 동질성이 구성원들의 관심과 결속을 가져다주는 반면 개인의 자유를 억압한다면, 도시의 이질성은 무관심과 유아주의를 조장하지만 대신 개인의 자유를 보장한다는 것이다.

짐멜이 도시를 기회의 땅으로 본다면 모레티는 극단적인 충격을 완화시키는 완충지역으로 설정한다. 『경이를 위해 취해진 기호』에서 19세기 소설에 나타난 도시 기능을 연구한 모레티는 도시란 그 적응성으로 인해 충격과 충돌을 완화하는 완충지역이라고 한다. 전통적인 시골 사회가 변함없는 삶의 궤도, 아니면 갑작스런 파국, 이 두 양극에 걸쳐 있다면, 구성원들이 어쩔 수 없이 상호의존적인 도시에서는 그로 인한 가변성의 결과 충격이 완화되고 파국이 조정 된다는 것이다. 모레티가 이러한 주장의 근거로 내세우는 도시의 속성, 이른바 이질성과 가변성은 네셔에 와서 다양한 상상력의 원천으로 수용되고 있다. 도시의 성격을 규명하기보다 '독자가 도시를 어떻게 읽는가?' 하는 도시 기호학에 초점을 맞추는 네셔는 도시를 다양한 상상의 행위로 새로운 의미가 생성되는 열린 기호로 받아들인다. 도시 경험을 현존보다 부재, 그리고 간극성에 두는 네셔는 도시란 읽는 자의 상상에 의해 의미가 형성 되어가는 불확정적인 기호라고 한다.

> 도시는 풍요를 약속하지만 접근을 가능하지 않게 한다. 결과적으로 도시인은 좋든 싫든 간에 끝없이 이어지는 부분적 가시성, 틈과 마주한다. 고층 건물의 창문, 부분 차양이 쳐진 같은 창문에서 보이는 군중, 낯선 사람들을 태워가는 택시들, 벽 너머로 들려오는 소음, 닫힌 창문과 밤낮으로 지키는 문지기, 지도 위의 거리 혹은 경사진, 그러나 결코 횡단할 수 없는 주변의 거리, 이웃에 숨겨진 비밀 장소. 무시할 수도 없고 무시하고 싶지도 않은 이러한 것들과 마주한 도시 거주자는 불가피하게 상상력을 통해 접근 불가능한 것을 재구축한다.

> Cities promise plenitude, but deliver inaccessibility. As a result, the urbanite, for better or for worse, is faced with a never-ending series of partial visibilities, of gaps— figures framed in the windows of highrises, crowds observed from those same windows, partly drawn blinds, taxis transporting strangers, noises from the other side of a wall, closed doors and vigilant doormen, streets on maps or around the bend but never traversed, hidden enclaves in adjacent neighborhoods. Faced with these and unable or unwilling to ignore them, the city dweller inevitably reconstructs the inaccessible in his imagination. (8)

구조적으로 도시는 접근 불가능성을 내포하며, 그러므로 누구든지 어느 정도 국외자일 수밖에 없는 도시인들은 상상을 통해 의미를 만들어 가며 자신과 세상과의 관계를 이해해 간다. 네셔가 이와 같이 도시를 '다양한 의미화의 열린 기호'로 본 것은 도시에 대한 기호학적인 해석의 방식에 따른 것이지만 결국 개체의 유연성, 비고정성으로 인한 자유의 가능성이란 면에서 짐멜의 '기회의 장소,' 모레티의 '완충지역'과 연장선상으로 볼 수 있다. 도시를 의미가 고정된 닫힌 기호가 아니라 항상 새롭게 의미가 생성되는 열린 기호로 보는 것은 도시의 이질적인 속성으로 인한 유연성, 그로 인해 얻어지는 개인의 자유와 성장, 이른바 '생성의 도시학'이라는 점에서 일맥상통한 것이다. 도시의 다양성이 억압된 욕망을 추구할 자유를 도시거주자들에게 제공한다는 이와 같은 주장을 케빈 맥나마라(Kevin McNamara)도 『도시 언어(*Urban Verbs*)』에서 유사하게 한 바 있다(2). 도시가 제공하는 다양성, 욕망, 개인의 표현은 소수인종의 정체성, 종교적인 정체성을 공유하게 만들며 관심의 공통분모를 가지게 함으로써 계급, 인종, 소수 인종성, 종교, 젠더의 분리를 넘어 보다 폭넓은 차이의 정치 문화가 생성되는 공간이라고 본다.

바르트나 에코 등 도시 기호학자들처럼 도시의 보편적 특징을 규정하기보다 도시를 읽는 독자의 주관적인 의미화 작업을 중요시하는 해너 네셔는 도시의 랜드 마크가 갖는 미결정성, 부재한 중심과 텅 빈 기표의 의미화에 초점을 맞춘다. 실제 존재하는 장소와 지도, 거리 이름, 실존하는 빌딩과 도시 경계표를 기호학적으로 의미 부여를 하는 네셔는 예를 들어 제임스 조이스(James Joyce)의 작품에 등장하는 더블린의 경계표를 영국 제국주의의 기호로 읽는다. 예술적, 문학적 수사로 사용되는 빅토르 위고의 하수구, 하퍼(Hopper)의 창문, 아이젠스타인(Eisenstein)의 계단, 디킨스(Dickens)의 법정(law courts) 등은 단순한 수사와 배경이 아니라 억압된 무의식의 현장, 자유에 대한 욕망, 초월에 대한 기대, 사회적 비판 의식 등을 표기하는 기호인 것이다(11 참조).

한편 네셔는 전통적인 소설에 배경으로 등장하는 도시와 현대 소설에 재현된 도시를 구별한다. 전통적인 소설에서 인물들은 도시를 배경으로 자기실현을 위한 탐색 여정(quest)을 하면서 주로 만족스런 결말을 보여 준다. 인물들은 궁극적으로는 적절한 '집'을 발견하고 정착하며 그 과정 속에서 '진실한 정체성'을 추구한다. 이 경우 소설의 배경인 도시는 그 탐구를 위한 대응물로 설정되며 여러 장애와 난관을 극복한 인물들에게 도시는 마지막으로 개인의 은밀한 영토, 피난처가 된다. 반면에 현대 소설의 인물들은 단일한 정체성을 확립하는 자체가 불가능하며 그들의 활동 영역인 도시는 그 자체가 불확정적이고 유동적인 미지의 공간이다. 특히 현대 소설에 재현된 '집'은 이전의 경우와 상이한 차이를 보인다. 집은 더 이상 개인을 외부로부터 지켜주는 보호처가 아니며 개인의 은밀한 사생활을 보장하는 사적 공간이 아니다. 집은 '거리와 사적 공간의 경계가 교차된

곳,' '공적인 영역이 사적 영역을 침범한' 교차로이자 경계지역이다. 버지니아 울프(Virginia Woolf)의 『댈러웨이 부인(*Mrs. Dalloway*)』에서 댈러웨이 부인의 시선에 포착된 노파의 장면이 보여주듯 개별적인 공간조차 타인의 응시에 노출됨으로써 사적 공간의 공공화라는 특징을 보인다.

이러한 불확정적이고 유동적인 도시 공간은 개인의 자아의식의 발달에 결정적인 영향을 미친다. 도시의 가장 두드러진 특징인 접근 불가능성으로 인해 개인과 개인, 개인과 집단 간에 소외와 배제가 일어나는 도시 공간에서 거주자들은 자신들이 배제되어 있다는 타자성의 감각을 키우게 된다. "도시 거주자는 어느 정도 다 소외자" (8)라고 한 네서의 말처럼 도시 소설을 쓴 작가와 작품에 등장하는 인물들은 소외자의 관점을 지니는 것이다. 이러한 소외자의 관점은 도시를 안전한 은신처, 바흐친의 크로노토프로 자리매김할 수 없게 한다. 하지만 어느 면에서 미 결정적이고 유동적이며 변화하는, 기표와 기의가 일치하지 않는 도시는 오히려 새로운 의미화를 생성시키는 '예기치 않은 기회의 지점'이기도 하다.

III. 아시아계 미국소설에 나타난 메트로폴리타니즘

현대 문학에 나타난 도시를 이와 같이 두 가지 큰 흐름, 실존주의적 소외의 장소와 예기치 않은 기회의 장소로 분류할 때 아시아계 미국문학의 도시는 후자에 속한다고 할 수 있다. 발생학적으로 아시아계 미국문학은 대부분 "이민자 주인공이 새로운 '집'으로 동화해가는 과정을 다루는 이민 소설"(Nesher 142)이기도 하지만 작품에 재현된 도시의 속성이 '생성의 도시학'과 닮아 있기 때문이다. 네셔도 언급한 바와 같이 이민 소설의 주인공은 대부분 동화의 과정을 보여주는데 아시아계 미국 소설의 등장인물들도 결국에는 미국에 뿌리를 내리는 동화의 과정, 미국을 자신의 '집'으로 주장하는 정착의 과정을 담고 있다.

> 『데이비드 레빈스키의 입신출세』 같은 이민 소설에서 이민자 주인공은 항상 손익을 저울질하며, 항상 옛것에 비추어 새것을 측정하며, 항상 결코 완전히 익숙하지 않은 새로운 집을 위해 옛 "집"을 바꾸고 배반해야 한다는 사실을 알면서, 새로운 "집"으로 동화해간다.

> In an immigrant novel such as *The Rise of David Levinsky*, the immigrant protagonist progresses in his assimilation to his new "home," always weighing gains and losses, always measuring the new against the old, always aware of the displacement and betrayal of "home" necessitated by the forging of a new home, one that is never entirely familiar. (142)

기본적으로 이민 소설을 동화의 과정으로 본다는 것은 과정 중에 나타나는 온갖 부정적인 경험, 이른바 인종차별과 빈곤, 소외와 불안 등도 궁극적으로는 이민자 주인공의 뿌리 내리기와 정체성 획득을 위한 자양분이라는 인식에 바탕을 둔 것이다. 네셔의 이러한 개념을 따른다면 아시아계 미국문학도 주인공들의 정체성과 동화를 주제로 하는 이민 소설이므로 작품의 도시는 기회의 장소가 된다.

물론 이 책에서 다루어질 6작품, 카를로스 불로산의 『미국은 내 마음속에』, 루이스 추의 『차 한 대접 드세요』, 존 오카다의 『노-노 보이』, 르 리 헤이슬립의 『하늘과 땅이 장소를 바꾸었을 때』, 바라티 무컬지의 『재스민』, 이창래의 『네이티브 스피커』에는 동화의 과정과 도시의 기능이 일률적으로 나타나지는 않는다. 오히려 각 작품에는 이민의 역사와 미국 내 공동체의 특성과 조건에 의해 인물들이 경험하는 도시 환경과 속성이 각각 다르며, 따라서 도시가 인물들의 의식과 정체성 확립에 미치는 영향도 다르다. 하지만 기본적으로 전 작품에는 소외와 배제의 논리보다 그것을 통해 소통과 포함의 원리를 형성시키려는 강렬한 욕망이 지배적이다.

이렇게 이민사를 주요 제재로 삼은 아시아계 미국 작품들은 발생학적으로 동화를 통한 뿌리 내리기에 초점을 맞춤으로써 그 속에 재현된 도시는 '기회의 공간'으로 볼 충분한 근거를 가지고 있다. 『미국은 내 마음 속에』에 나타난 미국 서부의 수많은 도시, 『차 한 대접 드세요』의 뉴욕과 샌프란시스코, 『노-노 보이』와 『네이티브 스피커』의 시애틀과 뉴욕, 『재스민』의 뉴욕과 서부 도시들, 이러한 도시들은 주인공들에게 소외와 불안, 단절의 장소이면서도 궁극적으로는 부정적인 실존주의 도시의 속성과 그 성격을 달리한다. 작품의 주인공들이 거주하는 도시는 백인 주류사회로부터 소외된 소수 인종의 게토이며, 쉴 새 없이 이민자가 유입, 이동하는 안전 취약지이고, 구성원들의 익명성과 무관심으로 인한 단절의 공간이다. 이와 같이 도시 게토는 주인공들에게 자신과 공동체에 대해 부정적인 생각을 심어주며 그들은 그로부터 벗어나려는 강박관념에 시달린다. 그러나 이민 후손들에게 하위 계층의 취약성과 타자 의식을 불러일으키는 도시의 이러한 간극성은 그들에게 새로운 이질적인 제3의 정체성과 혼종적인 문화를 구축할 자유의 공간을 제공하기도 한다.

이 책에서 다룰 6작품에 나타난 대부분의 도시는 이민자들을 타자화시키는 공간임이 틀림없다. 하지만 그들을 소외시키고 타자화시키는 도시 공간은 역설적이게도 그들의 개인적인 자유를 제공하고 제 3의 문화를 창출하는 터전이 되고 있다. 소수 인종들로 붐비는 시애틀 잭슨 스트리트와 뉴욕의 플러싱(Flusing)에서 『노-노 보이』의 이치로와 『네이티브 스피커』의 헨리는 옛 국가의 역사적인 속박으로부터 벗어나는 동시에 새 국가의 계층적인 억압으로부터 거리를 둘 수 있는 자유를 발견한다. 뉴욕의 중국 가부장제에서 탈출한 『차 한 대접 드세요』의 벤 로이는 또 다른 도시 샌프란시스코에서 성적 불능을 치유하며 한 개인으로서의 정체성을 회복한다. 시애틀과 서부 여러 지역에서 극심한 인종차별과 빈곤 때문에 절망하던 『미국은 내 마음속에』의 카를로스는 결국 미국을 자신의 영토로 주장하며 자신이 진정한 미국임을 자각한다. 뉴욕과 아이오와 바덴에서 이방인에 대한 오리엔탈리즘과 물신주의를 경험한 『재스민』의 재스민은 새로운 혼종적 공동체의 가능성을 찾아 서부 도시로 향한다.

이렇게 국가의 환유인 도시를 자신의 새로운 '집'으로 주장하는, 욕망하는 주체로 거듭나는 이들 주인공들에게 도시는 소외와 단절의 황무지라기보다 내적인 발달과 정체성 확립을 위한 토대가 된다. 나아가 시애틀의 국제 구역(International District)과 같이, 이질적인 문화의 융합을 통해 독특한 혼종적 문화를 창출하는 '생성의 토양'이 된 것이다. 이와 같은 '기회'와 '소외'라는 양극화된 해석 외에도 아시아계 미국문학에 나타난 도시는 다양한 기호학적인 해석을 가능하게 하는 개방된 텍스트이다. 작품에 등장하는 도시의 랜드마크, 역사적인 현장, 시계탑, 차이나타운의 거리, 독신자 사회의 지표인 도박판과 이발소, 제3세계 보모들의 만남 터, 뉴욕 인도인들의 거리, 플러싱의 한국 야채가게들, 이 모든 장소와 이름들이 장소와 이름 이상의 의미를 함축하며 작품에 해석의 공간을 제공하기 때문이다.

참고문헌

최병두 외. 『희망의 공간』. 데이비드 하비 지음. 서울: 한울, 2001.

Bakhtin, M. M. *The Dialogic Imagination*. Ed. Michael Holquist. Austin: U of Texas P, 1981.

Barthes, Roland. "Semiology and the Urban." *The City and the Sign*. eds. M. Gottdiener and Alexandros Ph. Lagopoulos. New York: Columbia UP, 1986. 87-98.

Bradbury, Malcolm. "The Cities of Modernism." *Modernism*. eds. Malcolm Bradbury and James McFarlane. London: Penguin Books, 1991. 96-104.

Dear, Michael and Steven Flusty. "Postmodern Urbanism." *Annals of the Association of American Geographers* 88.1 (1998): 50-72.

Ganim, John M. "Cities of Words: Recent Studies on Urbanism and Literature." *Modern Language Quarterly* 63.3(2002): 365-382.

Gelfant, Blanche Housman. *The American City Novel*. Oklahoma: U of Oklahoma P, 1954.

Harvey, David. *Spaces of Hope*. L.A. : U of California P, 2000.

Jameson, Fredric. "Modernism and Imperialism." *Nationalism Colonialism and Literature*. Introduction. Seamus Deane. Minneapolis: U of Minnesota P, 1990. 43-66.

Lehan, Richard. *The City in Literature*. Berkeley: U of California P, 1998.

McNamara, Kevin R. *Urban Verbs*. Stanford: Stanford UP, 1996.

Moretti, Franco. *Signs Taken for Wonders*. London: Verso, 1983.

Nesher, Hana Wirth. *City Codes*. New York: Cambridge UP, 1996.

Rotella, Carlo. *October Cities: The Redevelopment of Urban Literature*. Berkeley: U of California P, 1998.

Simmel, Georg. *The Sociology of Georg Simmel*. Translated, edited and with an Introduction. Kurt H. Wolff. New York: The Free Press, 1964.

Williams, Raymond. *The Country and the City*. New York: Oxford UP, 1973.

Weber, Max. *The City*. New York: Collier Books, 1958.

아시아계 미국문학과
생성의 도시학

생존의 도시학과 『미국은 내 마음속에』

1. 카를로스 불로산의 삶과 문학, 그리고 『미국은 내 마음속에』

『미국은 내 마음속에』는 필리핀이 아직 미국의 식민지였던 1930년대 당시 17세의 나이로 미국으로 건너 간 청년 알로스(Allos)의 성장소설이다. 4부로 구성된 작품의 1부는 1차 대전 직후 알로스의 고향 비나로난(Binalonan)을 배경으로 하는데 대다수 필리핀 농민들이 그러했듯이 대지주의 횡포에 점점 농토를 잃고 가난에 허덕이는 알로스 가족의 궁핍한 삶을 그린다. 2부는 가난하기 짝이 없는 사춘기를 보내던 알로스가 필리핀을 떠나 미국으로 이민을 가서 새로운 생활을 시작하는 내용을 다룬다. 시애틀에 도착하자마자 가지고 간 얼마 안 되는 돈을 죄다 사기당한 알로스와 그의 일행은 취업 브로커에 걸려들어 알래스카로 가게 되는데 거기서 경험한 노동착취와 인격 모독은 이후 반복해서 일어난다. 3부에서는 인종차별과 노동착취에 시달리던 알로스가 점점 사회 불평등과 부조리에 눈을 뜨며 사회운동가로 변신하는 과정이 그려져 있다. 마지막 4부는 사회주의자가 된 알로스가 문학을 통해 사회 개혁적 성향이 강한 참여 작가로 성장하는 모습을 다룬다.

『미국은 내 마음속에』는 작가 카를로스 불로산의 자서전적인 소설로 알려져 있다. 실제로 알로스처럼 예민하고 섬세했으며 수줍음이 많았던 갈색 눈의 불로산은 알로스가 작품 속에서 그러했듯이 백인 여성들을 사랑했다고 한다. 마치 성자처럼 친절하고 부드러웠던 불로산은 미국에서 당한 인종차별과 모욕, 노동 착취와 학대 때문에 신체적으로나 심리적으로 깊은 병에 시달렸다. "우리들은 미국 사회로부터 떨어진 오염된 구역에서 고립되어 살았으며 점점 내면으로 퇴행해 들어가 사람들을 증오했다. 그리곤 자유란 쟁취할 수 있다는 긍정적인 주장을 죄다 경멸했다"(『미국은 내 마음속에』 xviii)라고 절규하는 그는 "캘리포니아에서 필리핀으로 산다는 것은 곧 범죄행위였다"(121)라고 말할 만큼 절망에 빠져 지냈는데 육체적으로도 늘상 기침과 각혈에 시달렸다.

폐 수술을 받기 위해 1936년 로스엔젤레스의 병원에 입원한 불로산은 그의 삶을 획기적으로 전환하는데 결정적인 역할을 할 사람들과 만나게 된다. 주로 사회의식이 강한 문학가들이었던 그들에게서 지적, 예술적 영향을 받은 불로산은 2년에 걸친 투병생활을 하는 와중에 창작에 대한 열정을 키워갔다. 책을 통해 사회에 만연해 있는 경제적 차이와 계급적 차별을 인식하게 된 그는 공산주의 이념을 받아들였고 좌파 정치 그룹에 가담하였다. 스스로 자신이 주도하는 노동조합을 만들기도 했던 불로산은 1944년 「전쟁의 끝」("The end of the war")을 뉴욕 타임즈에 발표하여 영어로 글을 쓴 최초의 주목받는 필리핀계 미국 작가가 되었다. 불과 나이 44세인 1956년 9월 13일 사망할 때까지 그는 필리핀으로 돌아가지도 않았지만 미국 시민이 되지도 않았다. 항상 국외자로서 어디에도 머물지 않으며 고독한 혁명가의 길을 간 것이다.

『미국은 내 마음속에』에 대한 그동안의 비평은 탈식민주의 관점, 여성주의 비평, 퀴어 이론 등 다양한 형태로 나타난다. 탈식민주의 비평을 한 메그 웨슬링(Meg Wesling)은 「식민지 교육과 지식의 정치학(“Colonial Education and the Politics of Knowledge”)」에서 『미국은 내 마음속에』에 두드러지게 나타난 양가성과 모호성을 미국 제국주의 제도가 만들어 낸 모순 때문이라고 비판한다(59). 약속과 파기, 자선과 착취, 앎과 무지 사이에서 끝내 그 모순을 해결하지 못하는 알로스를 두고 웨슬링은 피 식민지인들에게 희망과 가능성을 심어주면서도 인종차별과 계급 차별로 그것을 파기시킨 미국의 모순된 정책 때문이라고 본 것이다. 퀴어 이론으로 해석한 머린다 드 제수스(Melinda L. de Jesus)는 기존의 이성애 중심에서 벗어나 동성애 관점으로 작품을 보도록 제안한다. 아시아계 미국문학에 대한 기존의 비평이 소수 인종성과 이성애에 바탕을 둔 정체성 정치학을 따른다면 다문화주의와 다양성이 점점 강해지는 지금 동성애나 혼종적 탈정체성에 기반을 둔 새로운 해석이 필요하다는 것이다(92). 탈식민주의 페미니즘으로 분석을 한 쉥-메이 마(Sheng-mei Ma)는 백인 여성에 대한 필리핀 남성의 욕망을 “미국을 에로틱하게 다루기”(79)란 말로 개념화한다. 성적 욕망과 국가 소속에 대한 욕망을 상보적 관계로 보는 그녀는 이러한 무의식적 현상을 낳은 것이 제국주의의 문화적·인종적 이데올로기라고 비판한 바 있다.

이처럼 『미국은 내 마음속에』에 대한 비평은 다양하지만 어느 비평도 간과하지 않는 한 가지 주제가 있다면 그것은 미국의 존재성에 관한 해석이다. 『미국은 내 마음속에』를 실패한 성장소설로 보는 메그 웨슬링은 미국을 모순 그 자체라고 해석하며 그 때문에 주인공의 내적 성장이 일어나지 않는다고 본다. 이성애와 동성애 뿐 아니라 각종 다양한 형태의 성관계를 제시하는 머린다 드 제수스는 미국이 이러한 다양성의 현장임을 시사하고, 쉥-메이 마는 미국의 본질을 남성성과 여성성의 양분화로 본다. 전자가 “정부, 관료, 경제 체제의 지배 기관으로 이루어진" "남성 국가"를 가리킨다면 후자는 자유의 여신상이 상징하는 "모성의 메타포를 한 미국의 대지"(78)라는 것이다.

'미국은 내 마음속에'라는 모호한 타이틀에 함축된 미국의 존재성은 이렇게 다양한 시각으로 설명되고 있는데 도시 공간을 통해 해석을 할 경우 또 다른 의미가 도출된다. 공간과 자아 인식이 불가분의 관계인 것은 감안할 때 알로스가 대부분의 시간을 보낸 미국 도시는 그의 정체성 추구와 사회적 인식 과정에 있어 배경 이상의 큰 역할을 하고 있기 때문이다. 『미국은 내 마음속에』에서 알로스가 거쳐 간 대부분의 지역은 이민자들이 모여 사는 소수인종 콜로니이며 소수인종 콜로니는 주로 도시에 집중되어 있다. 도시는 자본가와 노동자, 백인 주인과 아시아 이민자, 빈자와 부자의 계급투쟁뿐만 아니라 레이먼드 윌리엄스(Raymond Williams)가 "메트로폴리탄 제국주의"(286)라고 한 사회 현상의 현장이기도 하다. 윌리엄스는 식민 종주국의 노동 착취와 자원 약탈의 제국주의 시스템이 피식민지 국민들의 집단 이민을 촉발시켰으며 제국의 중심에 메트로폴리탄을 형성시켰다고 주장한 바 있다. 식민주의와 자본주의가 결합하여 제국의 본산에 소수인종 콜로니를 형성시키고 이민 노동자 계급을 형성시키는 이러한 메커니즘을 담은 『미국은 내 마음속에』에서 주인공 알로스는 가시적인 사회 불평등에 대해 인식할 뿐만 아니라 그 배후에 있는 불가시적인 힘의 논리를 자각하게 된다. 도시는 이러한 인식의 과정을 겪는 알로스에게 활동과 만남, 정보 교환과 소통, 지식과 예술을 제공함으로써 의식화가 일어날 수 있게 하는 장려자 역할을 한다.

나를 당신의 세계에 받아들여 준 것에 진심으로 감사하기에 나는 과거의 삶을 담은 이 책을 바칩니다. 미국의 일부가 되고자 갈망했던 어떤 사람의 신앙고백이 되길 바랍니다.

Because I would like to thank you for accepting me into your world, I dedicate this book of my life in the years past: let it be the testament of one who longed to become a part of America. (『미국은 내 마음속에』 epigraph)

비록 작품 맨 앞에 나오는 위의 제사는 미국에 동화되려는 필리핀 젊은이의 신앙고백을 담고 있지만 작품 전체에 걸쳐 그는 미국 사회가 안고 있는 불평등을 고발하고 소수자가 사람답게 살 수 있는 사회를 만들기 위해 개혁의지를 불태운다. 인종차별과 노동 착취라는 엄혹한 현실에도 불구하고 알로스를 비롯한 필리핀 이민자들은 도시에서 일자리를 얻으며, 인종차별에 반대하는 의식 있는 백인들의 도움을 받아 자신과 사회에 대해 새로운 인식을 하게 된다. 사악함과 선함, 풍요와 빈곤, 자비와 폭력이 마찰을 일으키고 충돌하는 공간인 도시는 그 모순에도 불구하고 알로스를 비롯한 사회적 소수자에게 자기 정체성을 찾는 내부로부터의 힘인 '내성의 빛'을 발화할 수 있도록 인도하는 개방의 지점이다.

2. 제국주의와 도시

캐어리 맥윌리엄스(Carey McWilliams)는 『미국은 내 마음속에』의 서문에서 이 책을 "사회적 고전"(vii)이라고 소개하였다. 오랫동안 서구 강대국의 식민지였던 필리핀에서 가난과 핍박을 견디지 못한 농부들이 일자리를 갖기 위해 미국으로 건너온 필리핀 이민자들의 삶을 그린 이 책은 식민지 정책으로 인해 피식민 국가가 어떻게 계층적으로 분열되는지, 극심한 빈부 격차가 어떻게 빈농들을 삶의 터전에서 내모는지, 도시의 빈민가에서 절대 빈곤의 생활을 하던 그들이 어떻게 제국의 본산으로 도피해 가는지, 보다 나은 삶을 찾아 간 그곳에서마저 얼마나 비루하게 살아가는지가 담긴 사회적 고전이다. 아시아계 미국문학이 노동자 계급 문제를 다룬 경우가 많지 않다는 사실을 고려할 때 노동자 문제와 식민주의의 관계를 깊이 다루고 있는 이 작품은 아시아계 미국 사회소설을 대표하는 귀중한 자산이라고 할 수 있다.

특히 알로스가 미국으로 오기 전 필리핀을 배경으로 하는 1부는 오랜 기간 스페인의 지배를 받다가 19세기 말 미국 식민지가 된 필리핀의 근대화 과정을 상세하게 그림으로써 필리핀 근대사를 일별할 사료편찬적 가치가 있다. 식민주의는 피식민국의 경제를 수탈하고 정치를 파탄나게 했으며 그로 인해 20세기 초 필리핀인들이 대거 미국으로 건너갔다. 리사 로우는 『이민법(*Immigrant Acts*)』에서 20세기 초 미국을 향한 아시아인들의 집단적인 이주를 가리켜 "아시아에서 자행된 미국 제국주의의 억압적 역사가 아시아인들이 이민의 형태로 대거 미국으로 '귀환'함으로써 재연"(16)된 것으로 풀이한다. 아메리칸 드림의 꿈을 안고 미국으로 간 아시아인들의 이민이 곧 노동력과 자본을 아시아로부터 끌어들이는 제국주의의 중요한 루트이며, 미국의 인종차별과 계급차별은 그 억압의 식민주의 역사가 되풀이된 것으로 본 것이다.

피 식민국에서 식민 종주국으로의 이민 형태를 제국주의의 경제적 메커니즘의 결과로 보는 이러한 관점은 맑스주의 도시학자 레이먼드 윌리엄스의 『시골과 도시』에서도 기술된다. 도시와 시골에 대한 최근의 모델을 제국주의 시스템에서 찾은 윌리엄스는 메트로폴리탄 영국 런던의 사회 현상을 영국 시골과의 관계를 통해 점검해야 한다기보다 영국 식민지 국가들과의 정치적·경제적 시스템 차원에서 진단해야 한다고 보았다. 흔히 시골과 대항적 관계에 있는 '메트로폴리탄'이란 의미는 "'진보적이고, 발전되었으며, 산업화된 상태'로서 경제, 정치, 문화 권력의 중심지"(279)인데 그것은 국가의 영역을 벗어나 사실상 피 식민국과의 정치적·경제적 관계를 기반으로 구축된다는 것이다.

윌리엄스는 19세기 중엽 영국 산업화의 과정 속에 글로벌 메트로폴리스로 자리 잡은 런던의 상황을 영국 식민지에서 자행된 노동 착취와 자원 강탈의 결과라고 분석하였다. 그 당시 영국을 '집'으로 여기는 인식, 그리고 런던을 강력하고, 명성 있고, 소비적인 수도로 자리매김하는 인식이 사회 전반에 팽배해 있었는데, 이는 식민지 지역들을 범 영국으로 보고 그 중심인 런던에 자원과 자본, 그리고 노동력을 집결한다는 메트로폴리탄 제국주의의 인식 구조에 의한 것이다. 그 결과 세상의 중심인 런던은 고질적으로 빈곤과 인구과잉 문제에 시달렸으며 그것을 해결하기 위한 방책으로 식민지로 이민을 가야 한다는 아이디어가 만연하였다. 주로 영국의 지방 프롤레타리아들이 아시아, 아프리카에 건너가 거주함으로써 개발도상 시스템으로 정착한 이러한 패턴은 식민지에서 수백만의 노예, 계약직 노동자들, 시골 노동자들을 양산했다. 낮은 임금과 열악한 노동 환경 때문에 삶을 영위할 수 없었던 피 식민지인들은 시골 지역을 중심으로 유혈이 낭자한 정치적 독립 운동을 전개했다. 그들을 진압하기 위해 투입된 사람들이 영국 도시 슬럼가 출신의 실직자이거나 땅을 빼앗긴 아일랜드 일꾼들과 농부들, 스코틀랜드, 웨일즈 사람들이었다. 이른바 영국에서 사회적 타자로 주변화된 사람들이 아이러니컬하게도 식민지의 시골 빈농을 죽이고 감시하는 일자리를 찾아 식민지로 이주한 것이다.

제국주의 시스템으로부터 혜택을 입은 영국인들의 삶은 대체로 질적으로 상승되었는데 그들의 삶이 질적으로 상승된 것은 수백만의 식민지 원주민들과 도태된 사람들을 착취한 결과였던 셈이다. 한편 자신의 국가에서 일자리를 잃고 거리로 내몰린 식민지 원주민들은 역으로 제국의 본산인 영국으로 이주를 하게 되었다. 그들은 넘쳐나는 부에 관한 신화와 루머를 좇아 영국, 혹은 다른 식민 종주국의 메트로폴리탄 중심 구역으로 몰려갔다. 이렇게 식민지 종주국으로 이주하는 사람들이 늘어나자 식민지의 시골 지역은 인구가 줄어들어 공동화가 가속화되었다.

런던은 19세기 제국주의가 팽배할 당시 제국주의 도시의 최정점에 위치해 있었다. 런던이 비대해지고 부가 집중되면 될수록 하층 근로자들이 모여 살던 상업지구 이스트 엔드는 점점 늘어나는 식민지 이주자들로 말미암아 가난하기 짝이 없는 비루한 게토로 전락해 갔다. 소수의 권력이 비대해지면서 대다수 사람들이 노동 착취를 당했으며 식민지에서 반복되는 전쟁으로 인해 많은 주변부 사람들이 희생되었다. 희생과 혼돈과 방향상실. 일종의 '정신의 불구', 이것이 바로 도시와 시골에 관한 이야기이다.

윌리엄스가 말하는 이러한 "발전 도상의 메트로폴리탄 제국주의"(286)는 식민 종주국의 노동 착취와 자원 약탈의 제국주의 시스템이 피식민지 국민들의 집단 이민을 촉발시켰으며 나아가 제국의 중심에 메트로폴리스를 형성시켰다는 '고갈, 이산, 도시집중'의 메커니즘을 지적한 것이다. 『미국은 내 마음속에』는 바로 이러한 식민 종주국과 피식민지의 노동과 자원에 뒤얽힌 경제적 메커니즘, 식민지 정책으로 인한 집단 이산과 도시의 발달, 그리고 그것을 중심으로 한 이민자들의 굴곡진 삶을 재현하고 있다. 1부 1장이 "유럽에서 벌어진 이상한 전쟁"(4)에서 귀환하는 첫째 형 레온(Leon)의 이야기로 시작됨으로써 작품은 초입부터 인간미 넘치는 서정적인 필리핀 시골에 깊이 침투해 있는 제국주의의 그림자를 전개한다. 레온이 머나먼 유럽에 가서 싸워야 했던 것은 조국 필리핀을 위해서라기보다 300여 년간 지배한 스페인에 뒤이어 새로운 주인이 된 미국을 위해서이다. 1896년 시작된 스페인에 대항하는 필리핀 혁명은 그러나 파리 협정에 의해 스페인 대신 미국이 장악하는 것으로 마감되었다. 이후 1898년 군사 정부를 수립한 미국은 1899년 필리핀-미국 전쟁을 거쳐 1901년 필리핀 민간 정부를 세우는 일련의 과정을 거치며 1946년 필리핀이 독립할 때까지 내정을 간섭하였다. 어린 알로스의 눈에 비친 "이상한 전쟁"은 자신의 국가가 아니라 침입국의 국익을 위해 목숨을 바쳐야 하는 피식민지 국민들의 복잡한 정치적 모순에 대한 의문 제기이다.

미국의 식민지 정책은 이러한 정치적 모순을 양산했을 뿐만 아니라 경제적인 면에서도 필리핀에 커다란 균열을 가져왔다. 미국 자본이 투입되면서 공업화가 가속화되었고 농촌에서는 농업이 기업화, 부재지주제도가 자리 잡게 되었는데, 그 결과 부가 지주들에게 집중되었으며 기존 빈농들이나 소작농들은 점점 빈곤해지는 악순환을 초래하였다. 알로스 가족이 보여주듯 필리핀 빈농들은 얼마 되지 않은 땅에 온 가족이 매달려 농사를 짓지만 굶주림에서 헤어나지 못한다.

> 이 때 쯤 우리에게는 4헥타르의 땅이 남아 있었는데 온 가족이 먹고사는 데 턱없이 부족했다. 굶주림에서 벗어나기 위해 우리 가족은 윤작을

했다. 대지의 베품은 기적과 같았다. 봄에 옥수수와 콩, 몇 줄의 담배를 심었다. 우기가 다가올 쯤 농작물을 수확해서는 곡물창고에 보관했다.

At this time we had four hectares of land, which were barely sufficient to keep our family from starving. We had crop rotation as an insurance against starvation, and the generosity of the soil was miraculous. In the spring we planted corn and beans and a few rows of tobacco; we harvested our crops toward the rainy season and stored them in the granary. (5)

굶주림으로부터 벗어나기 위해 가족들은 몇 마지기 안 되는 땅에 옥수수, 콩, 담배를 돌려가며 농사를 짓지만 점점 늘어나는 식구와 비싼 학비를 충당하느라 빚만 늘어난다. 빚을 갚지 못한 아버지는 땅을 다 빼앗기고 임시변통으로 얻은 땅마저 수확을 앞두고 부재지주에게 송두리째 빼앗기고 만다. 스페인 식민지 때부터 원주민들을 착취하기 위해 만들어진 농경 제도는 미국 식민지가 부재지주제도를 첨가하면서 더욱 악랄해진다. "해마다 농부들은 점점 더 가난해져 갔고 추수 때마다 지주들은 더욱 부자가 되어 갔다. 그들에게 보다 유리한 것은 지주는 항상 멀리 떨어진 곳에, 때로는 서류상 이름으로만 존재한다는 것이었다"(23).

식민지의 폐해로 인한 사회 양극화와 계급 갈등은 비단 농촌에만 국한된 것이 아니라 산업화 과정을 거치는 필리핀 전체에 영향을 미친다. 정부 부처는 "교육을 많이 받았다는 정체불명의 사람들"(5)이 장악하여 날로 부정부패가 심해졌으며 그들이 시행한 정책으로 인해 필리핀 농경지는 대부분 도시거주의 부재지주들에게 편중되었다. "더 이상 기존의 기업, 은행, 교회에 속하지 않은 부는 새로운 기업, 은행, 다른 집단의 지하 창고로 휩쓸려 들어갔다"에 나타난 바 새로운 소수 집단의 부의 편중 현상이 심화되었으며 그러면 그럴수록 "농부와 노동자가 가난해지는 속도로 빨라졌다." 식민지 지배에서 시작되어 근대화 과정에서 심화된 사회 불균형과 불평등은 결국 농민 봉기와 노동자 폭동을 야기시켰다. 산발적으로 일어나는 폭동과 봉기는 서민들의 분노를 분출시키는 출구이기도 하지만 필리핀을 혼돈과 혼란 속으로 몰아넣어 "농업 후진국에서 산업국가로 성장할 동력"(24)을 약화시키는 걸림돌이 되기도 했다.

"필리핀의 근간을 뿌리 째 뒤흔드는"(24) 이러한 혼란 속에서 사회적 소수자인 농민과 노동자는 두 가지 극단적인 선택을 한다. 하나는 펠릭스 라존(Felix Razon)처럼 현실에 대항하여 폭동을 일으키며 저항하는 경우고 또 하나는 알로스처럼 도시, 그리고 미국을 향해 현실도피를 하는 경우다.

> 가난한 소작농들이 부자 지주들을 위해 노역을 했던 지역에서 젊은이들이 소요를 일으키며 대대로 내려온 전통에 반항하기 시작했다. 더 이상 현실조건을 참을 수 없는 자들은 새로운 땅 미국으로 모험을 떠났다. 미국행은 스페인-미국 전쟁이 정점에 이르렀을 때 맺어진 평화 조약에 의해 이들에게 허락된 조항 중 하나였다.

> In the provinces where the poor peasants lived and toiled for the rich *hacienderos*, or landlords, the young men were stirring and rebelling against their heritage. Those who could no longer tolerate existing conditions adventured into the new land, for the opening of the United States to them was one of the gratifying provisions of the peace treaty that culminated the Spanish-American War. (5)

펠릭스가 주도한 폭동은 경찰에 의해 일망타진되며 가담자 대부분이 죽거나 지하 감옥에 갇히고 만다. 암울한 현실을 피해 멀리 달아나고자 한 알로스는 처음부터 미국행을 계획했던 것은 아니나 도시를 거쳐 결국에는 미국으로 건너가게 된다.

13세의 알로스가 비나로난을 떠나 처음 간 곳이 필리핀의 작은 도시 바기오(Baguio)이며 바기오에서 수도 마닐라로 간 그는 거기서 미국행 배를 타게 된다. 이른바 식민지의 도시는 식민지 정책 때문에 삶의 터전을 포기한 피식민지인들이 제국의 메트로폴리스로 건너가는 통로임을 보여주는데 레이먼드 윌리엄스가 말한 '도시와 시골의 관계를 형성하는 제국주의 시스템의 결과'인 셈이다. 알로스가 바기오로 간 것은 마닐라와 바기오를 연결하는 간선도로 공사에 투입된 적이 있기 때문이다. 그 당시 알로스가 잠시 본 바기오는 빈곤을 상징하는 비나로난과 대조적으로 풍요의 장소였으며 새로운 생활을 상상하게 만든 꿈의 도시다. "고산지대 한 복판에 자리 잡은 작은 도시" 바기오는 "비도 내리지 않고 강풍도 불지 않는"(66) 온화한 날씨의, 서구식 집과 극장이 즐비한 "아름다운 여름 도시"(31)다.

그러나 막상 알로스가 발을 디딘 바기오는 꿈에 그리던 풍요와 안전 대신 비나로난과 마찬가지의 궁핍, 비나로난과 마찬가지의 위험이 만연한 곳일 뿐 아니라 농민들을 타지로 내몰던 식민주의가 물신주의와 교묘하게 결탁해서 피식민지인을 지배하는 곳이다. 도시 중심지에 있는 호수에는 각양각색의 불빛이 환하게 켜져 있고 호수 근처의 천막 댄스장에는 향락이 넘쳐흐르며 시청 근처공설 시장에서는 삶의 활기가 가득하다. 하지만 꿈의 도시 바기오로 들어가는 문은 시골 출신 알로스나 산악지대 이고로(Igorot) 원주민들에게는 열리지 않은 채 닫혀 있다. 알로스와 이고로 원주민들은 출신의 장벽 때문에 정식 일자리를 얻지 못하는 것은 물론이고 영어 구사력의 부족으로 잡일 자리도 구하지 못한 채 노숙자로 전전한다.

『미국은 내 마음속에』에 스냅사진으로 찍힌 듯 재현되어 있는 카메라 앞의 알로스는 식민주의에 의해 철저하게 사회적으로 거세(social castration)된 피식민지인의 몸의 사물화현장을 적나라하게 보여 준다.

> 어느 날 어느 미국인 부인이 내게로 와서 카메라 앞에서 옷을 벗으면 10센타보를 주겠다고 했다. 정말 간단하게 돈을 벌 수 있는 법을 알게 된 셈이었다. 시장에서 카메라를 든 백인을 볼 때마다 10센타보를 벌 요량으로 나는 눈에 확 띄게 추하게 꾸몄다. 하지만 관광객들이 가장 흥미로워하는 것은 벗은 몸의 이고로 여자들과 아이들이었다. 때때로 그들은 앞만 가린 늙은이들 사진을 찍었다. 그들은 나처럼 기독교도 필리핀인에게는 관심이 없었다. 그들은 커다란 젖가슴을 가진 어린 이고로 소녀들과 앞가리개가 마치 살아 있는 듯 툭 튀어나온, 성기를 거의 드러낸 건장한 산사람들을 찍을 때 유난히 재미있어 하는 것처럼 보였다.

> One day an American lady tourist asked me to undress before her camera, and gave me ten centavos for doing it. I had found a simple way to make a living. Whenever I saw a white person in the market with a camera, I made myself conspicuously ugly, hoping to earn ten centavos. But what interested the tourists most were the naked Igorot women and their children. Sometimes they took pictures of the old men with G-strings. They were not interested in christian Filipinos like me. They seemed to take a particular delight in photographing young Igorot girls with large breasts and robust mountain men whose genitals were nearly exposed, their G-strings bulging large and alive. (67)

에드워드 사이드(Edward Said)가 비 서구를 물신화, 타자화하려는 서구의 무의식적이고 영속적인 욕망을 "잠재적 오리엔탈리즘(latent orientalism)"(Rahman 재인용 1)이라고 했듯이 미국 여성이 알로스의 벗은 몸을 사진으로 담는 것이나 서구에서 온 관광객들이 벌거벗은 필리핀 원주민들을 찍는 행위는 동양을 물신화하려는 서구의 잠재적 오리엔탈리즘의 연장선상이다. 이 물신화의 현장에서는 한 올의 문명도 걸치지 않은 토속적 헐벗음이 최고 상품이 되는 경제논리가 지배한다. 그러므로 여기서 토착인과 문명인의 중간지대에 있는 알로스는 상품가치가 떨어진 사물로 전락한다.

알로스가 바기오를 떠나 수도 마닐라로 간 것은 필리핀에서는 미래에 대한 희망은 고사하고 현재의 배고픔을 채워줄 기미조차 발견하지 못한 수많은 마이너리티처럼 새로운 땅 미국으로 건너가기 위해서이다. 마닐라 풍경은 점점 살기 힘들어지는 농지에서 내쫓기거나 혹은 스스로 등을 돌린 전국 각 지역의 농부들이 "맨발로," "집에서 만든 가방을 든"(90) 초라한 모습으로, 제국의 메트로폴리스에 대한 환상을 안고 떼를 지어 몰려드는, 우울하고도 소란스런 도시 풍경이다. 아예 도시의 중심가 근처에는 갈 일이 없는 이들 이민자들은 도둑질, 소매치기, 도박, 투계, 매음이 판치는 마닐라의 슬럼가에서 배를 타기도 전에 이미 돈을 다 잃거나 싸움질로 부상을 당한 채 태평양을 건널 배에 오른다.

이렇게 보다 나은 삶을 찾아 고향 시골에서 도피하여 도시로 간 알로스는 도시에서도 시골에서와 마찬가지로 굶주림에 시달릴 뿐 아니라 신체를 상품화하는 제국주의의 물신화의 대상으로 전락한다. 제국주의 시스템은 이와 같이 경제적 착취와 정치적 왜곡을 거쳐 필리핀인들을 물신화하는 문화적 제국주의의 형태로 나타난다. 이 과정에서 황폐화된 시골로부터 인구가 빠져나가는 공동화 현상과 더불어 인구의 도시 집중 현상이 일어나고 도시에 모여든 이들 마이너리티들은 척박한 삶의 조건으로부터 벗어나기 위해 노동력을 끌어당기는 제국의 메트로폴리스로 떠나는 것이다.

3. 생존의 도시학과 내성의 빛

알로스의 정체성 추구가 미국에 대한 발견과 불가분의 관계가 있는 것은 자아 발견과 공간의 문제가 밀접히 연관되어 있다는 도시학자들의 주장과 무관하지 않다. 소설은 도시의 발달과 더불어 형성되었다고 주장하는 해너 네셔는 전통적인 소설에 나타난 인물들의 자아실현은 이 지상에 자신을 편하게 뉘일 "집"을 발견하는 것, "참된 정체성"(18)을 추구하는 것이라고 한다. 그 과정에서 소설의 배경이 되는 도시는 자아 탐구를 위한 대응물이라고 한 바 있다. 문학과 도시 텍스트의 공생관계를 연구한 리처드 레한은 도시주의를 서구 문화의 핵심인 계몽주의의 기원이라고 하는데, 이것은 도시 문학의 본질을 개인의 자아 탐구와 각성으로 본 것이다(3). 『미국 도시 소설(*The American City Novel*)』을 쓴 겔판트는 "도시 소설에 대한 연구는 사회적 비전과 미학적 기법 간의 필연적인 관계를 다루는 것"(9)이라고 하였는데 그에 따르면 소설에 재현된 도시는 주인공의 욕망을 충족시키는데 걸림돌이 되기도 하지만 한편 그 욕망을 조장하고 장려하는 역할을 하기도 한다. 소설에 재현된 도시는 주인공의 욕망을 충족시키는데 장애물이 되기도 하지만 한편 그 욕망을 조장하고 장려하는 역할을 하기도 한다고 주장하는 겔판트는 도시 연구의 방법론으로 "초상 연구(portrait study)", "개관적 연구(synoptic study)", "생태학적 연구(ecological study)"를 제시하였다. 초상 연구는 주인공의 성장을 추적하면서 도시를 드러내는 것이며 개관적 연구는 도시를 그 자체 정체성과 생명력을 갖춘 주된 인물로 파악하는 것이다. 생태학적 연구는 도시 풍속도와 사회적 관계에 초점을 맞추는 것으로서 특이한 도시적 유형을 집중 연구하는 방법이다(11).

『미국은 내 마음속에』에 재현된 도시는 겔판트의 연구 방법 중 주로 초상 연구와 생태학적 연구로 접근할 수 있다. 도시를 그 자체 생명과 개성을 지닌 존재로 보고 주요 인물처럼 접근하는 개관적 연구는 존 도스 파소스(John Dos Passos)의 『맨해튼 환승역(*Manhattan Transfer*)』처럼 인물과 이야기 줄거리에 미치는 도시의 영향력이 눈에 두드러지게 역동적일 경우에 유효하다. 『미국은 내 마음속에』의 도시도 어느 정도 인물들의 삶에 영향을 주고 있긴 하지만 주도적 역할을 하기보다 배경 역할을 하며 소설의 중심축은 어디까지나 주인공 알로스의 성장과정이다. 도시의 풍속도도 알로스가 하는 경험의 범위가 이민자 세계에 한정되어 있기 때문에 총체적인 도시를 담고 있지는 않다. 그러므로 도시 소설인 『미국은 내 마음속에』에 대한 적절한 연구 방법은 알로스의 경험 범위 속에 드러난 도시 풍속도를 살펴보고 도시의 어떤 속성이 그의 자아 성장을 이끌어가는지 분석하는 것이라고 하겠다.

『미국은 내 마음속에』에서 도시는 알로스의 자아 완성, 계급 상승의 욕구를 좌절시키는 장애물이기도 하고 그 욕구를 격려하고 조장하는 장려자이기도 하다. 오스카 캄포마네스(Oscar Campomanes)가 "식민지 이주자인 필리핀인들에게 있어 정체성 추구와 집에 대한 비전을 갖는 것은 같은 의미이다"(58)라고 했듯이 삶의 대부분을 이 도시 저 도시로 유랑하는 알로스에게 가장 강렬한 욕망은 '집'을 소유하는 것이며 '집'은 곧 자신의 존재를 주장할 소유의 터전이다. 이른바 그러한 정체성 추구와 정착의 과정에서 도시는 그것을 실현할 배경이자 대응물의 역할을 하는 것이다.

알로스가 경험한 도시는 필리핀에서부터 미국에 이르기까지 정반대되는 속성을 지닌 모순의 장소다. 필리핀의 바기오도 그러하지만 미국의 서부 도시들은 억압의 장소이자 깨어남의 장소이며, 빈곤과 박탈의 장소이자 기회와 가능성의 장소이기도 하다. 이 모순을 통해 그는 내적 성장을 이루게 되지만 모순의 미학을 깨닫기까지 그는 오랜 시간 도시의 핍박과 스산함을 감내해야만 한다. 필리핀을 떠나기 전 잠시 기거했던 마닐라는 산업화와 도시화로 인해 점점 더 빈부격차가 심해지는 황량한 대도시이다. 영국의 빈곤층과 이민자들이 모여 살고 있는 영국 런던의 이스트 엔드처럼 마닐라의 빈민굴은 저소득층, 범법자, 그리고 미국으로 갈 이민 대기자가 집결해 있다. 알로스가 거쳐 간 미국 서부 해안의 도시들—시애틀, 알래스카, 새크라멘토, L.A., 샌디에고 등—도 그에게는 억압받는 소수자들의 집합소이며 그 집합소마저 정착이 불가능한 불모지이다. 소-링 신시아 웡(Sau-ling Cynthia Wong)은 쉼표로 이어지는 무수히 많은 지역이름들의 나열은 미국의 비 실체, 요컨대 정착에 대한 갈망이 어디에서도 이루어지지 않을 것임을 알리는 지표라고 한다. 만약 그 꿈이 실현가능하다면 장소이름들이 의미 있게 배열되고 투쟁과 승리의 역정이 그려지지 않겠느냐고 반문하는 웡은 수도 없이 찍힌 구두점, 급작스럽고 예기치 않은 결말 등 난삽한 기법도 방향성을 상실한 이민자들의 삶의 궤적, 그들의 삶에 지속적으로 영향을 미치는 식민지의 유산을 가리킨다고 주장한 바 있다(133-34).

이렇게 지역이름들의 무의미한 나열과 기법상의 난삽함으로 그려지는 『미국은 내 마음속에』의 도시는 경제적·사회적·성적으로 박탈된 하층민들의 게토이다. 알래스카에서 돌아온 알로스가 잠시 머문 시애틀의 잭슨 거리는 술과 도박, 매음이 판을 치는 아시아 이민자들의 집합소이다.

나는 잭슨 거리에 있는 일본 포목점으로 가서 코르덴바지와 진 셔츠를 샀다. 이미 땅거미가 지기 시작했고 중국 도박장을 꽉 메운 통조림 공장 인부들은 한철 번 돈을 다 잃고 불법 위스키를 들이키고 있었다. 그들은 돈을 잃으면 같은 동족에게 시비를 걸고 욕설을 퍼부었지만 중국인 도박주인과 마리화나 행상인에게는 고분고분했다. 더러운 손으로 반쯤 벗은 매춘부들을 더듬으며 외설적인 제스처를 하던 그들은 돈이 부족해서 퇴짜를 맞고는 어둠 속으로 막 달려갔다.

I went to a Japanese dry goods store on Jackson Street and bought a pair of corduroy pants and a blue shirt. It was already twilight and the cannery workers were in the crowded Chinese gambling houses, losing their season's earnings and drinking bootleg whisky. They became quarrelsome and abusive to their own people when they lost, and subservient to the Chinese gambling lords and marijuana peddlers. They pawed at the semi-nude whores with their dirty hands and made suggestive gestures, running out into the night when they were rebuffed for lack of money. (104)

한 철 노동하여 번 얼마 안 되는 임금을 도박장에서 순식간에 다 잃고 동족끼리 싸움판을 벌이는 곳. 반라의 창녀들을 보면 짐승처럼 달려드는 남성들의 구역. 시애틀의 잭슨 거리가 보여주는 미국의 도시는 이렇듯 적자생존과 찰나주의가 판을 치는 무정부적인 공간이다.

시애틀의 소수인종 콜로니를 통해 나타난 이러한 도시 풍경은 L.A.나 샌프란시스코 등 대도시에서는 인종차별이 보다 심화된 양상으로 나타난다. 형 마카리오(Macario)와 극적으로 재회하게 되는 L.A.는 시애틀보다 이민자들의 국적이 보다 다양하고 그 수가 많으며 그들의 활동범위도 소수인종 콜로니에 국한되지 않고 더 넓다. 보다 규모가 큰 도시의 보다 복잡한 형태의 게토에서는 시애틀과 마찬가지로 술과 도박, 매음과 약탈 등 찰나주의와 무정부 상태가 만연하며 무엇보다도 성적 퇴폐가 두드러진다. 남녀 혼숙을 하는 호텔방에서는 난잡한 성교가 벌어지고 이민자들의 거리에는 동성애자들이 넘쳐난다. 당시 필리핀 이민자들 사이에 만연한 성적 퇴폐는 그들의 부도덕성 때문이라기보다 경제적인 궁핍과 아울러 남녀 비율의 불균형 때문이다. 1930년대 당시 미국 내 거주하던 필리핀 이민자 사회를 '독신자사회'라고 불렀는데 그 이유는 여성 1명 당 남성 47명이라는 극심한 남녀 비율의 불균형 때문이었다(Kim 197). 이러한 조건 속에서 같은 동족끼리의 이성애가 쉽지 않았던 필리핀 남성들은 L.A. 호프 거리의 혼교 장면이나, 샌프란시스코 농장에서의 집단 성교 장면, 또한 두 번에 걸쳐 기술되는 동성애 장면이 나타내듯 성적으로 이탈을 할 수밖에 없었던 것이다.

이러한 정신적 허무주의와 물질적 결핍, 그리고 성적 타락에 이어 대도시 L.A.는 극심한 인종차별의 현장임이 드러난다.

> "이 갈색 원숭이새끼가 하는 말 좀 들어 봐," 형사가 알론조의 얼굴을 갈기며 말했다. "지가 마치 교육받을 권리가 있다고 생각하나 보지. 이 새끼가 영어 하는 꼴 좀 봐. 지가 *백인*이나 된 줄 아나 봐. 이 백인 년을 어떻게 했기에 너한테 붙어 있담, 필리핀 색골아?" 얼굴을 한 대 더 맞은 알론조는 비틀거리며 마루 위에 넘어졌다. 피가 입에서 흘러 나와 올이 다 드러난 낡은 카펫을 적셨다.

> "Listen to the brown monkey talk," said one of the detectives, slapping Alonzo in the face. "He thinks he has the right to be educated. Listen to the bastard talk English. He thinks he is a *white* man. How do you make this white woman stick with you, googoo?" Another sharp slap across the face, and Alonzo, staggering from the blow, fell on the floor. Blood came out of his mouth, dripping on the threadbare carpet. (136)

알론조의 사례가 보여 준 백인의 필리핀인 혐오 감정은 파사데나(Pasadena)의 롤던 대 미국 재판(Roldan vs. The United States case)

에서 그 정점을 이룬다. 수도 없이 법정 공방이 이어졌던 이 사건은 필리핀 남자와 백인 여성 간의 결혼을 다룬 사건이다. 사건 이전에는 몽골리언과 백인 간의 결혼이 법적으로 금지되어 있었던 까닭에 필리핀을 혐오하는 백인들은 필리핀인을 몽골인으로 분류하려 했다. 인류학자들과 전문가들이 필리핀인은 몽골인이 아니라 말레이인이라는 소견을 내놓자 백인들은 다시 백인과 말레인과의 결혼을 금지하는 법을 제정하기에 이르렀는데 그 법은 1941년 일본이 전쟁을 일으킬 때까지 유효하였다.

백인 여자와 동거한 알론조를 공격하던 백인 경찰들은 내기 당구장에서 필리핀 소년을 이유 없이 총으로 쏴 죽이는 잔인함을 보인다. 심부름꾼으로 일하는 마카리오는 집 주인에 의해 가축처럼 다루어지고 경찰의 추적을 피하려던 호세는 다리 한쪽을 잃고 불구가 된다. 환경이 다소 좋은 버몬트 애비뉴에서 전세를 얻으려던 알로스 형제는 백인주인에게 거절을 당하며, 가난한 이민자들에게 허락된 유일한 장소는 사회 낙오자들의 결집 장소인 사창가뿐이라는 사실을 다시 한 번 확인한다. 템플 스트리트의 사창가에 있는 집은 "두 개의 침실이 있는 집"으로 "위층에는 욕실이, 아래층에는 거실과 부엌, 광"이 있다. "뒷문을 열면 키 큰 죽은 풀들이 듬성듬성한 텅 빈 갈색 공터"(258)가 나타나며 공터를 끼고 세운 황량한 집에서는 몇 가구나 되는 멕시코인들이 사생활을 적나라하게 드러낸 채 "아무렇게나 원시적으로"(259) 살아간다.

> 그 집은 매춘부 집이라고들 했다. 하지만 세를 들 만한 다른 집이 없었다. 거리에는 뚜쟁이와 매춘부, 마약 중독자와 마리화나 행상인들, 흉악범과 살인자들, 전과자와 소매치기들이 득실거렸다. 사회 낙오자들이 집결하는 곳. 단속이 허술한 홍등가로 알려진 곳이었다.

> It was known as a house of prostitution, but there was no other house for rent. The street was filled with pimps and prostitutes, drug addicts and marijuana peddlers, cutthroats and murderers, ex-convicts and pickpockets. It was the rendezvous of social outcasts: known for its wide-open red-light district. (258)

도시를 배경으로 한 이민 소설의 핵심 주제가 새로운 국가의 새로운 도시에서 이민자의 '집'을 세우는 것이라면 알로스에게 허락된 집은 사창가의 비루한, 그나마도 일시적인 거처일 뿐이다. 초기 도시 소설에 나타난 집의 개념을 "거리의 위험과 위협으로부터의 피신할 수 있는 은신처," "사적인 영토"(Nesher 19)라고 한다면 템플 스트리트의 집은 거리의 위험이 경계를 넘어 침범하는, 사적 공간과 공적 공간의 융합이다. 템플 스트리트의 이러한 풍경은 그가 끝없이 떠돌아다니는 전체 도시들의 모습이기도 하다. 워싱턴 주의 시애틀, 목시 시티, 오레곤의 포트랜드, 유진, 캘리포니아의 새크라멘토, 오클랜드, 샌프란시스코, 산 호세, L.A., 샌 디에고, 산 루이스 오비스포 등 셀 수도 없이 등장하는 미국 도시들은 위의 풍경과 크게 다르지 않다. 현대 도시 소설에서는 집을 가리켜 초기 도시 소설과 달리 "변화하는 공간, 임시적인 지점, 항상 과정 중에 있는 공적 공간과 사적 공간의 교차"(Nesher 20)라고 규정하는데 이러한 규정으로 볼 때 알로스의 집은 개방과 불안정을 동시에 내포하는 현대 도시 소설의 집에 속한다 하겠다.

인종차별은 이와 같이 이민자들에게 경제적인 박탈뿐만 아니라 사회적인 억압을 넘어서서 모든 인간의 가장 기본적인 욕망인 집에 대한 갈망마저 좌절시킨다. 부와 계급의 양극화 현장인 도시는 그러므로 알로스를 포함한 이민자들의 욕망을 좌절시키는 장애물인 것이다. 하지만 위의 인용문에도 내포되어 있듯이 무질서와 혼돈의 도시는 욕망을 조장하고 장려하는 야누스의 얼굴을 지닌다. 알로스가 "단속이 허술한 홍등가," "사회 낙오자들이 집결하는 곳"이라고 혐오하는 템플 스트리트는 단어가 지닌 이중적 의미에 의해 "wide-open rendezvous," 이른바 "활짝 열린 만남의 장소"로 해석될 수 있다. "활짝 열린 만남의 장소"가 단어상의 의미에만 국한되지 않는 것은 실제로 사회 낙오자들을 수용하여 제3의 문화가 창출되게 한 곳이 바로 템플 스트리트 같은 도시의 게토이기 때문이다. 해너 네셔도 유동적인 현대 도시를 가리켜 개인의 고립만 낳은 것이 아니라 개개인의 자아와 도시 풍경이 다양하게 융합하여 새로운 문화 공간을 창조한 것으로 평가한다(21).

알로스에게 있어 도시가 "단속이 허술한 홍등가"에서 "활짝 열린 만남의 장소"(『미국은 내 마음속에』 258)로 전환하는 것은 작품 후반부에 들어 현저하게 나타난다. 이러한 전환은 같은 장소, 같은 사건이라도 이전과 다른 인식을 하게 된 그의 내적 변화에 기인한 것으로 그 변화를 가능하게 만든 요인 중 하나가 유동성, 개방성, 공존성을 특징으로 하는 도시 환경이다. 서부 해안 도시들을 정처 없이 떠도는 알로스를 비롯한 이민자들, 부랑자들, 매춘부들에게 도시는 더 이상 정착의 대상이 아니라 유동적인 임시 거처에 불과하다. 하지만 그 유동성으로 인해 알로스는 피카레스크 문학의 건달처럼 무수히 많은 사람들을 만나고, 다양한 경험을 하며 그 거친 여정 속에서 자아 정체성을 이루어나간다. 그는 알래스카의 통조림 공장에서 중노동을 하고, 시애틀의 살벌한 노동자 데모에 합류하는가 하면, 차이나타운 숙소에서는 동성애자로부터 성추행을 당한다. 샌디에이고에서 도박꾼으로 전락한 그는 L.A.에서는 사회운동가로 변신한다. 사회 낙오자뿐만 아니라 지식인, 개혁가, 문학가, 이타적인 박애주의자들 등 다양한 형태의 인간들이 만나고, 범법 행위와 차별 뿐 아니라 지적 예술적 활동과 인류애적 헌신이 동시에 일어나는 도시는 알로스에게 개인과 사회를 조망하고 그 관계 속에서 자신의 사회적 책무를 일별할 개괄적인 시야를 제공한다.

도시가 이러한 상호 접촉과 교류의 지점인 것은 롤랑 바르트가 말한 도시의 "사회성," "에로티시즘"(96)과 같은 맥락으로 볼 수 있다. 도시를 사회학적 맥락보다 정신분석학적 맥락으로 이해한 바르트는 도시를 에로티시즘의 공간이라고 하는데, 이는 도시가 타자와 만나는 장소이며 사회 활동과 상호 교환이 이루어지는 장소라는 점에 주목한 것이다.

> 도시는 본질적으로 그리고 의미상 타자와 만나는 장소이다. 모든 도시의 중심은 사람들이 모이는 곳이라는 사실은 이러한 이유 때문이다. 도시의 중심은 무엇보다 젊은이들, 청소년들이 만들어간다.
>
> The city, essentially and semantically, is the place of our meeting with the other, and it is for this reason that the center is the gathering place in every city; the city center is instituted above all by the young people, the adolescents. (96)

사람들의 상호접촉과 교류를 "에로티시즘" 혹은 "사회성"이라고 할 때 그것의 능동적인 주체는 중장년층보다는 젊은 층일 수밖에 없다. 바르트가 도시의 중심, 다운타운의 중심을 가리켜 "전복적인 힘, 파열의 힘, 우스꽝스런 힘이 작용하고 만나는 지점"(96)이라고 한 것은 그곳을 점유한 젊은이들로부터 나오는 전복성과 유희성을 가리킨 것이라 하겠다.

『미국은 내 마음속에』에는 바르트가 에로티시즘이란 용어로 개념화한 도시의 속성, 요컨대 생명력이 강한 젊은이들의 능동적이고 활발한 상호 접촉과 교류, 그리고 음식이나 구매 등으로 나타나는 소비사회의 에로틱한 활동이 나타나지 않는다. 가난하고 병든 이민자 알로스의 세계가 건강한 청춘남녀의 만남, 소비주체로서의 활동 등 유희성과는 거리가 멀기 때문이다. 하지만 그가 도시에서 만난 사람들과 더불어 혹은 그들의 영향으로 자신과 사회에 대해 새로운 인식을 하고 사회개혁 운동에 참여하는 것은 도시가 만들어 내는 전복적인 속성을 나타낸다고 하겠다.

『미국은 내 마음속에』에 나타난 도시의 전복성은 리처드 레한이 말한 도시가 지닌 원초적인 타자성과 같은 맥락이다.

> 도시에 관한 이 모든 비전으로 볼 때 현대 도시의 내부에는 우리의 기원만큼이나 오랜 동안 작용하는 힘이 있다. 이 힘은 여러 형태로 나타난다. 디오니소스는 도시의 파열적인 힘으로 나타나다가 나중에는 카니발로 구현되기도 한다. 신비하기 짝이 없는 이방인과 군중 속의 남자, 때로는 억압받은 것의 회귀 같은 프로이트의 언 캐니 형태로도 나타난다. 자연 재난이 도시를 위협하기도 한다. 마지막으로는 도시가 추방시킨 것들이 내부로부터 도시에 도전하는 또 다른 힘으로 나타난다.

> All of these urban visions suggest that beneath the surface of the modern city are forces at work as old as our origins. These forces have taken many shapes. Dionysus embodies the disruptive force in the city; his spirit is later embodied by the carnival, still later by the mysterious stranger and the man in the crowd, and again by Freud's theory of the uncanny as the return of the repressed. Natural disasters also threatened the city. And lastly, what the city cast off became another force that challenged it from within. (6)

레한이 디오니소스적 존재라고 한 도시의 타자는 이질적인 신분과 다른 계급의 사람들, 이민자들과 외국인들이며 이들 도시가 불가피하게 양산한 소수자들은 궁극적으로 도시를 내부로부터 전복시킬 "파열적인 힘"(6)을 얻는다는 것이다. 도시가 추방한 타자들은 소수자, 추방자, 국외자들로 구성되며 이들은 사회로부터 주변화 되었다는 변방의식, 사회의 중심으로부터 소외되었다는 타자의식을 가지는데 이러한 타자성은 프로이트의 억압된 것의 회귀처럼 언젠가 사회 체제를 전복할 디오니소스적 양태로 발전한다고 한다(8).

『미국은 내 마음속에』에 이러한 억압된 것의 디오니소스적 회귀를 상징적으로 보여주는 장면이 몬트레이(Monterey) 바닷가의 축제 장면이다. L.A. 근교 샌 페드로의 생선 통조림 공장에서 이미 타자들의 공조가 갖는 의미를 알게 된 알로스는 각양각색의 사람들이 벌이는 몬트레이 축제에서 그 전복적인 힘을 목격한다. 통조림 공장에는 일본인, 멕시코인, 필리핀인, 백인, 유고슬라비아인 등 다양한 국적 출신의 노동자들이 노동을 하고 있으며 그들은 정기적으로 모여 집회를 한다. 주변인들이 모인 그 집회는 여느 다른 집단과 달리 위계질서가 없으며 동료들에 대한 신앙과 같은 믿음이 깔려 있다. 형 마카리오와 함께 이민 노동자들의 의식 개혁에 눈을 뜨는 알로스는 그들을 대상으로 야학을 시작하며 그 스스로도 가르치는 과정에서 사회의식이 깨어난다. "이민자인 우리 모두는 항상 저 경계선 아래에 존재하지만 미국에게 요구를 해서는 안 된다. 왜냐하면 미국은 아직도 우리의 끝나지 않은 꿈이기 때문이다"라는 알로스의 웅변은 주변인들의 존재에 대한 인식이자 그들의 주체성에 대한 지표이다. 그가 "우리 자신의 경험으로부터 이 거대한 땅을 이해하는 것"(312)이야말로 사회적 책무라고 주장하는 것은 처절한 삶을 기반으로 미국에 대한 소유권을 주장하기 위해서는 그들만의 공조가 필연적이라는 점을 강조한 것이라 하겠다.

몬트레이 바닷가의 작은 집에서 열리는 축제는 타자들의 공조와 사회적 역할에 대한 알로스의 깨달음을 집약한다. 축제 마당에는 흑인, 황인, 백인 등 다양한 인종의 노동자, 농부, 사회 운동가가 나이와 성에 상관없이 어울려 축제를 준비하고 서로를 축복한다. 마당에 전구를 설치하러 온 낯선 사람. 선물을 가져온 멕시코 소녀. 쌀을 배달한 중국 농부. 이전에 한 번도 본 적이 없는 낯선 그들은 처음 만난 사람들에게 진한 유대감을 느끼고 깊은 형제애를 나눈다. 음악과 춤이 전체를 하나로 만드는 축제에서 혁명가 호세는 "진짜 일이 곧 시작될 것이다"(313)라고 혁명을 선포하며 행복감에 가득 한 알로스는 환희의 눈물을 흘린다.

> 이제야 난 그때 우리가 질풍노도와 같은 역사의 드라마 속에서 해야 할 역할을 시작했다고 확신한다. 그 때는 그 사실을 이해하지 못했다. 이것이야말로 미국에서 흑과 백, 갈색 인종을 함께 엮는 유일한 공동의 끈이라는 사실을. 내 속에서 행복감이 거대한 파도처럼 일어나는 것을 느꼈다.
>
> I was sure now that we were at last beginning to play our own role in the turbulent drama of history. I did not understand it then , did not realize that this was the one and only common thread that bound us together, white and black and brown, in America. I felt a great surge of happiness inside me! (313)

음식과 술이 넘쳐나고 음악과 춤, 선동과 웃음이 끊이지 않는 이질적인 요소들의 집합인 바닷가 축제에서 사람들이 깨달은 것은 하나됨의 미학이다. 알로스가 "우리의 깨어남은 자발적인 것이었다. 그 깨달음은 우리의 경험과 반응으로부터 그들의 경험과 반응으로 발전했다"(314)라고 했듯이 하나됨의 가치는 축제에 참여한 모든 이들의 내면으로부터 자발적으로 발현된 것이며 그 가치는 개인을 넘어 전체로 향하는 성장의 힘이다.

깨달음의 순간 이후 알로스는 빠른 속도로 참여 작가로 성장해 간다. "영원히 삶의 전체 궤도를 바꾸기로 결심한" 그는 "사회에 헌신한 사람들의 이야기를 읽고 싶어하며" "그들처럼 되기 위해 스스로를 교육시키려 한다"(181). 사회적 인식이 일어나는 알로스에게는 그를 도와주는 많은 사람들이 나타나는데 사회주의자 파스쿠알(Pascual), 필리핀의 혁명가 펠릭스 라존, 그리고 문학세계를 펼쳐준 백인 여성들이 그들이다. 파스쿠알은 노동자를 위한 글을 쓰라고 유언을 남기며 형 마카리오는 문학이 짊어져야 할 책임이란 무지한 사람들의 의식을 일깨우고 사회를 정화하는 것임을 가르친다. 도시에서 만난 백인여성들은 그에게 하트 크레인(Hart Crane), 잭 런던(Jack London), 마크 트웨인(Mark Twain), 윌리엄 사로얀(William Saroyan) 같은 사실주의 혹은 자연주의 작가 군들을 소개함으로써 그가 참여 작가로 거듭나는 데 일조를 한다.

> 우리가 글을 써야 한다면 그것은 노동자를 위해서이다. 그들의 잠재력을 충분히 발휘하게 만들고 싶은 우리들은 그들이 가진 희망을 해석해야만 하지. 목소리를 강하게 내어야 하고, 객관적인 비판을 해야 하며 저항과 도전을 해야만 한다. 개인의 자유를 억누르려는 시도와 맞서 싸울 그 외 다른 방법은 없다….

> It is for the workers that we must write. We must interpret their hopes as a people desiring the fullest fulfillment of their potentialities. We must be strong of voice, objective of criticism, protest and challenge. There is no other way to combat any attempts to suppress individual liberty…. (187)

파스쿠알이 죽음 직전에 남긴 위의 유언은 잠재력을 가지고도 그것을 알지 못하는 무지한 노동자들의 의식화에 관한 것이다. 작가인 알로스가 감당해야 할 역할은 바로 그 의식화 작업을 하는 것이며 그것은 기본권을 되찾는 생존 철학을 알려주는 것이다.

이 생존의 철학은 알로스에게도 해당되는 삶의 전략이다. 사회적 타자로 억압받던 그가 타자들을 위한 개혁가이자 스승으로 거듭나면서 삶에 대한 의지를 불태우게 된 것은 의식의 변화 때문에 가능하다. 타자들의 공조와 연대를 통해 함께 함의 가치를 알게 되고 그것을 위해 사회 참여 작가의 길로 들어선 것은 차별로 가득한 미국에서 자신의 존엄성을 지키고 살아갈 수 있는 생존의 길이 바로 그 길임을 터득했기 때문이다. 이 과정에서 도시는 연대와 공조, 비전과 희망을 심어준 가능성의 지점이다. 알로스가 지은 일련의 시가 「도시 건설 자를 위해서」(232)라는 사실은 생존의 미학을 꽃피게 한 도시에 대한 헌사인 지도 모른다. 토머스 울프(Thomas Wolfe)의 『천사여, 고향을 보라(*Look homeward, Angel*)』를 함께 읽으며 문학가의 꿈을 키워가는 알로스가 앨리스 오델(Alice Odell)에게 보낸 이 시는 제목만 있을 뿐 내용은 기술되어 있지 않다. 하지만 『천사여, 고향을 보라』가 불행하고 고독하지만 "지상의 모든 지식을 얻고, 전 세계를 보며, 모든 인간을 다 품고자 한" "위대한 소년"(231)의 갈망을 담았다는 점을 고려할 때, 「도시 건설자를 위해서」는 질병과 가난 속에서도 미래를 꿈꾸는 자의 송시이며 꿈을 실현할 공간인 도시에 대한 예찬이라고 볼 수 있다.

4. 문학을 통한 미국의 발견

도시를 국가의 환유로 볼 수 있다면 도시에 대한 예찬은 곧 국가에 대한 예찬이다. "캘리포니아에서 필리핀인으로 존재한다는 것은 곧 범죄"(121)라고 할 만큼 미국을 부정하던 알로스는 소설 말미에 "젊은 미국의 작가들, 시인들과 함께 집에 있는 것 같은 느낌이 들었다"(251)라고 할 만큼 미국을 '집'으로 수용하는 변화를 보인다. 이러한 변화는 도시에 대한 인식의 변화와 마찬가지로 미국의 실체를 직시하고 그것에 새로운 가치를 부여한 결과이다.

그렇다면 알로스가 발견한 미국은 무엇이며 그가 부여한 가치는 무엇인가? 필리핀에서부터 미국 본토에 이르기까지 알로스가 경험한 미국은 모순과 불가해함 그 자체이며 그가 부여한 가치는 '모순 그 자체에 대한 인정'과 '그것이 내적 성장의 질료라는 자각'이다. 불로산이 그린 미국은 필리핀의 부패와 경제 불균등의 주범이기도 하지만 동시에 농민들을 계몽하여 사회 개혁 운동을 일으킨 모순의 장본인이다. 특히 불로산은 미국 교육의 양가성을 가감 없이 드러낸다. 미국 교육은 필리핀 내 전통적인 가치관과 새로운 가치관을 충돌시킴으로써 세대 갈등을 촉발시켰지만 반면에 민주주의와 개인주의를 심어줌으로써 사회에 대한 비판 의식을 고양시킨 계몽의 주역이기도 하다. 『미국은 내 마음속에』에서 불로산은 "잘못된 미국식의 이상과 삶의 양식"(5)이 젊은이들에게 나쁜 영향을 미쳐 세대 갈등을 악화시켰으며 비싼 수업료를 요구하는 미국식 교육이 빈곤층을 헤어 나오지 못할 만큼 깊은 빈곤의 늪으로 밀어 넣었다고 비판한다. 하지만 필리핀 농민들의 사회 의식화를 담당한 것은 다름 아닌 미국 교육이다. 나날이 피폐해지는 자신들의 삶이 스페인과 미국의 식민지를 거치면서 식민지 권력과 결탁한 상류층의 착취 때문임을 알지 못하는 무지한 농민들은 미국 공교육을 통해 그 사실을 인식하게 되고 비판의식을 키워간다.

> 공교육이 군도 전체에 시행된 결과 새로운 기회가 열렸다. 미국 정부가 필리핀에 심어준 새로운 민주주의 제도였다. 지금까지 문맹이었고 후진적이었던 나라가 깨어나기 시작했다. 스페인 식민지 때에는 지배자와 유럽에 갈만큼 부유한 일부 운 좋은 토착인들만 교육을 받을 수 있었다. 그러나 가난한 사람들, 농부들은 초등교육조차 받지 못했다. 미국이 들여온 무상교육이 군도에 퍼져가자 아들을 둔 집마다 가진 재산을 다 긁어모아 아들을 학교로 보냈다.

> Popular education was spreading throughout the archipelago and this opened up new opportunities. It was a new and democratic system brought by the American government into the Philippines, and a nation hitherto illiterate and backward was beginning to awaken. In Spanish times education was something that belonged exclusively to the rulers and to some fortunate natives affluent enough to go to Europe. But the poor people, the peasants, were denied even the most elementary schooling. When the free education that the United States had introduced spread throughout the islands, every family who had a son pooled its resources and sent him to school. (14)

지배자들이나 혹은 부유한 집안사람들만이 교육을 받을 수 있었던 스페인 지배 당시와 달리 “새롭고 민주적인 시스템”인 미국 교육은 사람들에게 “새로운 기회”를 제공한다. 이러한 교육을 받은 사람들 중에서 펠릭스 라존 같은 젊은이는 사회 불평등에 눈을 뜨게 되고 그것을 바로잡기 위해 농민 폭동을 일으킨다.

미국의 양면성은 도시 바기오에서도 되풀이된다. 빈곤과 소외를 겪던 알로스가 몸을 상품화하는 것은 원주민을 물신화하려는 미국

제국주의의 은밀한 욕망 때문이지만 알로스로 하여금 그 실상을 직시하게 만드는 역할도 미국이 담당한다. 바기오의 길거리에서 만난 미국 여성 메리 스트랜든(Mary Strandon)은 알로스가 관광객들의 관심을 끌기 위해 얼굴에 바른 칠을 씻어내게 하고 그에게 도서관 일자리를 제공한다. 칠을 벗겨내는 행위는 문화적 제국주의의 물신화의 대상이 됨을 중지시키는 것이며 도서관 일자리는 지식과 상상력의 세계로 인도하는 것이다. 스트랜든의 집에서 일하며 알로스는 영어 공부를 하는 또 다른 잡일꾼 달마치오(Dalmacio)를 만나게 되고 그에게서 세상을 살아가기 위한 "최고의 무기"(69)가 다름 아닌 영어라는 사실을 알게 된다. 영어를 배우는 것과 동시에 에이브러햄 링컨(Abraham Lincoln), 리처드 라이트(Richard Wright) 등 미국을 이끌어간 지도자들을 만남으로써 알로스는 고귀한 인간정신, 이상주의적 인본주의에 눈을 뜨게 된다. "나는 내 주위에서 일어나고 있는 일을 이해하기 시작했다. 현재 나의 삶을 가득 덮고 있던 어둠이 걷혔다. 난 햇빛을 향해 걸어갔다…"(71). 알로스의 내적 자각이 비록 일순간의 미약한 것이라고 하더라도 미국문학과 미국 지도자들을 통해 알게 된 그 내성의 빛은 사라지지 않고 지속될 것이었다. 이때 알게 된 지식은 그의 삶에 잠재해 있다가 극도로 절망적인 순간마다 그것을 뚫고 일어날 힘으로 작용하기 때문이다.

알로스가 필리핀에 있을 때부터 경험한 미국의 양면성은 미국으로 향하는 선상에서, 그리고 미국 곳곳에서 되풀이 된다. 2부 13장은 "음식도 없이 배 멀미에 고통 받으며 외로움에 떠는"(97) 선상의 풍경을 담고 있다. 알로스는 햇볕도 들지 않는 배 밑에 거의 감금된 채로 항해를 하며 일등석 백인 승객들로부터 인종차별을 당한다. 일등석의 백인 또래 소녀는 알로스를 가리키며 "옷을 거의 벗은 필리

바다에서 본 시애틀

핀 야만인들"(97)이라고 혐오한다. 일등석과 배 밑 선실, 미국인과 필리핀인의 계급적, 인종적 구별과 차별은 그가 첫발을 내디딘 시애틀로부터 무수히 거쳐 가는 미국 곳곳에서 일어나는 현상이다.

처음 미국을 본 순간 알로스는 승선하기 전 미국에 대해 가졌던 기대가 마치 다 이루어질 것 같이 희망에 부풀지만 곧 그 희망은 현실의 벽 앞에서 산산이 깨어진다.

> 육지에 다가가면서 처음 본 광경에 기분이 정말 좋아졌다. 모든 것이 자연스럽고 희망차게 보였다. 마치 오랜 여행 끝에 집으로 돌아가는 것 같았다. 이 도시에 아직 집이 없지만 말이다. 모든 것이 익숙하고 친절하게 보였다. 빌딩의 하얀 얼굴들이 부드러운 오후 햇살 속으로 녹아들었고 주위를 둘러싼 계곡의 회색 윤곽이 희미하게 꺼져가는 마지막 빛 속으로 사라지는 것처럼 보였다. 갑작스럽게 올라오는 환희에 찬 나는 이 새로운 땅에 집을 마련해야 한다는 사실을 알았다.

> My first sight of the approaching land was an exhilarating experience. Everything seemed native and promising to me. It was like coming home

> after a long voyage, although as yet I had no home in this city. Everything seemed familiar and kind—the white faces of the buildings melting in the soft afternoon sun, the gray contours of the surrounding valleys that seemed to vanish in the last periphery of light. With a sudden surge of joy, I knew that I must find a home in this new land. (99)

오랜 여행을 마친 여행자가 귀향하듯이 알로스는 처음 보는 미국 시애틀을 마치 고향인 듯 친숙하고도 편안하게 대한다. "갑작스럽게 올라오는 환희"는 오랜 부재 후 다시 찾게 된 고향의 충만감과 안정감 같은 것이다. 위의 문단에서 "집"이 세 번에 걸쳐 언급되는 것은 그의 정착과 소속에 대한 욕구를 반영한다.

그러나 미국에 도착하자마자 알로스 일행이 경험한 것은 환영과 포함이 아니라 폭력과 배제이다. 필리핀인들의 밀집 지역인 킹 스트리트에 도착하자마자 그들은 같은 필리핀인들에게 사기를 당하고 빈털터리가 되고 만다. 어쩔 수 없이 임금 5달러에 팔려간 알래스카 공장은 환경이 열악하기 짝이 없으며 한 철 일이 끝나도 몇 푼 쥐지 못할 만큼 노동 착취가 심한 곳이다. 노예 계약과 유사한 문서 조항 때문에 열심히 일을 해도 돈을 모을 수 없는 이들 노동자들은 쥐꼬리만한 월급마저 도박과 술로 다 날리고 무일푼으로 다른 노동판을 전전한다. 알로스 일행도 한 철 일한 대가를 거의 손에 쥐지 못한 채 다시 시애틀로 다시 돌아오지만 시애틀에서도 살기 어려워 서부 여러 도시들을 떠돌아다닌다.

서부 각 지역에서 그들이 겪는 경험은 꿈의 나라 미국이 노동 착취의 현장일 뿐 아니라 극심한 인종 차별의 현장임을 증명한다. 알로스가 미국에 오기 몇 년 전부터 미국 서해안에서는 필리핀 노동자들을 대상으로 한 백인들의 무차별 폭력이 난무했는데 이것은 필리핀 노동자들 때문에 백인들의 일자리가 빼앗기고 백인 주민들의 삶이 위협받는다는 인식 때문이었다. 『미국은 내 마음속에』에서는 프랑스계 주인 말로(Malraux)의 경우가 그 상황을 잘 보여주는데 말로는 알로스 일행에게 일자리를 주었다는 이유로 백인들에게 공격을 당하고 그의 집은 전소된다. 필리핀인들에 대한 백인들의 인종차별은 노동 문제 때문만은 아니다. 백인 여성과 결혼한 알론조로 향하던 백인 경찰들의 공격성은 백인 여성들 사이에 성적 대상으로 선호도가 높은 필리핀 남성들을 위협적인 존재로 여기는 혐오감의 발로이기도 하다.

이와 같이 미국은 노동 착취, 성적 갈등, 인종차별로 인해 알로스에게 "생존하기 위해 동물처럼 싸워야 하는"(138) "적자생존의 나라"(170)이며 자살과 살인이 다반사인 "비좁은 절망의 섬"(134)이다. 굶주림과 고독과 싸우는 알로스는 "매 시간마다 감각을 거슬리는 일격이 가해졌고 체면을 유지하려는 충동이라곤 죄다 무뎌졌다"(137)라는 말에 나타나듯이 최소한의 인간적 존엄성이 박탈된 나락까지 떨어지게 된다. 그러나 절대 절명의 어둠 속에서 미국은 또 한번 희망의 빛을 보여주는데 그 빛은 필리핀의 바기오에서와 마찬가지로 미국 여성을 통해서이다. 셩 메이 마가 말한 바처럼 알로스에게 미국은 정부, 관료, 경제 체제의 지배적인 '남성적 국가'와 자유의 여신상이 상징하는 자비롭고 수용적인 '여성적 국가'로 분리되어 있는데 공장주인, 경찰, 농장주인 등 미국 남성들의 박해가 심해지면 심해질수록 알로스는 안간힘을 다해 백인 여성들에게로 향하는 것이다.

오레곤 출신 마리안(Marian)은 알로스와 마찬가지로 가난과 질병에 시달리면서도 알로스를 대학에 보내기 위해 순교자적인 희생을 마다하지 않는다. "그녀는 분명 육체노동을 하는 것 같았다. 손은 거칠었고 손가락은 억세고 끝이 다 닳아 있었다"에서 알 수 있듯이 마리안은 노동으로 힘들게 살아가는 사회적 약자이면서도 낯선 이민자 알로스를 위해 자신의 목숨을 바쳐 헌신한다. 알로스는 동화 속에서나 나올 법한 기적이 실제 삶에서 일어나는 것을 바라보며 "인간의 마음은 세상보다 더 크다"(215)라고 인류애를 찬탄하기에 이른다.

마리안을 통해 알로스가 깨닫는 것은 "내성의 빛"이다. 그것은 어떤 환경과 조건에서도 꺼지지 않는 내적인 힘으로서 자신과 주변을 성장시키는 원동력이다. 매독으로 죽어가면서 마리안이 남긴 유언은 그 존재에 대한 자각이자 성장이다.

> 미워하지 않겠다고 약속해 줘. 대신 사랑해 줘. 선하고 순수한 모든 것을 사랑해 줘. 너 속에는 내부를 비추는 빛처럼 밝은 것이 있어. 그 빛은 다른 사람들에게도 영향을 미치지. 그 빛을 키워가겠다고 약속해 줘 ….

> Promise me not to hate. But love—love everything good and clean. There is something in you that radiates like an inner light, and it affects others. Promise me to let it grow…. (216)

폭력과 억압으로 점철된 미국의 이면에 여성들을 통해 나타난 자비로운 면모는 알로스에게 고난을 극복할 힘으로 작용한다. 나아가 그들의 한없는 모성애와 교화력은 알로스의 지적, 예술적 잠재력을 일깨우는 결정적인 역할을 한다. L.A.에서 만난 도라 트라버스(Dora Travers)는 그의 시적 재능을 발휘하게 만들며 병상에서 만난 앨리스(Alice)는 토마스 울프(Thomas Wolfe)나 허먼 멜빌(Herman Melville) 등 위대한 문학 작가들을 그에게 소개한다. 사회의식이 투철한 에일린(Eileen)은 R. 더트(R. Palme Dutt)의 『세계 정치학

(*World Politics*)』, 루이스 모건(Lewis Morgan)의 『고대 역사(*Ancient History*)』, 프레더릭 엥겔스(Frederic Engels)의 『가족의 기원(*Origin of the Family*)』 같은 정치서나 역사서를 전해 준다. 이들 백인 여성들을 통해 현실세계에 대한 비판 의식과 문학적 상상력을 키운 알로스는 첫 번째 습작 시 「도시 건설자를 위하여」를 시작으로 사회주의 문학가로 성장해간다.

이와 같이 필리핀 식민지에서 미국은 정치적인 부패와 경제적인 파탄을 일으킨 주범이지만 한편으로 공교육을 제공하여 필리핀인들의 사회의식을 드높인 주역이기도 하다. 미 서부 해안지역은 노동착취와 인종차별의 현장이기도 하지만 동시에 박애정신과 지적 성장의 터전이기도 하다. 처음 미국의 이러한 모순과 양가성을 "왜 미국은 이다지도 친절하고 이렇게 잔인한가? 이 대륙에는 고통을 최소한으로 줄일 수 있게 사물을 단순화시킬 길은 없는가?"라고 혼란스러워 하던 알로스는 "우리 모두가 수긍할 공통분모"로 "이 역설을 이해하는 것"(147)이 곧 자신의 사회적인 책무임을 깨닫는다. 사회주의 운동가이자 작가로서 필리핀 노동자들을 위하는 길을 모색하는 그는 새로운 국가에 대한 이해 없이 진정한 개혁이 불가능함을 인식한다. 글을 쓰는 목적도 그가 목격한 "가슴 아픈 비극들을 종합"하고 "그것들을 객관적으로 해석할 지식"(152)을 얻기 위해서이다. 요컨대 착취와 차별뿐 아니라 자비와 헌신이 동시에 일어나는 모순의 현장을 정확하게 이해하기 위해서 그는 문학을 매개체로 선택한 것이다.

그는 문학 작품으로부터 정치·역사서를 두루 섭렵하면서 그 책들을 통해 미국의 모순을 해결하고자 한다. 둘세 프레차(Dulce-Marie Flecha)는 알로스의 이러한 모습에 대해 문학과 미국을 동일화시키고 있다고 설명한다.

또한 그는 종종 문학을 미국 자체와 연계시키려 한다. 카를로스는 실제 목격한 미국 사회의 편견과 고통 외에 그와 다른 면모의 미국을 발견하고 이해하기 위해서 휘트먼과 멜빌 같은 고전 작가들을 읽는다.

He also often uses literature to connect with the United States itself; Carlos reads classic American authors like Whitman and Melville in an attempt to discover and understand a side of the United States far removed from the prejudice and pain of the American society he found himself in. (14)

문학을 통해 미국의 본질을 파악하려 한 알로스의 경우는 자신의 경험을 이해하기 위해 알로스라는 허구의 인물을 내세운 불로산의 경우와 유사한데 여기에 대해 니컬러스 헨슨(Nicholas Henson)은 객관화의 과정으로 설명한다. 헨슨은 자서전적인 소설에서 불로산이 알로스라는 페르소나를 사용한 것은 "필리핀계 미국인 공동체의 경험과 더불어 불로산 개인의 경험을 통합하기 위한 것"(2)이었다고 한다. 불로산이 알로스라는 페르소나를 통해서 그럴 수 있었듯이 『미국은 내 마음속에』의 알로스는 문학을 통해 자신의 경험을 객관화할 수 있었고 그럼으로써 그 경험에 의미를 부여할 수 있는 통합적인 관점을 지닐 수 있었던 셈이다.

문학작품과 정치 역사서를 통해 그가 이해한 것은 현실적으로 나타나는 미국의 모순이 인간사회의 보편적인 실상이라는 사실이다. 어느 위대한 고전도 인간의 양면성과 인간 사회의 모순을 다루지 않은 게 없듯이 미국은 편견과 고통뿐 아니라 믿음과 선함을 함께 지닌 '모순 그 자체'임을 그는 깨닫는다. 알로스가 "우리는 미국에게 뭔가를 요구해서는 안 된다. 왜냐하면 미국은 아직도 우리의 완성되지 않은 꿈이기 때문이다"(312)라고 한 것은 양가성과 모순이 그 본질인 미국을 일별한 것이며, 그렇기 때문에 가능성을 내포한 "변형의 과정 중에 있는 미국"(Flecha 22)을 적시한 것이라 하겠다. "천국도 지옥도 아닌, 과정 중의 산물"인 "미국의 거리는 황금으로 포장되어 있지 않지만 언젠가 그렇게 될 가능성이 있는 거리"(22)인 것이다. 알로스가 미국의 본질이 모순 그 자체라는 사실을 바로 보는 것은 그 깨달음이 사물을 직시할 내적인 힘의 지표라는 점에서 의미가 있다. 항상 미국의 양면성에 혼란스러워하고 자비의 면모만을 갈구하던 그는 깨달음과 더불어 그 심리적 종속에서 벗어난다. 세상과 마주하기보다 끝없이 반복되던 "이상한 도피의 끝"을 단언하는 그는 "이제 백인들은 나를 더 이상 침묵시킬 수 없다!"(『미국은 내 마음속에』 180)라고 행위 주체의 자유를 선언한다. 이 선언과 더불어 그가 한 첫 번째 일이 핍박과 차별로 얼룩진 자신의 수치스런 삶을 글로 표현하겠다는 것은 미국 사회의 부당함을 고발하겠다는 의지 이상의 의미를 지닌다. 그것은 자신을 포함한 존재들의 있는 그대로의 모습을 보려는 것이며 그것에 가치를 부여하려는 현존의식의 발로이다. 무수한 고난과 극복을 통해 축적되었을 내적인 힘 없이는 가능하지 않은 이러한 현존의식은 알로스에게 밖으로 드러난 현실적인 문제가 크게 해결되지 않았음에도 불구하고 이전처럼 좌절하고 자책하기보다 긍정하고 찬탄하게 만든다.

> 난 익숙한 광경을 지나치며 환희에 몸을 떨었다. 녹색으로 가득한, 레몬 껍질의 신맛이 있는, 익은 콩의 노란색이 펼쳐진 여기, 여기에 나는 속해있었다. 기쁨 속에서, 아름다움 속에서, 향기로움 속에서.

> I trembled with joy passing the familiar scene. It was where I belonged—here in the color of green, the bitter taste of lemon peels, the yellow of ripe peas; in the pleasure, the beauty, the fragrance. (270)

캘리포니아로 가는 차창 밖의 풍경을 보면서 그는 자기 연민에 휩싸였던 이전과 달리 생명에 대한 외경에 전율한다. 들판에 펼쳐진 녹색, 레몬 껍질의 신맛, 익은 콩의 노란색은 이제까지 존재했으나 향유하지 못했던 감각의 향연이다. 익숙한 것들로부터 오는 황홀은 '집'을 소유하지 못했음에도 땅에 소속되어 있다는 소속감, 그로인한 자유의 감각을 생성한다. 이것은 집을 소유해야 한다는 소유욕과 그것에 대한 집착과는 전혀 다른 것으로 존재의 실상을 깊이 체험함으로써 오는 소속감과 자유이다. 현존의식에서 비롯된 이러한 자기 긍정과 충족은 알로스에게 삶에 대한 믿음을 저버리지 않게 하며 필리핀 노동자들의 문제를 외면하지 않게 한다. 평생 국외자로 남아 미국을 떠돌았던 불로산이 이 작품의 타이틀을 '내 마음속에 있는 미국'으로 삼았듯이 알로스는 비록 현실적인 힘은 미미하지만 가능성에 대한 믿음을 마음속에 간직한 채 생의 마지막까지 혁명가의 길을 걸어간 것이다.

참고 문헌

Barthes, Roland. "Semiology and the Urban." *The City and the Sign: An Introduction to Urban Semiotics.* eds. M. Gottdiener and Alexandros Ph. Lagopoulos. New York: Columbia University Press. 1986. 86-99. Print.

Bulosan, Carlos. *America is in the Heart.* Seattle: U of Washington P, 1973. Print.

Campomanes, Oscar. "Filipinos in the United States and Their Literature of Exile." *Reading the Literatures of Asian America.* eds. Shirley Geok-lin Lim and Amy Ling. Philadelphia: Temple UP, 1992. 49-78. Print.

Flecha, Dulce-Marie. "The American Paradox: Discovering America in Carlos Bulosan's *America is in the Heart*." The Pennsylvania State University Post-Doctoral Fellow Paper(2011): 13-29. Web. 23. Jan 2016. <http: // forms.gradsch.psu.edu / diversity / mcnair / mcnair_jrnl2011 / files / Flecha.pdf>

Gelfant, Blanche Houseman. *The American City Novel*. Oklahoma: U of Oklahoma P, 1954. Print.

Henson, Nicholas A. "Glimpses of Ecstasy." *disClosure* 21(2012): 2-18. Print.

Jesus, Melinda L. de. "Rereading History, Rewriting Desire: Reclaiming Queerness in Carlos Bulosan's *America is in the Hear*t and Bienvenido Santo's *Scent of Apples*." *JAAS* June(2002): 91-111. Print.

Kim, Elaine. *Asian American Literature*. Philadelphia: Temple UP, 1982. Print.

Lehan, Richard. *The City in Literature: An Intellectual and Cultural History*. Berkeley: U of California P, 1998. Print.

Lowe, Lisa. *Immigrant Acts*. Durham: Duke UP, 1996. Print.

Ma, Sheng-mei. *Immigrant Subjectivities in Asian American and Asian Diaspora Literatures*. New York: Suny, 1998. 78-90. Print.

Nesher, Hana Wirth. *City Codes: Reading the Modern Urban Novel*. New York: Cambridge UP, 1996. Print.

Rahman, Shazia. "Cosmopolitanism, Internationalization and Orientalism: Bharati Mukherjee's Peritexts." *Journal of Postcolonial Writing* (2013): 1-14. Web. 22 Jul 2013. <http: // dx.doi.org / 10.1080 / 17449855.2013.779593>

Wesling, Meg. "Colonial Education and the Politics of Knowledge." *MELUS* 32.2 (2007): 55-77. Print.

Williams, Raymond. *The Country and the City*. London: Oxford UP, 1973. Print.

Wong, Sau-ling Cynthia. *Reading Asian American Literature: From Necessity to Extravagance*. Princeton: Princeton UP, 1993. Print.

생존의 도시학과 『차 한 대접 드세요』

1. 루이스 추의 삶과 문학, 그리고 『차 한 대접 드세요』

1915년 10월 1일 중국 토이샨(Toishan)에서 태어난 루이스 추(Louis Chu)는 9살 때 가족과 함께 미국으로 이민을 갔다. 뉴저지에서 고등학교를 마친 그는 웁사라 대학(Upsala College)에서 학사학위를 받고 뉴욕대학에서 사회학으로 석사학위를 받았다. 『차 한 대접 드세요(*Eat a Bowl of Tea*)』의 벤 로이(Ben Loy)처럼 2차 대전이 한창 진행 중이던 1943년부터 1945년까지 중국 쿤밍(Kunming)의 통신부대에서 근무했던 추는 이후 뉴욕으로 돌아와 뉴욕도시복지부에서 근무하였다. 그는 '중국 축제(Chinese Festival)'라는 라디오 프로그램의 디스크자키로 활약하며 뉴욕 차이나타운의 유명 인사로 널리 이름을 알렸다. 1952년부터 1962년까지 뉴욕 거주 중국인들에게 뉴스, 인터뷰, 상업광고, 중국음악 등 다양한 정보를 제공했던 '중국 축제'는 그의 말대로 명실 공히 차이나타운 밖에 흩어져있던 중국인들을 하나로 결속시킨 구심점 역할을 했다. "그 사람들은 도시 전역에 걸쳐 세탁소와 식당에 고립되어 살고 있어요. 우리 프로그램의 아름다움이란 바로 이것이지요. 그들을 다시 중국으로 돌려보내는 것."(Wong, *Resource Guide* 47) 낯선 외국 땅에서 주변친지나 친구도 없이 오로지 식당과 세탁소의 협소한 공간에 갇혀 외롭게 살아가는 중국인들은 라디오 방송에서 흘러나오는 생활 정보와 중국 음악을 들으며 애환을 달랬고 중국인으로서의 소속감을 가질 수 있었다. "그들을 다시 중국으로 돌려보내는 것"은 이러한 정서적 위로와 결속감을 말하는 것이다. 뉴욕 거주 중국 이민자들의 위로자였던 추는 이후 수옌 자선 단체의 사무총장으로도 일했으며 1970년 3월 2일 아내와 4자녀를 둔 채 사망하였다.

추가 남긴 유일한 작품인 『차 한 대접 드세요』는 1961년에 출판되었는데 살아 생전에는 독자들과 비평가들의 관심을 거의 끌지 못했거나 혹은 낮은 평가를 받았다. 뉴욕 헤럴드 트리뷴(*New York Herald Tribune*)은 언어 사용과 줄거리를 전개하는 데 있어 "품위 없고 거칠다"라고 혹평하였다. 라이브러리 저널(*Library Journal*)은 인물을 다루는 면에서나 문체에 있어 책을 사도록 권할 만큼 "충분한 자격"을 갖추지 못했다고 폄하했다(『아시아계 미국문학의 길잡이』 재인용 48). 이와 같은 낮은 평가는 『차 한 대접 드세요』의 언어 표현과 내용 전개가 다소 정교하지 못하고 난삽한 점 때문인 것도 있지만, 한편으로는 "우호적인 외교관들"(Wong, "Chinese American Literature" 45)의 역할을 한 이전의 중국계 미국 작가들의 작품과 전적으로 다른 양상을 보인데 따른 것이다. 일레인 김(Elaine Kim)은 "영어를 잘하고 미국문화를 잘 아는, 교육 수준이 높고 종종 귀족적인 아시아인들"(Wong, *Resource Guide* 재인용 45)을 가리켜 "우호적인 외교관들"이라 하였는데, 그들은 주로 백인 독자들이 아시아인에 대해 갖는 스테레오타입을 불식시키기 위해 백인 독자들의 구미에 걸 맞는 표준영어와 문체, 그리고 소재를 사용했다고 한다. 가령 중국계 미국문학에서 처음으로 영어로 작품을 쓴 수위 신 파(Sui Sin Far)도 그러하지만 이후 『차이나타운 가족(*Chinatown Family*)』(1948)을 쓴 린 유탕(Lin Yutang)은 차이나타운을 소재로 삼으면서도 궁극적으로는 미국 사회에 흡수되어가는 중국계 이민자들의 동화과정을 표준 영어로 그리고 있다. 이들 "우호적 외교관들"의 작품이 주로 표준 영어를 사용하며 미국 사회에 대한 동화를 주 내용으로 한다면, 『차 한 대접 드세요』는 광동 식의 어색하고 이질적인 영어를 사용하며 미국 주류문화와 단절된 폐쇄적인 중국 사회를 다룬다는 점에서 백인 독자층의 기대를 충족시키지 못하는 자격 미달의 작품이라는 것이다.

『차 한 대접 드세요』가 다시 주목을 받기 시작한 것은 1979년 오클랜드 공공 도서관의 카드 목록에서 이 책을 발견한 제프리 챈(Jeffrey Chan), 프랭크 친(Frank Chin), 로슨 후사오 이나다(Lawson Fusao Inada), 숀 웡(Shawn Wong) 등의 노력에 힘입어 1979년 워싱턴 대학 출판사에서 다시 출판되면서부터였다. 재출판 된 지 10년 후 웨인 왕 감독에 의해 할리우드 영화로 제작된 『차 한 대접 드세요』는 현재 카를로스 블로산의 『미국은 내 마음속에』, 존 오카다의 『노-노 보이』와 함께 가장 선구자 적인 아시아계 미국 작품으로 평가받고 있다. 『차 한 대접 드세요』에 대한 재평가는 제프리 챈, 프랭크 친 등 아시아계 미국 남성 작가들이 그토록 갈구하던 "남성 문학이 통합될 가능성이 있다는 데 대한 확인," "소멸되지 않을 중국계 미국 문화의 통합적인 속성의 상징"(Wong, *Resource Guide* 48)을 이 작품에서 발견했기 때문이다. 1960년대 흑인 민권 운동의 확산과 민권법의 제정으로 인해 미국 사회 전반에 걸쳐 일어난 소수자의 권리 주장은 인종차별 뿐만 아니라 백인 문화의 헤게모니에 반기를 드는 사회적 운동이었으며 같은 맥락에서 아시아계 미국 작가들도 그들만의 삶과 문화를 전격적으로 부상시키려 했던 것이다.

대부분 광동 출신 중국인들이 군집한 뉴욕 차이나타운에서는 이

미 중국 본토에서는 한물간 중국 문화 양식을 그대로 고수하거나 광동어와 영어를 혼용한 광동식 영어를 사용했는데 『차 한 대접 드세요』은 이러한 차이나타운의 실상을 고스란히 재현하고 있다. 챈의 평가처럼 "비기독교 중국계 미국인에 대한 비전, 일관성 있는 언어와 감수성으로 중국계 미국인들의 삶과 그 시대를 정확하게 극화한 처음이자 마지막일 초상화"(Chan, "Introduction" 1)인 『차 한 대접 드세요』는 언어 구사와 내용에 있어 이들 작가들이 추구하려던 문화 국가주의 글쓰기의 전형을 제공한 셈이 된다. A. 로버트 리(Robert Lee)도 이 작품을 가리켜 "추(Chu)가 살아 있는 중국계 미국인의 세계를 실존적인 면에서 생생하게 그려낸 것"(149)이라고 평가한 바 있다.

이렇게 문화 국가주의를 표방하던 1970년대 남성 비평가들이 『차 한 대접 드세요』를 극찬하던 것과 달리 당시 페미니스트 비평가들은 지극히 성차별적인 작품으로 맹렬히 비난한다. 그들은 여성인물들의 성격발달이 충분히 이루어지지 않은 점을 지적하며 "뉴욕 차이나타운 독신 남 구락부의 묘사는 가부장제 지배를 재생산할 뿐 아니라 남성 중심의 관점으로 여성들을 재현함으로써 그들을 하찮은 존재로 그리고 있다"(Ling 35)고 비판했다. 그런데 『차 한 대접 드세요』를 두고 벌이던 1970년대의 남녀 비평가들의 양분화된 비평은 이후에도 유사하게 반복된다는 점이 흥미롭다. 가령 「구제불능에 맞서며("Facing the Incurable")」(1992)를 쓴 여성 비평가 루스 시아오(Ruth Hsiao)는 『차 한 대접 드세요』가 "가부장제와 같은 시대착오로부터 자유로운 감수성"(153)을 드러낸 것 같지만 궁극적으로는 판에 박힌 여성 인물을 재연하고 신세대의 가부장제를 공고히 한 것으로 비판한다. 리사 로우(Lisa Lowe)도 『차 한 대접 드세요』

에 나타난 세대 간의 갈등은 "전적으로 남성 중심의 양태"로 나타나며 "어머니들은 부재하고 여성 인물들은 주변적인 대상"(77)으로 밀려나 있다고 비판한다. 이에 반해 「역사의 특수성 읽기("Reading for Historical Specificities")」(1995)를 쓴 남성 비평가 진키 링(Jinqi Ling)은 프레드릭 제임슨(Fredric Jameson)의 "침전된 독서습관과 범주"를 언급하며 젠더 이슈에 매몰되어 그것을 배태한 역사적 상황에 대한 고려 없이 작품을 읽어서는 안 된다고 주장한다(36). 제임슨은 "상속되어 온 해석의 전통"이 발달시킨 "침전된 독서 습관과 카테고리"는 전제와 편견으로 인하여 텍스트를 "즉각적으로, 있는 그대로" 직면하지 못하게 한다고 비판한다. 그가 말하는 진정한 해석은 이러한 왜곡된 독서 행위로부터 벗어나 "억압되고 매장된 실재를 텍스트 표면에 상징적으로 복원시키는" 것이며 이것이야말로 "역사적이고 정치적인 행위"(Ling 재인용 36)라고 한 바 있다. 같은 맥락에서 『차 한 대접 드세요』를 본질적으로 이해하기 위해서는 여성주의 관점 등 이미 만연해 있는 이데올로기로부터 벗어나 시대 상황, 텍스트 자체 등 사실에 입각한 분석과 해석이 필수적임을 강조한 것이라 하겠다.

2000년대 들어 남성 비평가들은 『차 한 대접 드세요』에 대해 이전과 다소 다른 해석을 한다. 서구 히스테리 계보를 추적한 데이비드 엥(David Eng)은 「남성 히스테리—실제와 상상 속("Male Hysteria—Real and Imagined")」(2001)에서 벤 로이의 성적 불능을 젠더에 상관없이 발생하는 히스테리 증상으로 파악한다. 제프리 케인(Geoffrey Kain)은 「루이스 추의 『차 한 대접 드세요』에 나타난 굴절된 정체성("Refracted Identity(ies) in Louis Chu's *Eat a Bowl of Tea*")」(2001)에서 여주인공 메이 오이(Mei Oi)를 차이나타운 독신남 구락부의 퇴락한 가부장제를 전복시킨 강력한 존재로 부각시킨다. 젠더 이슈를 보편적 인간 속성의 문제로 전환시키거나 여성의 존재를 부각시키는 이러한 해석은 분명 이전의 남성 중심적인 해석과는 다르다.

도시 이민 소설인 『차 한 대접 드세요』를 도시주의로 접근해 보면 이러한 세대 갈등이나 여성차별의 문제가 공간의 설정이나 배치와 밀접하게 연계되어 있음을 알 수 있다. 『시티 코드(*City Codes*)』에서 현대 소설을 도시주의로 연구한 해너 워쓰-네셔(Hana Wirth-Nesher)는 헨리 로스(Henry Roth)의 『잠들다(*Call It Sleep*)』를 예로 들며 이민소설이란 주인공이 새로운 집에 동화되어가는 과정을 다룬 "동화 의례(rite of assimilation)"(145)라고 했다. 이민자들의 도시 읽기를 네 단계로 나누어 설명한 네셔는 이민소설의 주인공은 "항상 손익을 저울질하며, 항상 옛 것과 새것을 비교하고 평가하며, 결코 전적으로 익숙해지지 않을 새로운 집을 만들면서, 어쩔 수 없이 옛집을 배제시키거나 버려야 한다는 사실을 항상 인식하며"(142) 자신의 새로운 집으로 동화해 간다고 한다.

『잠들다』의 배경이 뉴욕이듯이 『차 한 대접 드세요』를 비롯한 대부분의 아시아계 이민 소설들은 도시를 배경으로 한 도시소설이다. 몇몇 예를 들면 『차 한 대접 드세요』가 뉴욕을, 『미국은 내 마음속에』는 서부 도시들을, 『노-노 보이』는 시애틀을, 그리고 이창래의 『네이티브 스피커』는 뉴욕을 배경으로 하는 도시이민소설이다. 이는 "조국의 곤경 때문에 밀려나," "노동력을 요구하는 미국으로 끌어 당겨진," "밀려나고 끌어 당겨진(pushed and pulled)"(Takaki 7) 이민자 대부분은 시골보다 노동할 기회가 많고 경제 활동이 다양한 도시를 선호한 까닭이다. 그러므로 이민자들의 동화 과정은 도시 공간 속에서 '새로운 집'을 세워가는 과정이며 이민 문학은 그 과정에 대한 기술이라고 말할 수 있다.

2. 뉴욕 차이나타운과 도시 기호학

『차 한 대접 드세요』도 중국 광동 지방을 떠나온 이민 1세들과 2세들의 뉴욕 정착기를 다룬 도시이민소설이다. 10대에 금산(Golden Mountain)에 대한 열망을 품고 뉴욕의 엘리스 아일랜드에 도착한 이민 1세대인 왕 와 가이(Wang Wah Gay)와 리 공(Lee Gong)은 세탁소와 식당을 전전하며 뉴욕에 뿌리를 내린다. 마찬가지로 그들의 아들 벤 로이와 딸 메이 오이(Mei Oi)는 금산학(Gimshunhock)[2]에 대한 동경을 품고 불법 이민 루트인 "종이 아들"(Takaki 235)이나 국제결혼의 형식으로 풍요의 도시 뉴욕에서 정착하고자 한다. 우여곡절 끝에 뉴욕 정착에 실패한 그들은 새로운 집을 찾아 샌프란시스코로 가며 거기서 미국 시민으로 자리 잡는다.

대기근, 전쟁, 내란 등 질풍노도와 같은 중국 현대사의 소용돌이 속에서 '보다 나은 삶'을 위해 미국행을 택한 중국인들의 동화 과정을 다룬 『차 한 대접 드세요』가 다른 아시아계 미국 소설들과 다른 점은 재현의 초점이 소수인종 공동체 내부에 맞추어져 있다는 점, 그리고 동화 과정에 나타난 장애요인을 성적 불능으로 설정한 점이라는 것이다. 가령 『미국은 내 마음속에』, 『노-노 보이』, 『네이티브 스피커』 등에는 소수인종 공동체에 가해지는 백인 주류 사회의 인종차별이 가시화되어 있으며 이민자의 동화에 가장 큰 장애 요소가 되는 것도 그 때문으로 설정된다. 반면 마치 중국의 작은 마을을 그

2) 금산(Gold Mountain)인 미국으로 간 사람이라는 뜻으로 사용됨. (『차 한 대접 드세요』 17, 65)

대로 옮겨와 뉴욕 맨해튼에 이식시킨 것 같은 『차 한 대접 드세요』에는 인종차별에 따른 심리적인 억압이나 계급적인 불평등 대신에 같은 종족 내에서 벌어지는 세대 갈등과 그로인한 정신적·신체적 질병이 두드러지게 나타나고 있다. 루이스 추는 이민 제한법에 걸려 홀로 뉴욕 차이나타운 독신남 구락부에서 외롭게 살아가는 1세대 아버지들과 달리 어엿한 가정을 이룬 아들 세대에 와서 오히려 성적 불능이 일어나고 그럼으로써 어렵게 뿌리내린 중국계 미국인의 계보 잇기가 중단될 수 있음을 보여 준다.

이민자들이 새로운 국가에 동화되어가는 과정인 '동화 의례'에서 공동체의 내적 요소가 그것을 가로막는 장애물일 수 있다는 데 대해서는 다수 비평가들이 강조한 사항이기도 하다. 「간통과 이민 담론("Adultery and the Immigrant Narrative")」을 쓴 나탈리 J. 프리드먼(Natalie J. Friedman)은 차이나타운의 폐쇄적인 환경이 미국이 주도한 가혹한 이민역사의 결과라고 보면서도 자식들에게 가부장적인 영향력을 행사하고 사사건건 간섭을 하는 중국 아버지들을 아들들의 성적 능력을 거세시킨 "은유적인 공모자"(79)라고 지적한다. 유사하게 벤 로이의 성적 불능을 "은유적 거세"(100)로 정의하는 바 있는 리 슈-얀(Li Shu-Yan)도 가부장제의 위압적인 감시가 벤 로이의 남성성을 위축시킨다고 비판한 바 있다.

그들의 주장처럼 『차 한 대접 드세요』에는 분명 가부장제 독신 아버지들이 시대착오적으로 후세대들을 통제하고 억압함으로써 후세대가 생식력을 상실하게 되는 상황이 전개되며 그럼으로써 이민자들의 삶의 터전인 뉴욕 차이나타운도 생명력이 소진되는 불모지로 그려져 있는 것처럼 보인다. 하지만 도시 기호학의 관점에서 다시 작품을 읽는다면 뉴욕 차이나타운과 독신 남 아버지들의 행보는 다른 의미를 가진다. 도시 기호학이 "도시의 보편적 특징을 밝히기보다 도시를 읽는 독자를 더 강조"(Nesher 7)한 것은 도시 거주민들이 공간에 대해 부여하는 주관적인 의미 부여가 실제 외연적으로 나타나는 환경보다 더 의미 있고 중요하다는 사실을 가리킨 것이다. 이와 같이 차이나타운이 어떤 환경인가하는 외연적 사실보다 차이나타운 거주민이 어떻게 차이나타운을 읽느냐하는 내연적 인식이 도시의 실상을 파악하고 그들의 삶을 이해하는 데 더 적절하다고 하겠다.

『차 한 대접 드세요』에 재현된 도시의 외연적인 양상과 내연적인 양상은 해너 네셔가 제안한 4가지 도시 재현 방식과 4단계에 걸친 인물들의 도시 읽기를 통해 보다 구체적으로 드러난다. 도시 자체가 텍스트라고 보는 해너 네셔는 도시를 파악할 때 "'자연 환경,' 구축된 환경, 인간 환경, 언어 환경"(11) 등 다음 4가지 면을 통해 접근할 것을 제안한 바 있다.

> 담론에 재현된 도시는 4가지 도시풍경으로 파악할 수 있다. "자연 환경," 구축된 환경, 인간 환경, 그리고 언어 환경이 그것이다. 물론 "자연 환경"은 구축된 환경에 포함되거나 사이에 있는 자연을 가리키는 것으로 문화 영역 바깥의 자연은 해당되지 않는다…. 구축된 환경은 도시 구획, 건축, 전차나 칸막이 벽 혹은 지붕 같은 인공물을 가리킨다. 도시 소설에 나타난 인공 환경은 "진짜" 도시에 있는 실제 인공물이거나 순수하게 창조된 구조물이다…. 인간 환경은 행위와 생각으로 작품의 줄거리를 구성하는 등장인물들을 지칭하는 게 아니다. 오히려 군중, 거리 행상인들, 그리고 행인처럼 배경을 이루는 사람들을 가리킨다…. 언어 환경은 문자와 구술 언어, 둘 다를 말한다. 전자는 거리와 장소 이름, 시각적으로 도시 환경에 기입된 다른 언어, 요컨대 광고, 공고, 혹은 낙서를 포함한다…. 더욱이 방언이나 다른 언어 사용이 두드러진 도시에서는 문자보다 오히려 청각 언어가 사회적, 소수 인종적, 혹은 다른 세분화를 지시하는 경우가 많다.

> I have identified four aspects of the cityscape in the representation of the city in narrative: the "natural," the built, the human, and the verbal. The *"natural" environment* refers, of course, to the inclusion or intervention of nature in the built environment, and is never nature outside the bounds of culture⋯.
>
> The *built environment* refers to city layout, architecture, and other manmade objects such as trams, curtain walls, and roofs. The man-made environment in an urban novel is a representation either of actual existing artifacts in "real" cities, or of purely invented structures⋯.
>
> The *human environment* does not refer to the characters whose actions or thoughts constitute the main movement of the plot, but rather to human features that constitute setting, such as commuter crowds, street peddlers, and passersby⋯. The *verbal environment* refers to both written and spoken language: the former includes the names of streets and places, and any other language that is visually inscribed into the cityscape—advertisements, announcements, or graffiti⋯. Moreover, the auditory rather than the written verbal environment is often an indicator of social, ethnic, or other subdivisions in the city made evident by dialect or other language usage. (11-13)

그녀에 따르면 자연 환경은 공원이나 정원 등 도시 내부에 설계된 자연 환경이며 구축된 환경은 건축이나 칸막이, 혹은 지하도 등 인공 구축물을 가리킨다. 인간 환경은 군중, 거리 행상인들, 행인 등 도시의 배경을 이루는 사람들을 가리키며 언어 환경은 거리이름이나 광고, 혹은 라디오에서 흘러나오는 소리 등 문자와 구술을 다 포함하는 언어를 말한다. 네셔는 구축된 환경의 예로 빅토르 위고(Victor Hugo)의 도시 지하도를 들면서 부르주아 도시 거주민들의 집단적인 억압의 장소를 재현한 것이라고 하였다. 인간 환경으로는 랄프 엘리슨(Ralph Ellison)의 구두닦이 소년이나 노점 상인을 예로 들었는데 그들은 뉴욕의 인종적 위계질서를 보여주는 코드라고 하였다. 문자 언어 환경인 피츠제럴드(Fitzgerald)의 T. J. 에클버그(Eckleburg) 박사의 눈은 인간들의 맹목과 근시안을 상징한다고 한 바 있다(12, 13). 이와 같이 텍스트에 재현된 자연, 구조물, 인간, 그리고 언어 환경은 도시인들의 삶에 영향을 미치는 구성물일 뿐 아니라 도시인들의 심리적 기제를 드러내는 지표이자 정치적인 맥락과 역사적 사건들이 집결된 기호이다.

이와 같은 4가지의 도시 환경으로 『차 한 대접 드세요』를 살펴보면 다음과 같이 도시의 특성들이 드러난다. 우선 첫 번째 자연 환경으로 분석해 보면 『차 한 대접 드세요』에는 "구축된 환경에 포함되거나 사이에 있는 자연"인 공원, 정원 등이 없다. 굳이 찾아본다면 벤 로이가 폭풍우 속에서 비바람을 맞으며 차이나타운을 헤매는 다음 장면에 잠시 기술될 뿐이다.

> 그는 달리기 시작했지만 소용이 없었다. 그를 둘러싸고 있는 칠흑 같은 어둠 때문에 논 사이에 난 길과 둑을 구별할 수 없었기 때문이다. 수없이 발을 헛디디며 물에 잠긴 들판으로 굴러 넘어졌다.
>
> He began to run but it was no use, for he could not distinguish the roads and the causeways between rice paddies from the mass of blackness that surrounded him. Many times he lost his footing and stumbled onto the submerged fields. (『차 한 대접 드세요』 207)

뉴욕에서도 가장 번화한 맨해튼에 인접해 있는 차이나타운이 마치 농촌처럼 그려진 위의 장면에서 우리는 중국 이민자들의 삶의 현장을 목격하게 된다. 차이나타운을 거의 벗어나지 못하던 그들은 도시 내 활용할만한 나대지도 갖지 못했지만 혹 있다 하더라도 공원이나 정원 등 여유로운 사치를 누리기에는 경제적으로 궁핍했다. 메이 오이의 불륜을 알게 된 벤 로이가 절망감과 분노에 가득 차 뛰쳐나간 곳이 "길과 둑을 구별할 수 없는" 논이라는 사실은 주거지 바로 옆에 농지가 있다는 것이며 이는 생존을 위해 삶의 여유와 여가를 죄다 바쳐야 하는 중국 이민자들의 신산한 삶을 보여 준 것이라 하겠다.

두 번째 인간 환경과 세 번째 언어 환경을 살펴볼 때 『차 한 대접 드세요』에는 이 두 요소가 매우 밀접하게 상호연관이 되어 있음이 나타난다. 『차 한 대접 드세요』의 배경을 이루는 인간 환경은 잠깐 등장하는 백인 경찰과 백인 매춘부를 제외하고 전부 중국인 행인들, 상인들, 고객들이며 그들로 채워진 차이나타운의 언어 환경 역시 중국어이거나 피진 중국 영어이기 때문이다. "중국 파고다(The China Pagoda)"(27), "와 케 이발소(Wah Que Barber Shop)"(110) 등 거리에 즐비한 식당과 상점의 이름은 중국이름의 영어표기이며 길거리에서 흘러나오는 노래는 중국어로 된 중국 오페라다. "차이나타운은 모든 사람들이 거의 서로를 아는 촘촘하게 밀착된 공동체이다. 누군가가 당신을 모른다고 해도 다른 누군가는 안다"(14)라는 기술에 나타난 바 차이나타운은 인간 환경과 문자 언어 환경이 동일한, 동질적인 집단인 것이다. 이렇게 동질적인 집단을 그린 『차 한 대접 드세요』에서 특기할만한 것은 청각적인 언어 환경이다. 공동체의 구심점인 머니 클럽(Money Club)과 와 케 이발소에서 노상 흘러나오는 청각 언어는 광동식으로 전유된 영어이다.[3] 독신 남들이 모인 장소에서 남자들은 "Wow your mother," "You many-mouthed bird," "Go sell your ass"(15, 110) 등의 욕설을 하고 바람난 아내를

3) 사실 차이나타운에서 사용되는 언어는 광동 중국어이며 루이스 추가 작품으로 구상하면서 광동 식 영어 표현을 한 것이라고 본다.

둔 남자에게 “초록 모자를 쓴(wearing a green hat)” 자라고 야유한다. 유유상종에 대해서는 “지저분한 물고기는 지저분한 새우와 어울린다(a stinky fish matched with a stinky shrimp)”(127)라고 표현한다. 이러한 이질적인 영어 표기는 광동식 욕설, 속담을 그대로 영어로 전환시킨 것이다.

제프리 챈이 “진부한 겉치레를 피해” “활발하고 직접적으로”(『차 한 대접 드세요』, “Introduction” 2) 차이나타운을 기술한 것으로 극찬하는 이러한 이색적인 영어 표현은 차이나타운의 현장을 있는 그대로 생생하게 전달해 주는 것 외에도 몇 가지 사회적 현상을 시사한다. 우선 남성 중심적인 독신남 구락부에는 성적인 억압이 팽배해 있으며 가십을 주고받는 방법 외에 그것을 분출할 마땅한 출구가 없다는 점이다. 아내를 중국에 남겨두었거나 비대칭적인 남녀 비율 때문에 짝을 찾지 못한 독신남들이 성적으로 억압되었을 것이라는 사실은 분명하다. 또한 열악한 문화 환경 때문에 욕망을 분출할 다양한 메커니즘을 갖지 못한 그들은 도박장과 이발소에 모여 험담을 하거나 음담패설을 주고받는 것으로 욕구불만을 해소했을 것으로 본다. 더불어 그들의 가십 대부분이 부도덕한 여성의 성적 타락에 관한 것이라는 사실은 여성의 성애에 대한 은밀한 불안감을 드러낸다고 할 수 있다. 차이나타운이 여전히 강력한 가부장제를 유지하고 있긴 하지만 “중국 이브닝 뉴스”(110)에 실린 가출한 아내를 찾는 남편의 광고문이 말해 주듯 여성의 성애가 이제 더 이상 은밀하게 억압된 영역이 아니라 점점 표면으로 표출해가는 도발적인 영역이며 따라서 남성들은 거기에 대해 위협감을 느끼는 것이다. 이와 같이 광동식 영어 표현은 중국 토착 문화에 대한 차이나타운 거주민들의 집착을 나타내는 것인 동시에 한편 혼종적인 형태로 미국

문화에 유입해 들어가는 기호이다.

『차 한 대접 드세요』에 재현된 구축된 환경은 대부분 차이나타운의 거리, 거주지, 도박장, 중국 비밀 조합 등의 묘사에 할애되어 있다. 1940년대부터 50년대를 배경으로 하는 『차 한 대접 드세요』에서 벤 로이 부부가 사는 캐더린 스트리트는 이민자들이 모여 사는 전형적인 거주지로서 당시 차이나타운의 경제 활동과 직업군들을 상세히 살펴볼 수 있는 곳이다. 거리를 빼곡히 메운 상점들은 "의자 하나를 갖다 놓은 신발 수리점," "식품점," "이발소," "신문을 파는 소다수 판매점," "캔디 가게" 등 주로 기초생활 관련 직종이거나 용품을 파는 상점이다. 거리 건너편에는 "재건축 예정"(181)이라는 표지가 붙은 불량 건물이 있는데 이것은 18세기와 19세기 건축물이 대부분인 차이나타운의 퇴락한 환경을 전해 준다. 캐더린 스트리트에 있는 "온수도 나오지 않고, 중앙난방도 없이 복도 화장실을 공동 사용해야 하는" "빈민가 같은"(10) 벤 로이의 아파트는 대부분 이민자들이 사는 생활공간과 유사하다. 가난하고 누추한 차이나타운에서 이민자들은 "각자 좋아하는 장소, 커피 숍, 모퉁이 캔디 가게, 이발소, 중국 학교 앞 계단…. 와 케 이발소와 머니 컴 클럽"(113) 등 단조로운 공간에서 휴식 시간을 보낸다. 이렇게 기초 생활에 국한된 단순한 경제 구조와 단조로운 동선을 가진 차이나타운에 척추 지압원이 등장하는 것은 또 다른 변화를 알리는 신호이기도 하다. "뉴욕에 처음으로 문을 연 척추 지압사"(181)라는 광고문이 붙은 척추 지압원의 출현은 2차 대전 이후 중국인들의 이민이 증가하면서 점점 다양해지는 직종을 반영한 것이라고 하겠다.

이와 같이 자연 환경, 인간과 언어 환경, 그리고 구축된 환경으로 접근해 볼 때 뉴욕 차이나타운의 외연적인 모습은 성적 욕망이 억압되고 온전한 가족 간의 유대가 이루어지지 않는 폐쇄적이고 황량한 게토이다. 하지만 내연적으로는 영어와 중국어가 혼용되어 새로운 제3의 언어가 탄생하고, 여성에 대해 이전과 다른 개방된 인식을 하며, 경제 활동이 다양해지는, 변화와 개방의 지점이기도 하다. 또한 데이비드 엥이 "내재적 추방"(188)이라고 한 차이나타운 독신남 구락부의 폐쇄성과 정체는 그 역사성을 고려할 때 오히려 중국계 미국인의 사회적 힘을 키울 보호막으로 볼 여지가 있다. 엥은 빅터 버긴(Victor Burgin)이 「편집증적 공간("Paranoiac Spaces)"」에서 개념화한 "내재적 추방"을 벤 로이의 발기 불능을 이해하는 데 사용한 바 있다.

> 「편집증적 공간」에서 버긴은 "제도화된 인종주의는 시민권 자인 인종적 소수자가 내재적 추방 속에 살고 있음을 확인할 것이다. 이 때 추방은 법적인 상태는 아니지만 말로 이름 할 수 없는 추방 상태이다"라고 적고 있다. 내재적 추방은 법으로는 확인될 수 없다. 왜냐하면 추방으로 고통을 받는 사람들(심지어 시민이기도 한)을 불가시화하고 불법적으로 만들면서도 법이 적재적시에 관할할 영역 바깥에 존재하기 때문이다.

> In "Paranoic Spaces," Burgin writes that "institutionalized racism may ensure that racial minorities live in a condition of internal exile within the nation in which they are citizens—an exile that, if it is not legal, cannot be named." Internal exile cannot be recognized by the law, for it exists outside the law's proper jurisdiction, rendering its sufferers—and even its citizens—invisible and illegitimate. (Eng 188)

"법적으로는 아니지만 실제로 말로 표현할 수 없는 추방 상태"를 가리키는 "내재적 추방"은 소수인종들을 불가시적이고 불법적인 존재로 만드는, 제도 내에 음험하게 도사린 보이지 않는 인종차별을 가리킨다. "추방이란 국가의 경계로부터 물리적으로 배제되는 것일 뿐 아니라 심리적 배제이기도 하다"(188)는 논리를 펴는 엥은 벤 로이의 발기 불능이 바로 이러한 내재적 추방이 만들어 낸 남성 히스테리라고 주장한다.

『차 한 대접 드세요』에 나타난 내재적 추방은 제정과 철폐를 반복해서 되풀이해온 미국 이민법의 결과이며 그로인한 중국계 이민자들의 삶의 조건 그 자체이다. 1849년 캘리포니아의 황금 러시에 편승해서 미국으로 온 중국인들은 중국 매춘부의 입국을 금지한 1875년 페이지 법(Page Law), 중국인의 입국을 금지한 1882년 중국인 배척 법(Chinese Exclusion Act), 백인 여성과의 결혼을 금지한 1922년 케이블 법(Cable Act), 국적 쿼터제를 도입한 1924년 이민법(Immigration Act) 등 반복해서 중국인들의 입국을 제재하는 법으로 이민 차별을 받았다. 그 과정에서 중국 여성의 수가 절대 부족하게 되고 결과적으로 대도시를 중심으로 독신 남 구락부가 형성되었다. 하지만 2차 대전이 발발하자 미국은 그와 정반대로 1943년 동맹국인 중국의 이민자들에게 선거권을 허락하는 매그너슨 법(Magnuson Act), 1945년 중국인 아내와 자녀를 입국시키는 전쟁 신부 법(War Brides Act) 등 중국인들에게 우호적인 법안을 잇달아 공표하였다. 1965년 이민 및 국적법(Immigration and Nationality Act)이 발효하면서 중국인들의 이민을 차별하는 법이 완전히 철폐되었지만 거의 1세기 동안 계속된 이민법 제정과 철회로 인해서 중국인들은 미국 내 온전한 가족을 구성하기 힘들었고 종이 아들 등 편법적인 이민 루트를 만들어냈으며, 미국 법보다 차이나타운 내 사조직 법을 따르는 기형적인 공동체를 형성해왔다.

『차 한 대접 드세요』에 기술된 독신남 구락부의 풍경은 기형적인 가부장제 공동체의 표상이다. 그 제한된 구역에서 미국 주류사회로부터 밀려난 중국 남성들은 독신남 가장으로, 중국 본토의 아내와 서신 왕래를 하며, 성인이 되어서야 재회한 자녀들과 소통하지 못한 채, 쇠락한 부권의 상징으로 존재한다. 주로 공동체 사람들을 대상으로 식품점이나 식당 등 소규모 자영업을 운영하고 여가 시간에는 잡담과 도박으로 소일하는 이들 지극히 탈 남성화된 아버지들은 와 가이가 그러하듯 자식을 과도하게 자신과 동일시하고 영향력을 미치면서 쇠락한 부권과 상실된 사회적 지위를 회복하려 한다. 벤 로이의 결혼을 직접 주도한 와 가이가 아들의 연적인 아송을 자신이 처단하는 기이한 행태를 보이듯이 말이다. 남성 히스테리가 "사회적인 질서가 규정한 이상, 공식적인 역사, 상징적인 지위로의 요청이 실패"(Eng 177)한 것이라면 아버지에 의해 발기 불능이 된 벤 로이도 그러하지만 아들에 대해 편집증적으로 집착하는 와 가이, 그리고 정치나 경제 등 사회적 담론에 참여하지 못하고 가십거리에 집착하는 탈 남성화된 차이나타운 독신남들 역시 집단 히스테리 증세를 보이고 있는지 모른다.

이와 같이 차이나타운 공동체에는 부자지간에 비정상적인 관계가 형성되고, 그로 인해 아들의 생식기능이 상실되는 사회 문제가 발생한다. 그 원인을 파악해 보면 내부적으로는 변화를 거부하는 중국계 공동체의 폐쇄성 때문이기도 하지만 좀 더 크게 보면 상징질서에서 소외된 중국 남성들이 억제된 사회적 역할을 비뚤어진 방식으로 표출한 것이기도 하다. 하지만 차이나타운이 안고 있는 이러한 정체와 폐쇄성은 한편 사회 역사적인 맥락에서 볼 때 "금박 게토"(Takaki 250)를 발달시킨 동력이기도 하다. 19세기 샌프란시스코에 처음 문을 연 차이나타운은 공동체 내부의 경제와 질서를 관할하는 통(tong) 같은 자체 기구를 두었으며 설 명절이나 중국 현충

일 등 자국 풍습과 사자 춤, 불꽃놀이 등 자국 문화를 유지하였다(Takaki 119-20 참조). 이후 미국의 다른 차이나타운에도 그대로 재연된 이러한 자기 충족적인 문화 패턴은 20세기에 들어와 경제 발달의 원동력이 되었다. 특히 미국 내 두 번째로 규모가 큰 뉴욕 차이나타운은 독신남 구락부의 비루한 삶의 현장, 기이하고 이국적인 중국 문화를 상품화함으로써 관광객을 끌어들인 "금박 게토"가 되었다. "금박 게토"라는 말에는 경제활동을 위해 자국 문화를 사물화, 타자화한 데 대한 비판의 어조가 들어 있긴 하지만 실제로는 부를 좇는 것 외에도 중국 자국 문화를 후손들에게 교육하고 그 우월성을 주지시킨 주체의식, 구성원들 간에 연대하고 협력하는 공동체 의식이 강하게 유지됨으로써 경제적으로나 정치적으로 힘을 키웠다고 한다(Takaki 253 참조).

주지하다시피 미국 소수인종 중 가장 강력한 사회적 파워를 지닌 차이나타운은 이와 같이 자국 문화와 자체 조직을 유지하고 변용함으로써 경제, 문화, 정치 등 사회적인 힘을 키워왔다. 루스 시아오(Ruth Hsiao)도 "중국계 미국의 상징"인 차이나타운은 이제 "문화 그 자체"이며 "미국과 중국 두 국가의 어설픈 모방이라기보다 언어와 표현의 원천"(154)이라고 한 바 있다. 공동체를 보존하고 유지시키기 위한 이러한 패턴의 반복은 『차 한 대접 드세요』에서도 언어와 문화, 조직 기구에서 그대로 나타난다. 『차 한 대접 드세요』에 나오는 언어는 영어를 중국어로 전유한 것으로 중국식 어법과 뉘앙스를 부각시킨 것이다. 차이나타운 사람들이 접하는 정보는 공동체에서 발행하는 "차이나 이브닝 뉴스"(『차 한 대접 드세요』 110)이며 그들이 듣는 음악은 중국 오페라 김 펭 모이다. 뉴욕에서 거행되는 벤 로이와 메이 오이의 거창한 결혼 축하연은 중국 본토에서 조차 폐기된 옛 풍습을 여전히 고수하는 중국계 미국 공동체의 모습을 보여 준다. 한 챕터를 할애하여 비중 있게 다룬 결혼식 축하연 장면에 수없이 많은 중국 음식들이 일일이 열거되는 것도 자국 문화에 대한 애착을 보여주는 대목이라고 하겠다.[4] 풍습과 문화 뿐 아니라 공동체의 질서도 미국법이 아니라 공동체 내의 법을 따른다. 메이 오이의 스캔들이 퍼지자 중개 역할을 하는 것은 왕 가문 협회(Wang Association)이며 와 가이가 아송의 귀를 자르는 범죄를 저지르자 그것을 해결하는 곳도 뉴욕 경찰이 아니라 핑 온 통(Ping On Tong)이라는 공동체 자치 기구이다.

이와 같이 언어와 문화, 공동체 질서 유지 등을 자국의 것으로 지속함으로써 동질성을 유지하려는 공동체의 욕구는 『차 한 대접 드세요』에서 기형적인 결혼 풍습, 비합법적인 부계 존속이라는 방식을 통해 더욱 적나라하게 드러난다. 『차 한 대접 드세요』에는 와 가이와 리 공 등 1세대 중국 남자들뿐만 아니라 벤 로이와 그의 사촌 윙 신(Wing Sim) 등 2세대들도 중국 본토로 건너가 중국 여성과 결혼하는 모습이 그려진다. 1910년대 뉴욕 차이나타운의 남녀 비율이 6대 1이었던 시대 상황에 비추어볼 때 1세대 아버지들의 중국행 결혼은 이해할만하지만 미국에서 출생한 중국인의 비율이 52%가 넘는 1940년대에 2세들이 보여주는 이러한 결혼 풍습은 문제적이라 할만하다. 이것은 서구 가치에 길들여진 여성을 배제시키고 유교적 미덕을 갖춘 여성을 유입하려는 남성 중심 공동체의 암묵적 합의를 드

4) 전채 요리로부터 후식인 차에 이르기까지 다양한 중국 음식이 몇 페이지에 걸쳐 자세히 기술되어 있다. "sweet and pungent spareribs, the one-thousand-year eggs, the spiced gizzards, shrimp chips, soup, thick shark-fin soup, small ladle, "wor shew up, bird's nest chicken, lobster egg roll, mushrooms, squabs", "abalone, chicken guy que" 등 다양한 음식이 나온다. (73-5)

러낸 것이기도 하다.

그런데 동질적인 공동체를 고집하는 중국 독신남 구락부가 가장 아이러니한 행보를 보이는 부분이 메이 오이의 사생아를 수용하는 대목이며 여기에 대해서 제프리 케인은 "가장 반 유교적인 행위"(194)라고 지적한 바 있다. 편법적으로 부계를 이으려는 중국인들의 시도는 "종이 아들" 등 다양한 형태로 이어져 왔다. 1906년 4월 18일 샌프란시스코를 강타한 지진으로 대화재가 일어나자 관공서의 모든 서류들이 전소되고 그 틈을 타 미국에 있던 중국인들은 미국 출생이라고 주장했다. 미국 국적을 가진 아버지가 있으면 쉽게 미국 시민이 될 수 있었던 터라 중국에 있는 아들이나 친지, 혹은 중개인을 통해 연결된 익명의 사람들이 대거 미국으로 건너와 아들이라고 주장하였는데 그들이 바로 "종이 아들"이다. 그들은 대부분 샌프란시스코 근처 엔젤 아일랜드에 억류되어 일정기간을 보내야 했으며 "종이 아들"이 아니라는 사실을 증명하기 위해 시험을 치러야 했다고 한다(Takaki 234-235 참고).

이들 편법적인 방법을 동원해서라도 부계를 이어가려 하고 "jook sing girls"(『차 한 대접 드세요』 137) 대신 본토의 여성과 결혼하여 가부장제를 공고히 하려던 중국 남성들은 아이러니하게도 메이 오이의 사생아를 가문의 대를 이을 후손으로 인정한다. "jook sing girls"는 미국식 교육을 받고 서구 가치에 물든 중국 신여성들을 가리키는데 중국 남자들은 그들을 성적으로 문란하기 짝이 없는 타락의 표본이라고 여긴다. 그들 대신 "싸돌아다니지도 않고, 분별력이 있으며, 집에서 밥 만하는"(137) 조신한 중국 본토의 여성과 결혼을 함으로써 가부장제를 강화시키려던 중국 남성들이 메이 오이의 사생아를 전격적으로 받아들이며 가문의 대를 이을 후손으로 인정하는 아이러니한 장면을 연출한 것이다. 이 부분에 대해 제프리 챈은 다음과 같이 설명한다.

> 추의 담론에서 메이 오이가 가진 아이의 부권을 무엇으로 결정할 것인지에 대해서는 의문의 여지가 없다. 애초 시작이 불법적이었다고 해도 그 시작이 중국계 미국인들의 새로운 세대에 힘과 연속성을 부여하듯이 말이다. 여성이 귀한 독신 남 구락부에서 아이들을 가지고 가족을 만들기는 어렵다. 이런 상황에서 부권을 결정하는 것은 죽어가는 세대의 사회적 환경, 즉 문화인 것이다.

> There is no question in Chu's narrative about what determines the paternity of the child Mei Oi bears, as if illegitimate beginnings lend strength and continuity to a new generation of Chinese-Americans. In a bachelor society women are scarce, and having children, a family, is difficult. So it is culture, the social environment of a dying generation, that determines paternity in this situation. (Chan, "Introduction" 5)

남편, 아내, 자식으로 이루어지는 정상적인 가족 구성이 힘든 차이나타운 독신남 구락부에서 사생아를 자식으로 받아들이는 현상을 생존을 위한 현실적인 타협으로 설명하고 있는 것이다. 그것은 사생아에게 "쿠오 밍(Kuo Ming)"이란 이름을 지어주는 벤 로이와 메이 오이가 그 아이로 인해 혈연이 문제되지 않는 어떤 "결속(tie)"을 이루었다고 하듯이 중국 공동체도 공동체를 이어갈 "기적 같은 생명"(『차 한 대접 드세요』 245)을 어떤 도덕적 가치보다 우선시 했는지도 모른다. 데이비드 엥도 메이 오이의 러브 차일드(love child)에 대해서 "생물학적 재생산을 불가능하게 만든 미국 내 역사적 조건에 대한 응답"이라고 했으며 그것은 종이 아들과 마찬가지로 불법을 통해서라도 부계를 이어가려는 중국 남성들의 "가부장제 중국인들의 불법적인 기획"(190)이라고 한 바 있다.

공동체의 부계 존속을 위해서는 도덕적인 잣대도 유보할 뿐 아니라 불법적인 기획도 마다하지 않으며 자국 문화와 지배 구조에 집착한 차이나타운은 그 폐쇄성으로 인해 후손에게 심리적 억압을 가져다주는 부작용을 낳았지만 자체 문화와 조직의 고수로 인해 공동체를 보존하고 성장시킬 동력을 키워낸 것이다. 이러한 양가성의 공간인 뉴욕 차이나타운에서 중국 이민자들은 옛 것과 새것, 가난과 풍요, 고립과 연대, 소외와 소속 등 양극의 정황을 저울질하고 평가하며 점점 미국을 새로운 '집'으로 수용해간다. 10대에 엘리스 아일랜드를 거쳐 미국 땅을 밟았고 20대에 중국에서 결혼한 1세대 이민자 와 가이와 리 공은 언제든지 아내가 있는 중국으로 돌아갈 것이라는 '체류 의식'에 젖어 있으면서도 결국 "뉴욕에 깊이 뿌리를 내린다"(『차 한 대접 드세요』 142). 금산학인 남편과 함께 "이 세상에서 가장 크고 가장 아름다운 도시"(66)에서 "젊음. 꿈. 미래"(67)를 이루려 했지만 좌절하고 마는 메이 오이도 궁극적으로는 중국으로 돌아가는 대신 미국에 정착한다. 해너 네셔가 이민자들의 도시 읽기는 곧 새로운 '집'에 대한 그들의 동화 과정이라고 했듯이 『차 한 대접 드세요』의 중국계 이민자들도 도시에 대한 인식의 전환을 보이며 새 국가에 귀속되어가는 것이다.

3. 이민자들의 도시 읽기

뉴욕 차이나타운의 이민자들, 특히 갓 미국에 도착한 메이 오이를 통해 잘 드러나는 이민자의 도시 읽기는 해너 네셔의 다음 4가지 특성으로 파악할 수 있다.

첫째는 총체적인 관점이 부식되는 단계이다. 새로운 경험이 축적되면 장소에 대한 어느 하나의 개념이 손상되고 그럼으로써 나타나는 단계이다. 총체적으로 보려는 충동은 점점 고정된 일련의 추억들, 이미지들, 어구들, 이른바 "고향"의 총체로 환원하면서 기원의 장소로 다시 향하게 된다.

둘째는 시간상의 진행이다. 경험을 반복하고 장소를 다시 찾으면서 새로운 환경은 점점 얼마나 익숙한 가에 따라 측정된다.

셋째는 유추를 통해 장소를 치환하는 단계이다. 새로운 환경의 어느 면이 이민을 오기 전의 어느 유사한 면과 비교되면서, 기억속의 장소가 새로운 환경의 유사한 등가물로 치환되면서 일어나는 단계이다.

넷째는 두 가지 경계표기의 사유화 단계이다. 규모가 큰 공적 경계표기가 일상에서 반복적으로 노출 됨에 따라 익숙해지고 재해석되어지며 사적 경계표기는 습득된다.

1. The *erosion of a totalizing view* as the accumulation of new experiences undermines any single concept of place. Gradually, the totalizing impulse is redirected to the place of origins, as it becomes reduced to a series of fixed reminiscences, images, and phrases, a totality of "back home."

2. *Temporal progression* as experiences are repeated and sites are revisited, so that the new setting is measured by its increasing familiarity over time.

3. *Displacement by analogy* as aspects of the environment are compared to their counterparts before immigration — as remembered sites are displaced by their equivalents in the new setting.

4. *Privatization of landmarks* in two respects — great public landmarks are familiarized and reinterpreted in light of repeated exposure to them in the context of everyday life, and private landmarks are acquired. (141)

네셔는 주로 도시에 정착한 이민자들이 국가의 은유인 도시를 '새 국가에 대한 총체적인 관점이 부식되는 단계,' '시간이 지나면서 새로운 장소가 익숙해지는 단계,' '과거의 장소를 현재의 장소가 대신하는 치환의 단계,' '공적, 사적 경계표기가 익숙해지는 사유화의 단계'로 분류하였다. 첫 번째 특성인 '새 국가에 대한 총체적인 관점이 부식되는 단계'는 미국에 도착한 메이 오이의 반응에 잘 나타나 있다. 미국에 대한 비전을 "금산에서 온 황금 탐광자"(『차 한 대접 드세요』 52)와 함께 "비옥한 대지 위에 온통 펼칠 새로운 파노라마"(66)라고 생각한 메이 오이는 뉴욕에 오자마자 이 총체적인 비전이 산산이 조각나는 상황을 경험한다. 고향 선웨이에서 평생 가난과 중노동을 감당해야 하는 메이 오이는 그것을 피해 미국행을 선택하지만 오자마자 경험한 것은 성적으로 무능해진 남편과의 불화, 냉정한 이웃으로부터의 소외이다. 이 예기치 않은 암울한 경험 때문에 그녀는 미국에 대한 무지개빛 꿈을 상실하고 만다.

> 뉴욕이 주던 새로움은 메이 오이에게서 곧 사라졌다. 차이나타운은 상상했던 것보다 매력적이지 못했다. 도처에 빌딩만 가득하다. 뉴욕에는 시골 마을의 친근함이 부족했다. 여기서는 음식 담을 도자기 접시 하나도 빌릴 데가 마땅치 않다. 마을에서는 항상 재미있는 일들이 일어난다. 장날. 결혼식. 돌잔치. 모심기. 추수. 추석. 일체감, 유대감, 그리고 소속감. 자랑스러운 일치감. 마을에서는 모든 사람들이 서로 알고 지낸다.

> To Mei Oi the novelty of New York soon wore off. Chinatown turned out to be less glamorous than she had pictured it. Buildings are buildings everywhere. New York lacked the intimacy of a rural village. She could not go over to Lane Four to borrow a porcelain dish for her cooking. In the village there is always something going on. Market days. Weddings. Haircut banquets. Planting. Harvesting. The Moon Festival. There is a oneness, a togetherness. A sense of belonging. A proud identity. In a village everybody knows everybody else. (79)

해너 네셔가 미지의 세계에 대한 총체적 비전이 사라지면 대신 떠나온 곳에 대한 환상이 그 자리를 대신한다고 했듯이 메이 오이는

뉴욕 자유의 여신상

도피하려던 가난한 선웨이를 이제는 "일체감, 유대감, 소속감"을 제공하는 풍요의 장소로 기억한다.

하지만 해너 네셔의 두 번째와 세 번째 도시 읽기가 시간성에 의한 공간의 치환이듯이 메이 오이도 시간이 흐름에 따라 도시 공간에 대한 인식을 달리한다. 가족도, 친구도 없이 지루한 일상을 보내야 하는 메이 오이는 외로움을 달래기 위해 "자유의 여신상, 엠파이어스테이트 빌딩, 자연사 박물관, 타임 스퀘어"(79)를 찾지만 뉴욕을 대표하는 이러한 관광지들은 그녀에게 실체가 없는 환영에 불과하다. 그러면서도 "이러한 장소들은 시골 선웨이에서는 찾아볼 수 없는 곳이다"(79)라는 말에 묻어나듯 그녀는 서서히 옛것보다 새것을 높이 평가하며 새 장소에 대해 소속감을 드러낸다. 장소에 대한 동일화는 특히 아송과의 관계를 통해 더욱 강해진다. 아송과 관계를 맺은 이후 메이 오이는 고향에 대해 한마디도 하지 않을 뿐만 아니라 스캔들이 터져서 다른 지역에 피신해 있을 때조차 치욕의 현장인 뉴욕으로 돌아가려는 집요함을 보인다. 이것은 아송과의 관계가 제공하는 내밀한 유대감이 뉴욕이라는 고향의 대체물을 통해 투영되고 있기 때문인데 나탈리 프리드먼도 이민 문학에 나타난 간통을 이산에 따른 정서적·심리적 문제의 발현이라고 한 바 있다. 프리드먼은 문학적 장치로 차용된 간통을 "국가적 소수 인종적 정체성이 붕괴될 때 일어나는 일을 작가가 탐색하는 상상의 공간"(71)이라고 정의하면서 "미국의 새로운 삶에 적응하지 못하고 향수병에 걸린 인물이 같은 소수인종 그룹 내 다른 사람과 정서적이고 금기시된 관계를 함으로써 귀환에 대한 욕망을 형이상학적으로 충족시키는 것"(72)이라고 하였다.

네셔의 도시 읽기 중 네 번째 단계인 "공적, 사적 경계표기에 대한 사유화 단계"(Nesher 141)는 사실상 『차 한 대접 드세요』에서는 거의 찾아볼 수 없다. "공적 경계표기가 이민자들의 일상 속에 반복해서 노출됨으로써 점점 익숙해지고 재해석되며 사적 경계표기로 획득"(141)되는 이 "경계표기의 전유"(142)가 작품에서 일어나지 않는다. 그것은 등장인물들의 활동 영역이 뉴욕 차이나타운을 벗어나지 않기 때문에 규모가 큰 공적 표기를 접하고 사유화할 기회가 거의 없기 때문이다. 대신 뉴욕을 자신의 '집'으로 받아들이는 이민자의 인식 변화를 '경계표기의 사유화'로 해석할 수 있을 것이다. 도시에 대한 인식의 변화는 메이 오이의 뉴욕에 대한 양극화된 반응에 뚜렷이 나타난다. 처음 이웃 간의 정도, 남녀 간의 사랑도 부재한 황량한 "낯선 땅"(『차 한 대접 드세요』 79)이었던 뉴욕은 이제 그녀에게 "훨씬 많은 친구들이 있고"(179), 자극적인 일이 벌어지며(172), 비밀을 숨겨주는 "은신처"(179)이다. 이미 고향처럼 강한 소속감을 느끼는 뉴욕을 어쩔 수 없이 떠나면서도 메이 오이는 "여기가 우리 집"(210)이라고 주장하며 파탄 직전인 벤 로이와의 결혼을 "우리 결혼"(210)이라고 주장한다. 국가의 은유인 도시를 이렇게 자신의 '집'으로 주장하는 것은 바로 새 국가에 대한 정착을 선언하는 것이며 혼외정사와 사생아 잉태에도 불구하고 가정을 지키려는 것은 엥이 "가부장제 중국인들의 불법적인 기획"(Eng 190)이라고 한, 법 경계를 넘어서 공동체를 유지하려는 욕망의 발현인 셈이다.

이와 같이 해너 네셔가 제시한 도시 기호학의 방식으로 『차 한 대접 드세요』를 분석할 때 뉴욕 차이나타운 독신남 구락부는 두 가지 상반된 속성을 지닌 모순의 장소이다. 하나는 내재적 추방지이며 또 하나는 문화적 배양지이다. 미국 주류 사회와 단절된 채 중국 문화와 가치에 집착하는 가부장제 독신남 구락부는 폐쇄성과 정체로 인해 재생산이 불가능할 만큼 생명력을 상실한 것으로 보인다. 하지만 도시 재현의 세분화된 방식과 이민자들의 도시 읽기로 접근해 보면 그 밑에 흐르는 변화의 물결을 읽을 수 있을 뿐 아니라 그러한 속성은 중국계 미국 문화를 형성하는 강력한 원천임을 보여 준다. 그 양가적 공간에서 중국 이민자들은 빈곤과 무지, 소외와 갈등을 겪는 한편 자국 문화를 보존하고 변용시키며 미국이라는 새 국가에 동화되어 간다.

그런 맥락에서 볼 때 『차 한 대접 드세요』에서 가장 논쟁점이 되는 벤 로이의 성적 불능을 세대 갈등이 낳은 폐해로만 치부할 일이 아니다. 대부분 비평가들은 이 문제를 노회한 아버지들이 시대착오적으로 부권을 행사한 결과 아들 세대가 생식력을 상실한 것으로 읽는다. 일레인 김은 "중국계 미국 공동체의 힘은 노인들의 환상에 있지 않다"(Kim 110)고 함으로써 새 세대의 미래를 가로막는 구세대를 꼬집은 바 있다. 진키 링은 "낡은 질서가 구조적으로 불모상태임을 의미하는 것"(41)으로 해석하며 리 슈-얀도 "남성성을 회복할 수 없으리만큼 억압한 부모의 감시"(100) 때문이라고 한다. 이러한 해석을 하는 비평가들은 벤 로이의 문제를 해결하는 해법도 집단 히스테리를 앓고 있는 아버지 세대와 단절하여 그 영향력으로부터 벗어나는 것이라고 주장한다. 벤 로이가 생식력을 상실한 것을 두고 "와 가이 자신이 스스로에게 강요한 성적인 죽음이 아들 세대에 발현된 결과"로 보는 나탈리 프리드먼은 그 치유법을 "아버지처럼 끝나지 않는 것," "뉴욕의 노쇠한 차이나타운 독신남 구락부와 결별하는 것"(79)이라고 한다. 리 슈-얀도 갈등을 해결하는 길은 새로운 문화에 종속하는 것도, 옛 문화에 집착하는 것도 아닌, 새로운 아시아계 미국인의 경험이 출현하는 것을 수용하는 것이며 그러기 위해서는 낡은 지역을 떠나 새로운 자아를 찾아가야 한다고 역설한다(100). 제프리 케인 역시 벤 로이가 회복된 것은 "섬처럼 고립된 공동체와 결별한 결과"(195)라고 한 바 있다.

하지만 아버지 세대의 집요하리만치 강한 문화 국가주의가 없었다면 아들 세대는 경제적으로나 문화적으로나 중국계 미국인의 힘을 키우지 못했을 것이며 결과적으로 공동체의 존속은 불가능했을지도 모른다. 아버지들의 고집스런 문화 국가주의는 일상에서 자녀를 겁박하는 억압적인 기부장제로, 그 결과 아들들의 정신적인 무기력과 성적 불능을 야기시키는 부작용을 가져오기도 했지만 바로 그와 같은 속성이 '금박 게토'를 형성하여 아들 세대에게 풍요의 터전을 물려주었던 것이다. 그런 맥락에서 볼 때 벤 로이의 성적 불능은 반드시 기성세대의 무분별한 간섭과 억압이 만들어 낸 치명적인 산물로만 치부할 일이 아니다. 대신 강력한 사회적 힘을 지닌 중국계 미국 공동체가 형성되는 과정에 어쩔 수 없이 발생한, 그것의 극복과 해소가 공동체를 보다 견고하게 만든 통과의례로 볼 수 있다.

우여곡절 끝에 샌프란시스코로 간 벤 로이 부부는 아버지들이 구축한 중국 공동체 정신과 문화를 고수, 확장하면서 부부간의 결속력을 키운다. 벤 로이는 성적 불능을 해소하기 위해 서구식 병원이 아니라 한의원을 찾으며 한의가 처방한 허브티를 마시고 치유된다. 그의 치유가 의미 있는 것은 중국계 미국인의 부계 존속이 가능하다는 신호인 동시에 그 가능성의 물꼬를 중국 전통 의술이 텄다는 점 때문이다. 중국 차 한 대접으로 고질적인 성적 불능이 치유되는 이 장면은 중국 문화 국가주의야말로 미국 내 중국인들이 생존하기 위해 의지해야 할 버팀목임을 공표하는 상징적인 장면이다. 나아가 벤 로이는 메이 오이의 사생아를 기꺼이 장자로 받아들임으로써 가부장제를 유지시키기 위해서라면 불법적인 기획도 마다하지 않는 중국 공동체의 암묵적인 합의를 따른다. 쿠오 밍이 태어나고 난 후 그들 부부는 "서로를 더욱 가깝게 하는 결속 감"(『차 한 대접 드세요』 244)으로 하나가 되는데 이는 개인의 이익과 권리를 우선하는 공동체적 합일을 가리킨 것이다.

가계의 존속을 의미하는 쿠오 밍의 탄생과 더불어 벤 로이와 메이 오이는 자신들의 삶의 주체가 되는 강렬한 행위주체의 자유를 보인다. 식당 웨이터 일을 하던 그는 '의지적으로' 요리사가 되며 뉴욕과 마찬가지로 중국인들의 거류지인 샌프란시스코를 '자발적으로' 예찬한다. 그는 항상 누군가에 종속된 느낌을 주던 웨이터 일을 그만두고 요리사 일을 선택하면서 "새로운 자기 확신"에 사로잡히며 중국계 미국인들의 마음의 고향인 샌프란시스코를 "새로운 금산"(244)으로 찬탄한다. 메이 오이도 처음으로 벤 로이와의 결혼 생활에 가로놓여 있던 문제를 해결하고자 하는 주체적인 "욕망과 책임감"(242)을 느끼며 도시 샌프란시스코를 찬란한 햇빛, 남편과 아기, 친구들이 있는 따사롭고 풍요한 '집'으로 인식한다. 쿠오 밍의 돌잔치를 하던 날 메이 오이가 두 번째 돌잔치에는 양가 아버지들을 초대하자고 제안하는 데 이것은 온갖 결혼생활의 갈등에도 불구하고 "여기가 우리 집, 우리 결혼"(210)이라고 당당하게 말하던 그녀의 소유권 주장처럼 어떠한 불협화음 속에서도 공동체를 지켜내려는 중국계 미국인의 합의를 다시 한 번 환기시키는 것이다.

참고문헌

김애주 외. 『아시아계 미국문학의 길잡이』. 서울: 한국문화사, 2003.

Chan, Jeffrey. Introduction to the 1979 Edition. *Eat a Bowl of Tea*. New York: Lyle Stuart, 1979, 1-5.

Chu, Louis. *Eat a Bowl of Tea*. New York: Lyle Stuart, 1979.

Eng, David L. *Racial Castration*. Durham: Duke UP, 2001.

Friedman, Natalie J. "Adultery and the Immigrant Narrative." *MELUS* 34.3(2009): 71-91.

Hsiao, Ruth Y. "Facing the Incurable: Patriarchy in *Eat a Bowl of Tea*," *Reading the Literature of Asian America*. Eds. Shirley Geok-lin Lim and Amy Ling. Philadelphia: Temple UP, 1992, 151-162.

Kain, Geoffrey. "Refracted Identity(ies) in Louis Chu's *Eat a Bowl of Tea*: Insularity as Impotence." *MELUS* 26.2 (2001): 187-198.

Kim, Elaine H. *Asian American Literature*. Philadelphia: Temple UP, 1982.

Lee, A. Robert. *Multicultural American Literature*. Oxford: UP of Mississippi, 2003.

Ling, Jinqi. "Reading for Historical Specificities: Gender Negotiations in Louis Chu's *Eat a Bowl of Tea*." *MELUS* 20.1 (1995): 35-51.

Lowe, Lisa. *Immigrant Acts*. Durham: Duke UP, 1996.

Nesher, Hana Wirth. *City Codes: Reading the Modern Urban Novel.*

New York: Cambridge UP, 1996.

Shu-yan, Li. "Otherness and Transformation in *Eat a Bowl of Tea* and *Crossings*." *MELUS* 18.4 (1993): 99-110.

Wong, Sau-Ling Cynthia. "Chinese American Literature." *An Interethnic Companion to Asian American Literature*. Ed. King-Kok Cheung. New York: Cambridge UP, 1997.

_____ and Stephen H. Sumida. eds. *A Resource Guide to Asian American Literature*. New York: The Modern Language Association of America, 2001.

전유의 도시학과 『노-노 보이』

1. 존 오카다의 삶과 문학, 그리고 『노-노 보이』

존 오카다(John Okada)는 1923년 9월 시애틀에서 태어난 일본계 미국인 2세대이다. 퍼시픽 노스웨스트(Pacific Northwest)에서 성장한 그는 시애틀 고등학교를 다녔다. 2차 대전이 터지자 그의 가족들은 1942년 미니도카(Minidoka) 강제수용소에 억류되었다. 『노-노 보이(*No-No Boy*)』의 이치로(Ichiro)와 달리 미 육군에 자원입대한 그는 일본군들에게 항복을 권유하는 방송을 일본어로 하는 일을 담당하였는데 이 아이러니한 경험으로 인해 전쟁의 모순과 부조리를 생생히 목격하게 되었다고 한다. 그는 1946년 하사관으로 제대한 이후 워싱턴 대학에서 영문학으로 학사학위를 받았고 1949년 컬럼비아 대학에서 사회학으로 석사학위를 받았다. 이후 시애틀 공립도서관과 디트로이트 공립도서관에서 근무하게 되었는데 이 때 『노-노 보이』를 구상하고 집필하기 시작했다. 도서관 사서 일 외에도 생계를 위해 크라이슬러 미사일 조작 매뉴얼을 만드는 일을 부업으로 했던 그는 아내 도로시(Dorothy)와 시애틀로 돌아와서 1957년 원고를 완성하였다. 하지만 원고를 맡아줄 출판사를 찾지 못해 힘든 시기를 보냈다. 결국 『노-노 보이』는 1957년 일본 동경에 있는 찰스 터틀(Charles E. Tuttle)에서 처음 출판되었고 이어 미국 버몬트의 러더포드(Rutherford)에 의해 출판되었다.

오카다는 생계를 위해 미국 전역을 떠돌며 온갖 잡다한 일을 다 했음에도 불구하고 창작에 대한 꿈을 저버리지 않고 부단히 글을 썼다. 일본계 미국 시인 로슨 후사오 이나다(Lawson Fusao Inada)는 오카다를 사람과 사물에 대해 깊은 사랑을 지녔던 사람, 자신이 정의롭다고 생각하는 바를 행동으로 실천한 위대한 사람이라고 말한다. 그는 2차 대전 당시 미국에 살던 일본인들이 겪었던 차별과 고통에도 불구하고 영혼의 아름다움을 유지한 사람이며 미래에 대한 희망의 비전을 믿은 작가이다(『노-노 보이』 vi). 세상의 몰이해와 현실세계의 가난에도 불구하고 삶의 진실을 통찰하고 그것을 글로 옮기는데 주저하지 않았던 용기 있는 작가였던 것이다. 그는 자신이 일본계 미국인이라는 사실을 자랑스러워했으며 일본계 미국 공동체가 안고 있는 이중 의식을 탐구하여 미학적으로 승화시켰다. 『노-노 보이』는 바로 그 노력의 결정체인 셈이다. 1971년 심장마비로 사망하기 직전까지 집필했던 두 번째 작품은 결국 완성되지 못했다.

1976년 개정판의 서문을 쓴 이나다는 1970년 어느 날 샌프란시스코의 어느 서점에서 『노-노 보이』를 발견하고는 그 탁월한 문학성과 그것이 가진 역사적 의미에 놀라움을 금치 못한다. 1957년 출판된 이후 세인들의 관심을 전혀 받지 못했던 『노-노 보이』가 아시아계 미국문학을 대표할 고전이라고 일별했기 때문이다. 이나다와 프랭크 친(Frank Chin), 데이비드 이시(David Ishii) 등 대표적인 아시아계 미국 작가들은 『노-노 보이』를 위대한 아시아계 미국문학의 전통으로 자리매김한다. 그들은 가능한 많은 사람들이 읽을 수 있도록 책을 복사해서 각 대학과 아시아계 미국 공동체에 뿌렸다. 그들의 노력으로 다시 세상의 빛을 보게 된 『노-노 보이』는 순식간에 독자와 비평가의 관심을 끌었고 미국문학의 고전으로 자리 잡게 되었다.

『노-노 보이』는 2차 대전 당시 미국 서부 해안에 살던 일본인들이 강제수용소에 억류되었던 역사적인 사건과 그 사건이 일본계 미국인들에게 미친 광범위하고도 지속적인 영향을 다룬 작품이다. 작품의 중심에는 2차 대전 중에 미 육군 징집 명령을 거부한 25세의 이치로 야마다(Ichiro Yamada)가 전쟁이 끝난 후 다시 일본계 공동체로 돌아와서 겪는 정체성의 혼란이 자리 잡고 있다. 이치로가 수감되기 전 그의 가족들은 1942년 2월 19일 공표된 집행 명령 9066에 의해 재배치 캠프에 억류된다. 집행 명령 9066은 1941년 12월 7일 일본이 진주만을 공격한 2개월 이후 공표된 것이다. 적대국이 된 일본으로부터 미국 국가를 보호한다는 명목으로 만들어진 이 법령은 미국 국적을 가진 일본계 미국인들을 적으로 내모는 치명적인 분리정책을 감행하였다. 이 법령이 공표된 이후 서부 해안에 살던 약 12만 명 이상의 일본계 미국인들이 집에서 쫓겨나 황량한 내륙지역의 재배치 캠프에 억류되었다. 이 모든 과정은 적절한 법적 단계를 밟지 않은 채 성급하고도 폭력적으로 이루어졌다.

이치로는 일본계 미국인들만으로 구성된 전투 부대에 자원하라는 징집 명령을 거부함으로써 구금된다. 실제로 1943년 2월 미 육군은 "일본인 선조를 둔 미국 시민권 진술"(선택적 병역 근무 표 304A)이라고 알려진 질문지를 통해 자원봉사자들의 애국심을 시험하였다. 질문지의 핵심은 27번과 28번 문항이었는데 내용은 다음과 같다.

> 27번. 당신은 어디에서 명령이 하달되든 간에 미 육군에서 전쟁 의무를 기꺼이 수행하겠는가?
> 28번. 당신은 미국에 무조건적인 헌신을 맹세하며, 외국이나 국내의 병력에 의한 어떠한 공격으로부터 미국을 충실히 방어하고, 일본국 황제나

> 어떤 다른 외국 정부, 권력, 조직에 대한 어떠한 형태의 헌신이나 복종을 단연코 부인하겠는가?

두 질문에 '노-노'라고 부정적으로 답한 2세들은 즉시 반역자로 분류되어 수감되었다. 일본계 미국 2세들 사이에서도 군대에 입대한 사람들과 거부한 사람들이 서로 분리되어 반목했으며 세대들 간에도 일본 국수주의와 미국 국가주의가 충돌하여 갈등을 일으켰다. 2차 대전으로 인해 미국의 적대국이 된 일본계 미국인들은 징집과 수감, 억류의 고통스런 과정을 겪게 되었는데 이 과정에서 일본계 미국 공동체와 가족들은 회복될 수 없으리만큼 깊은 상처를 입게 되었다(『아시아계 미국문학의 길잡이』 192-93 참조).

『노-노 보이』는 이러한 역사적 정황을 적나라하게 기술한다. 연방 교도소로부터 갓 석방되어 시애틀에 돌아온 이치로가 친구 에토(Eto)로부터 반역자로 매도당하는 첫 장면은 전쟁이 공동체에 남긴 상흔을 총체적으로 전달해 준다. 전쟁의 상흔은 같은 세대들간의 횡적 갈등은 물론이고 세대 간의 종적 갈등으로도 전개, 확대된다. 집에 돌아온 이치로는 전쟁 중 가장으로서 아무런 힘을 쓰지 못했던 아버지가 여전히 무기력한 모습을 하고 있으며 그를 노-노 보이로 내몬 어머니의 일본 집착이 광증으로 치닫고 있음을 본다. 그는 아버지의 무기력을 비하하고 어머니의 시대착오적인 집착을 혐오한다. 이치로의 이러한 태도는 미국의 공격으로부터 보호막이 되어 주지 못했을 뿐만 아니라 모순되게도 일본에 충성을 강요한 부모 세대의 무기력과 부조리를 비판하는 후세대의 입장을 반영한 것이다. 일본인도 미국인도 아닌 '중간 사이에 낀' 이치로는 집에 안주하지 못할 뿐 아니라 사회 어디에서도 유대감을 얻지 못한다. 미 육군에 복무한 후 부상병으로 제대한 친구 켄지(Kenji)는 후유증으로 죽음을 기다리고 있으며, 자신과 같이 '노-노 보이'였던 프레디(Freddie)는 세상에 대한 증오심으로 피폐해져 있다. 전쟁 전 다니던 대학의 지도교수는 도움을 청하는 이치로를 외면하며 일자리를 얻기 위해 찾아다닌 곳곳에서 그는 수감 이력 때문에 번번이 퇴짜를 맞는다. 경제활동도 사회활동도 하지 못하는 그가 잠시 마음의 안식을 찾은 곳이 일본계 2세 에미(Emi)이다. 그와 마찬가지로 전쟁으로 인해 가정이 붕괴된 에미는 이치로를 사랑과 이해로 대하며 새로운 삶을 함께 시작할 것을 제안한다. 하지만 이미 전쟁으로 인해 심리적으로 깊이 상처를 입은 이치로는 이 세상 어느 곳에서도 안식처를 발견하지 못한다는 사실을 안다. 그는 혼란과 절망 속에서 또 다시 길을 떠나며 시애틀 언저리를 떠도는 국외자로 남는다.

『노-노 보이』는 이와 같이 2차 대전의 역사적 트라우마로 인해 무수히 많은 일본계 미국인들이 패배의식과 절망 속에 빠져있는 고통스런 현실을 이치로의 눈을 통해 그리고 있다. 외견상 트라우마를 극복할 어떤 해법도 제시되어 있지 않은 것처럼 보이는 『노-노 보이』에는 그러나 미래로 향한 희망과 비전을 찾으려는 이치로의 내적 움직임이 희미하게나마 감지된다. 비록 마지막 장면이 프레디의 비극적인 죽음으로 끝남으로써 역사적 트라우마에 짓눌린 개인과 공동체의 암울한 현실을 강조하고 있는 것 같이 보이지만, "공동체 골목길의 어둠 속"을 따라가는 이치로가 "마음과 가슴 속에서 일어나고 있는, 알 수 없는 희미한 희망의 약속"(『노-노 보이』 251)을 흘낏 보는 마지막 설정은 트라우마로부터 벗어날 수 있는 내적 성장의 가능성을 보여 준 것이라 할 수 있다.

출판 당시 거의 비평가들의 시선을 끌지 못했던 『노-노 보이』는

1970년대에 새롭게 주목받으면서 비평가의 관심을 끌게 되었는데 작품에 깔려 있는 이와 같은 양가성과 모호성을 어떻게 해석하느냐에 따라 다른 견해를 보인다. 우선 1957년 출간되었던 당시 『노-노 보이』가 미국 문학계에게서나 일본계 공동체에서로부터 환영을 받지 못한 이유를 진치 링(Jinqi Ling)은 주로 두 가지로 분석하는 데, 하나는 미국 문학계의 몰이해 때문이고 다른 하나는 일본계 미국인들의 진실에 대한 회피 때문이라고 한다. 출판 당시 미국 독자와 비평가들은 아시아계 미국문학을 사회학적인 기록으로 여기거나 혹은 자전적인 소설 장르로만 보는 경향이 있었고 따라서 개인의 심리를 모더니즘 기법으로 다룬 『노-노 보이』를 제대로 평가하지 못했다는 것이다. 또 출판 당시 2차 대전 때 겪은 집단적인 탄압과 억류를 세상에 알리기보다 수치스럽게 여겨 공공연히 감추려고 했던 일본계 미국 공동체는 그것을 정면으로 다룬 『노-노 보이』를 외면했고 그 결과 소설은 사람들의 관심 밖으로 밀려났다(『아시아계 미국문학의 길잡이』 190 참고).

1976년 『노-노 보이』가 재발견된 이후의 비평은 주로 일본계 미국인의 정체성 문제에 주목하며 그것의 확립과 부재라는 맥락에서 의견을 달리하는 경향을 보인다. 진치 링은 「존 오카다의 『노-노 보이』에 나타난 인종, 권력, 그리고 문화 정치성」(“Race, Power, and Cultural Politics in John Okada's *No-no Boy*”)에서 1957년 출판 당시 세인의 주목을 받지 못했던 『노-노 보이』가 1970년 중반 이후 비평계와 독자들의 관심을 받은 이유를 작품의 주인공인 이치로가 결국 일본계 2세로서 경험한 정체성 위기를 해결한 것으로 본 때문이라고 해석한다.

1970년대 중반 이 소설이 다시 세인의 관심을 끌게 된 이후로 대부분의 비평가들은 작가의 편을 들어, 이치로가 일본계 미국인으로서의 "총체성" 추구를 완성했거나 혹은 "긍정적인 경험의 축적"을 통해 결국 자기혐오를 극복했다고 강조함으로써 신념을 확실하게 주장한 작품으로 읽었다.

Since the novel's rediscovery in the mid-1970s, most critics have read it as a rather unambiguous affirmation of faith on the part of its author by emphasizing either Ichiro's "completion" of his quest for a sense of "wholeness" as a Japanese American or his ultimate overcoming of self-hatred through an "accretion of positive experiences." (362)

스탠 요기(Stan Yogi)도 『노-노 보이』에는 일본계 미국인이 강제수용소에 억류됨으로써 발생한 집단 트라우마와 그로부터 파생된 비극적인 사건들이 만연해 있지만 궁극적으로는 이치로가 자신과 미래를 향해 긍정적인 지향성을 가진다고 평가한다. 다니엘 김(Daniel Y. Kim)은 소설의 마지막에 이치로가 도덕적인 승리를 이루었다고 평가하면서 그 이유를 제국주의와 국가주의를 표상하는 미국 남성성이 모성적인 유연성과 포용성을 수용한 결과라고 한다.

반면 「모모타로의 추방: 존 오카다의 『노-노 보이』」를 쓴 게일 K. 후지타 사토(Gayle K. Fujita Sato)는 『노-노 보이』가 비록 1970년대에 와서 일본계 미국 문학의 고전으로 인식되긴 했지만 일본계 미국인의 정체성 구축에 있어서는 문제적이라고 말한다. 그녀에 따르면 오카다가 일본인의 정체성과 미국인의 정체성을 상호 배타적인 것으로 설정함으로써 일본계 미국인의 정체성을 일본적인 속성을 부인하고 미국성에 편입되는 쪽으로 몰고 갔다는 것이다(239). 호미 바바의 소수자 담론과 국가와의 역동적 관계를 통해 『노-노 보이』를 연구한 아폴로 아모코(Apollo Amoko)도 『노-노 보이』가 현대

서구의 소수자 담론이 맡았던 저항적이고 강력한 대응 담론의 기능을 하지 못했다고 주장한다(40).

이와 같이 『노-노 보이』에 나타난 모호성과 양가성을 달리 해석함으로써 비평가들은 『노-노 보이』를 정체성을 획득한 자서전적인 성장소설로 보기도 하고 정체성 획득에 실패한 반성장소설로 보기도 한다. 그렇다면 도시를 배경으로 하는 아시아계 미국 도시 소설인 『노-노 보이』를 도시주의로 접근한다면 이러한 양가성은 어떤 의미를 지니는가? 특히 주인공 이치로가 인간의 불합리한 실존의 문제를 집요하게 탐색하는 『노-노 보이』를 실존주의 도시 소설로 볼 때 과연 어떤 해석이 가능한가? 일본계 미국인들, 특히 서부 해안에 거주하는 일본계 미국인들에게 어느 날 갑자기 몰아닥친 전쟁의 광풍. 미국국민이면서도 미국으로부터 적으로 분류되고 미국과 일본 두 국가 중 하나를 선택하도록 강요받는 부조리한 상황. 미국의 안전을 위해 강제 수용소에 억류되는 폭력의 역사. 이같이 부조리하기 그지없는 삶의 현장에서 이치로를 비롯한 일본계 미국인들은 그들의 존재론적인 의미를 문제시 하며 그 해답을 찾고자 고통스런 탐색의 길을 간다. 그 오디세이의 여정에서 『노-노 보이』의 배경인 시애틀은 물리적인 공간이기도 하고 인물들의 심리를 반영하는 자의식적인 공간이기도 하면서 개인과 집단의 정체성 형성에 깊이 관여하며 의미를 형성해가는 것이다.

2. 실존주의 도시학과 강제 수용소의 트라우마

20세기에 들어서면서 다양하게 나타난 도시성에 관한 논의에서 실존주의 도시학은 독일 사회학자 막스 베버와 게오르그 짐멜을 중심으로 전개된다. 막스 베버는 『도시』에서 현대 도시를 '소외의 황무지'라고 한다면, 짐멜은 『게오르그 짐멜의 사회학』에서 개인의 자유를 위한 '예기치 않은 기회의 장소'라고 규정한다. 막스 베버가 현대의 도시를 소외의 황무지로 본 이유는 대규모 인구 이동이 일어나고 이질적인 군중들이 뒤섞여있는 현대 도시 공간이 개인을 고독과 소외, 분열과 퇴행의 상태로 몰아가기 때문이다. 반면 게오르그 짐멜은 개인의 존재가 몰개성화 되는 대도시의 환경이 오히려 개별적인 주체성을 가능하게 하는 기회의 장소라고 주장한다. 짐멜은 베버와 달리 대도시에 만연한 타인에 대한 무관심, 개별적 존재의 익명성과 소외가 개별적인 주체성을 보장하고 생성시킬 수 있는 환경으로 본 것이다.

『노-노 보이』의 도시는 실존주의 도시학이 말하는 고독과 소외, 분열과 자아 퇴행이 만연해 있는 곳이다. 하지만 실존주의 도시학이 산업 혁명이 가져다 준 인구의 증가, 물질적인 팽창 등 인류 사회학적인 현상에 따라 도시성을 규명한 것이라면 『노-노 보이』의 그것은 2차 대전의 발발과 더불어 일본계 미국인들에게 가해진 특수한 정치 사회적인 현상에 따른 것이다. 일본계 미국인의 거류지인 시애틀의 나운타운이 중심 배경인 『노-노 보이』의 도시는 이질적인 존재가 혼존함으로써 발생하는 타자화와 소외가 아니라 역사적인 트라우마로 인해 동질적인 일본계 미국 공동체에 나타난 타자화와 소외를 다룬다. 특히 이치로 같은 노-노 보이에게 있어 도시는 더욱 더 소외된 고독한 실존의 공간이다. 전쟁과 더불어 집단적으로 삶과 죽음, 배제와 포함의 경계선상에 몰린 일본계 미국인들은 역사적인 트라우마에 갇혀 자기 자신에 대한 비하와 종족간의 분열을 가속화시킨다. 노-노 보이인 이치로는 그들의 분노를 배설할 취약한 희생양인 셈이다.

하지만 베버와 짐멜이 같은 실존주의 도시학자이면서도 도시성을 달리 해석했듯이 시애틀의 황량한 실존의 공간도 개인이 어떻게 인식하느냐에 따라 소외의 공간이 될 수도 있고 기회의 공간이 될 수도 있다. 개인과 공동체의 정체성 문제와 불가분의 관계가 있는 도시성에 대한 해석은 『노-노 보이』의 경우 국가와 따로 떼어 생각할 수 없다. 『노-노 보이』에 기술된 개인의 의식, 개인과 개인, 그리고 공동체와의 관계는 전쟁으로 인한 미국 주권의 문제에 전적으로 지배당하고 있기 때문이다.

프레드릭 제임슨(Fredric Jameson)도 「모더니즘과 제국주의("Modernism and Imperialism")」에서 2차 대전 이후 자본에 따른 제1세계와 제3세계의 내적 역동성이 낳은 신식민주의, 신제국주의를 언급하며 그 예로 미국 내부의 제3세계를 들었는데 2차 대전으로 인해 국민인 동시에 적인 경계선상의 일본계 미국 공동체가 바로 그러한 존재라고 할 수 있다. 또한 제임슨은 이러한 미국 내 제 3세계인들이 자기주장을 하기 시작하면 그것을 의식적으로 문제시하려는 주체가 있다고 하면서 그 주체란 제국의 주체 혹은 대도시 주체라고 한 바 있다(49). 여기서 미국 국가를 대변하는 주권자와 대도시 주체를 나란히 동일선상에 둔 것은 도시가 곧 국가의 환유라는 인식을 반영한 것이다. 2차 대전 당시 피해를 입은 일본계 미국인에게 배상하고 지원하는 '1988 시민 자유 헌장(The Civil Liberties Act of 1988)'이 공표되기까지 거의 30년 이상 일본계 미국 소수자 담론은 『노-노 보이』가 보여주듯 주권의 이름으로 자행되는 일괄적인 무력화, 그리고 도시 공간 내의 배제와 타자화로 억압되었다.

이와 같이 국가와 도시가 같은 의미선상에 있으며 국가 혹은 도시와의 관계 설정이 정체성 확립에 결정적인 역할을 하는 이치로에게 있어 미국 국가는 여느 일본계 미국 남성들과 마찬가지로 단일한 국가로 수렴되기 힘든 양가적 존재이다. 일본 태생인 부모 세대와 달리 미국에서 태어나 미국 국적을 가진 그들은 모국과의 유대감이 거의 없으며 미국을 당연히 자신의 국가라고 생각한다. 그러나 2차 대전의 발발과 더불어 일본 모국이 미국의 적국이 되고 미국과 일본 중 한 국가를 선택해야 하는 기이한 시험대에 오르면서 그들은 국가에 대한 근원적인 의문에 빠진다. 어쩌면 영원히 표면화되지 않았을지도 모르는 일본에 대한 뿌리 깊은 유대감이 타의에 의해 혹은 스스로에 의해 드러나며 그동안 당연시했던 미국에 대한 소속감이 심각하게 흔들린다. 반대로 모국 일본과의 연대는 미국에 대한 현실적인 반역행위가 되며 미국에 대한 충성은 일본 계보를 부인하면서 심리적 죄책감을 낳는다.

> 2차 대전은 미국 남성들에게 국가에 헌신하고 그럼으로써 애국심을 증명할 수 있는 기회를 제공했다. 국가에 대한 충성을 증명하는 이 길은 일본계 미국 남성들에게 양날의 칼이 되었다. 이 길은 전쟁으로 인해 시민권과 국가 정체성이 위기를 맞는 동안, 그리고 그 이후, 그들이 어떻게 국가와의 관계를 구상하고 새롭게 개념 정리를 할 것인가 하는 문제에 근본적인 영향을 미쳤다.

> World War II presented American men with an opportunity to serve their country and thereby demonstrate their patriotism. This avenue to proving one's national loyalty became a double-edged sword for Japanese American males and radically impacted how this group envisioned and reconceptualized their relationship to the nation during and after the crisis of citizenship and national identity forced by the war. (Sokolowski 69)

소콜로우스키가 지적한대로 2차 대전의 발발은 일본계 미국 남성들을 배제와 포함의 모호한 경계상태로 내몬다. 전쟁이 국가에 대한 충성을 증명할 기회였던 미국 남성들과 달리 일본계 미국 남성들에게는 현 국가에 대한 충성이 곧 옛 국가에 대한 반역이 되는 역사적 딜레마의 현장이었던 것이다. 일본 태생의 후예인 그들 일본계 미국 남성들은 전쟁 중과 전후, 이 딜레마를 통해 자신과 자신이 속한 미국 국가와의 관계를 정립해야 했으며 그 정립 과정 속에서 자신의 정체성을 확립해야 하는 난제를 지녔던 셈이다.

자신들을 경계선상에 내몬 미국 국가에 대한 일본계 2세들의 모순된 감정과 혼란은 『노-노 보이』에서 이중적인 형태로 나타난다. 그 이중적인 형태는 소속되어 있는 국가를 거부해야 하는 부조리한 상황에서부터 거부 이후에 수반되는 심리적인 상태, 그리고 국가의 환유인 도시에 대한 반응에 이르기까지 매순간 반복해서 지속적으로 나타난다.

> 판사와 마주보면서 다음과 같이 말했던 그와 다른 사람들에게 일어났던 일. 당신은 나를 군대에 보낼 수 없어. 왜냐하면 난 미국인이 아니니까. 아니면 마치 독일에서 그들이 유대인들에게 했듯이 진실로 멋지고 의미 있는 삶으로부터 나와 내 가족들을 송두리째 뽑아내어 사막에 가두지 못할 거야. 그 외 모든 것이 파괴된 이후에도 왜 우리를 말살시키려 하지 않는지 그것이 수수께끼일 뿐이지. 그랬다면 더 좋았을 테지만.
>
> What had happened to him and the others who faced the judge and said: You can't make me go in the army because I'm not an American or you wouldn't have plucked me and mine from a life that was good and real and meaningful and fenced me in the desert like they do the Jews in Germany and it is a puzzle why you haven't started to liquidate us though you might as well since everything else has been destroyed. (31)

군 재판관 앞에서 군 복무를 거부하며 스스로 미국인이 아님을 선언하고 삶의 자주권을 주장하던 이치로는 그러나 그 이후 자신의 행위를 "군대와 국가와 세상과 나 자신에게 등을 돌린 "(40) 반역 행위임을 자인한다. 그러면서 수감생활과 출옥 후 연속되는 사회로부터의 배척과 소외를 "어리석음 때문에 스스로 만든 감옥"(4)이라고 한다. 이치로가 보여주듯 일본계 2세들의 전쟁 중의 국가 선택은 투철한 국가관에서 비롯된 것도, 일관된 정치 철학을 따른 것도 아닌, 애매모호한 혼돈의 상태에서 이루어진 것이며 따라서 선택 이후에 펼쳐지는 상황에도 혼란스럽게 반응하는 것이다.

이른바 양 국가 사이에 끼인 경계인의 딜레마는 노-노 보이인 이치로와 프레디에만 국한되는 것이 아니다. 그들 노-노 보이를 국가의 배신자로 낙인찍으며 살인적인 적대감을 보이는 에토와 타로(Taro)도 실상 국가에 대한 양가적 감정을 가지고 있다고 할 수 있다. 그들이 미국에 보이는 강박적인 국가의식은 달리 보면 일본 혈통이 가져다 줄 주권적 배제에 대한 두려움에서 비롯된 것일 수 있기 때문이다.

> 이치로에게 가해진 이 2세들의 차별대우는 그들이 주류 문화가 설립한 사회적 기준을 무조건적으로 수용한다는 것을 의미한다. 그것은 인종적으로 같은 특성을 가지고 있기 때문에 이치로와 자기 자신들이 구별되지 않을까봐 두려워하고, 차별을 만드는 인종 차별적 코드를 전적으로 따르고 있다는 사실을 의미한다.

> The discriminatory treatment of Ichiro by these Nisei indicates their unqualified acceptance of the social standards established by the dominant culture, symptoms of which are their fear of not being able to differentiate themselves from Ichiro because of shared racial characteristics and their reliance on racist codes to make the differentiation. (Ling 364)

이치로가 시애틀에 첫 발을 디디는 순간 만나는 에토도 그러하지만 이치로의 동생 타로는 군대 복부를 거부한 형 이치로를 국가의 반역자로 몰며 지나칠 정도의 적대감을 드러낸다. 그는 군 입대를 자원함으로써 형의 반역행위를 보상하고자 했을 뿐만 아니라 형에게 직접 폭력을 가함으로써 죄 값을 치르게 하려 한다. 양 국가 사이에 걸쳐져있는 일본계 미국인들의 특수 상황에도 불구하고 이렇게 타로가 보여주는 미국에 대한 일방적이고 강박적인 국가주의는 미국에 대한 공포와 아울러 무의식 깊숙이 숨겨진 증오심의 발로일 수 있다.

이와 같은 국가에 대한 양가적 감정과 딜레마가 극적으로 표상화된 경우가 켄지다. 그는 이치로처럼 재판관 앞에서 군복무를 선택해야 했던 경우가 아니라 스스로 군에 자원한 미국 주권의 상징적인 존재다. 제대 후 국가로부터 훈장과 포상금을 받아 명예와 부를 함께 누리게 된 전쟁 영웅 켄지는 그러나 수술 후유증으로 해마다 다리를 조금씩 잘라내야 하는 처절한 삶의 현장에 내던져진다. 국가에 헌신한 대가로 삶의 최정점에 오른 그는 바로 최정점에서 죽음의 심연으로 떨어지게 된 것이다. 자신의 선택에 대해 회한을 드러내지는 않지만 죽음을 앞두고 '인종 간 혹은 같은 종족끼리의 차별과 분열'에 극심한 혐오감을 보이는 모습은 그 선택을 할 수 밖에 없게 조장한 폭력적이고 배타적인 주권을 비판한 것이라 하겠다.

에토와 타로, 켄지와 프레디 등 같은 또래의 양가적인 국가 의식은 이치로에 있어 도시에 대한 자의식적인 이중 반응으로 나타난다. 국가뿐 아니라 같은 동족에게서도 배제되고 소외된 그에게 도시 시애틀은 한때 "태어나고 교육을 받은" "희망과 꿈의 요람"(51)인 동시에 이제는 "추악한 사람들 사이에 서 있는 추악한 빌딩들과 추악

▌시애틀 역전 시계탑

한 거리", "미국의 일부이자 결코 전적으로 미국이 되지 못한"(71) 경계선상의 황무지이다. 그가 주로 활동하는 다운타운의 일본 공동체는 도시 내에서도 변방으로 밀려난, "역에 있는 더러운 시계탑처럼" "점점 더 더러워지는"(4) 게토이다. 그러나 그가 비하해마지 않는 게토에서도 그는 자신을 가리켜 "권리를 주장할 수 없는 세계로 침입한 자"(1)라고 한다. 4년간 강제수용소와 감옥에서 지내다 출소한 이치로가 마주한 도시는 더 이상 소속의 장소도, 삶의 터전도 아니다. 백인 사회로부터 받는 배척과 박해도 그러하지만 전쟁의 경험으로 인해 일본인 공동체 내에서도 이중으로 배제되어 있기 때문이다. 이중 억압의 고통 속에서 이치로는 도시를 떠나가고자 하나 결국 스스로 다시 돌아오며 도시를 혐오하면서도 거기에 다시 소속되려는 욕망을 보인다. 전쟁이 남긴 역사적 트라우마로 극심한 심리적인 혼란과 모순에 빠진 이치로는 그러나 프레디나 에토처럼 동질주의의 폭력성에 의거하지 않고 자신이 처한 경계인의 딜레마를 끝까지 버텨내며 정체성을 찾기 위해 도시 오디세이를 떠난다.

3. 전유의 도시학과 『노-노 보이』

『노-노 보이』의 이치로 야마다는 선술집과 매음굴이 밀집한 시애틀의 잭슨 스트리트를 혐오하며 무심결에 "축제의 모양새를 한" (with the air of carnival)(5)이라고 내뱉는다. 이치로의 빈정거림은 오물과 부랑배로 가득한 잭슨 스트리트의 비루한 풍경에 혐오감을 드러낸 것이다. 하지만 무의식적인 실언에는 자신도 모르는 진실이 담겨있다고 한 프로이트의 오류 이론처럼 "축제의 모양새를 한" 이란 빈정거림 속에는 미래에 대한 염원과 예측이 담겨있기도 하다. 일본계 미국 공동체가 자리 잡은 시애틀 다운타운의 잭슨 스트리트가 지금은 비루하고 척박하기 짝이 없지만 언젠가 미래에는 풍요롭고 찬란한 공간으로 탈바꿈하리라는 염원과 예측 같은 것 말이다. 이러한 실언 속에 담긴 진실은 『네이티브 스피커』의 헨리가 존 강을 추방시키기 위해 모여든 군중들을 향해 "만약 내가 저 무리의 공격 대상, 막 배에서 내린 이국인들 중 한 명이라면 어느 공동체의 축하연, 문화 축제인 줄로 착각하겠다"(340)라고 한 냉소에도 유사하게 나타난다. 헨리의 냉소도 이방인이 미국의 주류 정치가로 입문하는 것을 허락하지 않는 배타적인 뉴요커들을 비아냥거린 것이지만 뒤집어 보면 이방인과 더불어 조화롭게 공존할 수 있는 다문화적인 이상향에 대한 염원과 예측을 담은 것이기도 하다.

『노-노 보이』의 시애틀은 2차 대전으로 급격하게 붕괴된 일본계 공동체의 황량한 모습을 재현하고 있지만 그 속에 잠재한 전복적인 속성과 상호작용의 가능성으로 인해 다가올 '축제'의 가능성을 내포하고 있다. '축제'에 대해서는 바흐친(Bakhtin)도 카니발 개념으로 이론화시킨 바가 있다. 바흐친은 중세인의 삶의 전형을 공식적인 삶과 축제와 광장의 삶 두 가지로 분류하였다. 전자가 "엄격한 위계질서를 따르고, 공포와 도그마, 경의와 경건으로 가득한" 삶이라면 후자는 "자유롭고 구속되지 않은, 양가적 웃음, 신성모독, 모든 신성한 것에 대한 신성 모독으로 가득한… 만인과 만물에 쉽게 접할 수 있는"(129-30) 삶이라고 하였다. 그는 엄격한 종교적 도그마와 위계질서가 전복되고 그로인해 억압된 욕동이 방출될 수 있었던 중세의 카니발 개념을 문학 담론에 적용하여 카니발적 문학 양식을 정립한 바 있다. 바흐친의 카니발적 문학 양식은 유머와 혼돈을 통해 지배적인 스타일과 인식론을 전복시키고, 그럼으로써 주변적인 요소들을 해방시키는 것이다. 같은 맥락에서 이치로의 도시 시애틀은 이질적인 하위문화가 폐기되지 않고 공존하며 혼종적인 제3의 문화를 창조하는 동력이 된다는 점에서 카니발적 공간이라고 말할 수 있다.

이러한 인식을 바탕으로 볼 경우 존 오카다의 『노-노 보이』에 재현된 도시는 이민 후손들에게 생존의 터전이자 혼종적 문화를 창조하는 전유의 공간이다. 주지하다시피 아시아계 미국문학 뿐 아니라 대부분 이민 문학의 경우 미국 대 도시의 하부 구조를 형성해온 역사적, 사회적인 배경으로 인하여 발생학적으로 도시가 배경인 경우가 많다. 또한 도시의 발달, 그와 병행한 개인주의의 성숙과 더불어 발생한 소설의 인물들이 전통적으로 자아실현을 향한 탐색에 몰두해 있듯이 아시아계 미국문학의 주요 인물들은 미국이란 새로운 환경에 이식, 적응하는 과정에서 소외와 자아 분열의 경계를 넘어서 자아 정체성을 획득하려는 강렬한 욕구를 보이는 경우가 대부분이다.

문학 작품에 재현된 도시는 아시아계 미국 소설은 물론이고 다른 미국 소설에서도 작품을 이해하는 주요한 요소이다. 도시주의와 문학에 관한 최근 연구를 정리한 존 개님(John Ganim)도 이미 고대로부터 도시는 문학의 큰 주제였으며 문학에 나타난 도시 연구는 상당한 진척을 보았다고 말하고 있다(365). 현대 문학에 나타난 도시를 이와 같이 두 가지 큰 흐름, 실존주의적 소외의 장소와 예기치 않은 기회의 장소로 분류할 때 『노-노 보이』의 도시는 후자에 속한다. 이 작품은 "이민자 주인공이 새로운 '집'으로 동화해가는 과정을 다루는 이민 소설"(Nesher 142)이기도 하지만 작품에 재현된 도시의 속성이 '생성을 위한 전유의 도시학'과 닮아 있기 때문이다. 네셔에 따르면 이민 소설의 주인공은 "항상 손익을 저울질하며, 항상 옛것에 비추어 새것을 측정하며, 항상 결코 완전히 익숙하지 않은 새로운 집을 위해 '집'을 바꾸고 배반해야 한다는 사실을 알면서, 새로운 '집'으로 동화해간다"(142). 기본적으로 이민 소설을 동화의 과정으로 본다는 것은 과정 중에 나타나는 온갖 부정적인 경험, 이른바 인종차별과 빈곤, 소외와 불안 등도 궁극적으로는 이민자 주인공의 뿌리 내리기와 정체성 획득을 위한 자양분이라는 인식에 바탕을 둔 것이다. 네셔의 이러한 개념을 따른다면 『노-노 보이』도 주인공들의 정체성과 동화를 주제로 하는 이민 소설이므로 작품의 도시는 기회의 장소가 된다.

또한 『노-노 보이』에 재현된 도시의 특징은 도시를 '기회의 장소'로 볼 보다 구체적인 근거를 제공해 준다. 『노-노 보이』의 시애틀은 이치로에게 소외와 불안, 단절의 황무지로 받아들여짐에도 불구하고 부정적인 실존주의 도시의 속성과 그 성격을 달리한다. 이치로가 거주하는 도시는 백인 미국주의로부터 소외된 소수 인종의 게토이며, 쉴 새 없이 이민자가 유입, 이동하는 안전 취약지이며, 구성원들의 익명성과 무관심으로 인한 단절의 공간이다. 이와 같은 도시의 게토는 이치로에게 자신과 공동체에 대한 부정을 심어주며 그로부터 초월하려는 강박관념을 증폭시킨다.

그러나 이민 후손들에게 하위 계층의 취약성과 타자 의식을 불러일으키는 도시의 속성, 이른바 이질성, 이동성, 비개인성은 역설적이게도 그들의 개인적 자유를 제공하는 토양이자 제 3의 문화의 동력이 됨을 보여 준다. 소수 인종들로 붐비는 잭슨 스트리트에서 이치로는 옛 국가의 역사적 속박으로부터 벗어나는 동시에 새 국가의 계층적 억압으로부터도 거리를 둘 수 있는 자유를 발견한다. 그러면서도 국가의 환유인 도시를 자신의 새로운 '집'으로 주장하는, 욕망하는 주체로 거듭난다. 주인공들의 내적 발달과 정체성 확립의 토대가 되는 도시는 나아가 시애틀의 국제 구역(International District) 같은 이질적 문화의 교합을 통해 독특한 혼종적 문화를 창출함으로써 개인과 집단의 생성의 토양으로 기능하는 것이다.

『노-노 보이』의 도시들을 '예기치 않은 기회의 장소', '카니발적 창조의 공간'으로 볼 수 있는 것은 텍스트에 재현된 도시에 대한 설정과 묘사, 도시와 주인공들의 자아의식과의 관계, 그리고 텍스트에 나오는 실제 도시들의 사회적 비전을 통해서이다. 『노-노 보이』의 시애틀은 일본계 미국인, 아프리카계 미국인 등 소수 인종들이 군집해 있는 뉴욕의 할렘과 같은 게토이다. 2차 세계 대전 당시 미군 징집 소환을 따르지 않은 죄로 2년간 감옥에 있다 출옥한 일본계 미국인 이치로의 눈을 통해 그려지고 있는 시애틀은 차이나타운과 인접해 있는 다운타운의 잭슨 스트리트로 압축된다. 이치로의 거주지이자 그의 주 활동 무대인 잭슨 스트리트는 지형학적으로 도시 중심에 위치하고 있음에도 불구하고 "버스 정류장의 더러운 시계탑처럼 점점 더 더러워지고," "도박과 매춘과 음주가 판을 치는,"(4) 사회적인 계층에 있어 주변부에 속한다. 2차 대전 전 주로 일본계 이주민의 정착지였던 잭슨 스트리트는 전쟁 중 서부 해안 지역 일본인의 강제 억류로 인해 공동화되었다가 이후 귀환한 일본계 미국인, 새로 이주한 흑인, 다른 소수인종들이 집결한 소수인종 콜로니다. 전쟁 전에도 마찬가지로 빈곤했지만 일본인의 동질적 유대감과 미국 시민으로의 소속감의 터전이었던 잭슨 스트리트는 이제 이치로에게 낯설음과 분열의 지대로 인식된다.

> 전쟁이 사람들에게 폭력적인 변화를 가져 왔다. 그 다음에는 사람들이 열심히 일하고, 열심히 살고, 돈을 많이 벌어들이고, 손에 넣을 수 있는 것에 돈을 쓰면서 잭슨 거리의 모습을 왜곡시켰다. 거리는 제대로 성공하지 못한, 축제의 모양새를 하고 있었다. 한 때 옷가게였던 곳에 사격연습장이, 보석가게 대신 생선 튀김 가게가 들어섰다. 검둥이 떼거리가 당구장 앞에 모여 쉰 소리를 내며 법석을 떨고 있었다. 모든 것이 더 낡고 더 더러워지고 더 초라하게 보였다.
>
> The war had wrought violent changes upon the people, and the people, in turn, working hard and living hard and earning a lot of money and spending it on whatever was available, had distorted the profile of Jackson Street. The street had about it the air of carnival without quite succeeding at becoming one. A shooting gallery stood where once had been a clothing store; fish and chips had replaced a jewelry shop; and a bunch of Negroes were horsing around raucously in front of a pool parlor. Everything looked older and dirtier and shabbier. (5)

한 때 저팬 타운(Japan Town)이었던 잭슨 스트리트는 그 동질성을 상실한 채 이방인들의 낯선 군락으로 변질되었으며, 교류의 장이었던 상점들은 물질 중심의 소비지로 변했다. 특히 이치로에게 다른 소수인종들의 유입은 사회적인 소외를 가속화시키는 요인으로 보인다. 그가 잭슨 스트리트를 "검둥이들과 유태인들, 멕시코 인들, 중국인들, 또 너무 작고 너무 비대하고 너무 추한 자들이 거주하는"(5) 곳이라고 한 말에 나타나듯이 인종적인 차이는 신체적인 결함, 그리고 사회적인 결핍과 동일시되고 있다. 이러한 모습은 사실상 백인 중심의 동일화의 논리와 별 다를 바가 없는 것으로 이는 소수인종 내에서 그대로 반복되고 있는 중심과 주변의 서열화를 보여 준다.

이와 같이 시애틀의 잭슨 스트리트는 경제적으로나 사회적으로 주류사회로부터 소외된 게토이다. 그러나 이치로의 경우 2차 대전 당시 미군 복무를 거부한 전력 때문에 이 게토에서마저 추방된 이중 소외자의 위치에 있다. 강제 수용소에 억류되어 있던 일본인에게 내려진 징집 명령을 거부한 그는 일본인 공동체에서도 배신자로 분류되며 사회적 활동이 제한되는 추방자로 전락한다. 뿐만 아니라 게토의 한 모퉁이에 있는 그의 집마저 그에게는 적대적인 사회로부터의 피난처가 아니라 그 연장선상이다.

> 그는 침실을 둘러보다가 토하고 싶은 느낌이 들었다. 방은 말쑥하고 깨끗하고 잘 닦여져 있었다. 어머니가 그렇게 준비한 것이리라. 온 가족이 한 방에서 잠을 자는 것 같았다. 부모가 아직도 잠자리를 할까하는 생각이 들었다.

> He looked around the bedroom and felt like puking. It was neat and clean and scrubbed. His mother would have seen to that. It was just the idea of everybody sleeping in the one room. He wondered if his folks still pounded flesh. (7)

부엌과 욕실, 그리고 침실 한 개가 딸린 식품가게인 이치로의 집은 4명이 한 방에서 자야 할 정도로 궁핍하다. 기본적인 사생활이 보장되지 않는 비좁은 집에서 부모와 자식 간에는 대화가 단절되어 있고 정신적으로 피폐해진 가족들은 서로를 증오하고 외면한다.

전통적인 소설에서 집은 주인공의 자아 실현이 이루어지는 만족스러운 종착지를 의미하지만 현대 도시 소설에 와서는 더 이상 개인의 안식처가 아니라 "공공적인 것과 개인적인 것이 융합되는, 불확정적이고 변화하는 공간"(Nesher 22)이다. 하지만 이치로의 집은 그러한 기호학적인 맥락에서라기보다 실존적인 의미에서 거리의 위협이 그대로 반복되는 공간이다. 이치로의 아버지는 2차 대전을 겪으며 사회적인 위치와 가정 내의 부권을 함께 상실한 결핍 그 자체이며, 동생 타로는 전범자 형에 대한 경멸로 가득한 증오의 화신이다. "미국에서 숨을 쉬고 살고 있지만 한 번도 일본 땅을 떠난 적이 없는," "타고난 국가 / 민족에 대한 소속감과 민족—언어 정체성에 강박"(Sakai 250)된 어머니는 모국에 대한 왜곡된 애국심 때문에 이치로에게 징집 거부를 강요하며 결국 이치로에게 "지옥의 동굴보다 더 공허하고 무시무시한 공허"(『노-노 보이』 12)를 남긴다.

다니엘 김도 지적한 바처럼 『노-노 보이』에서 이치로의 정신적 질병의 근본적인 원인을 국가보다 오히려 가족에 두는 형식을 취한 것은 이치로에게 미친 가족의 영향, 특히 어머니의 "봉쇄의 문화"가 미친 파괴적인 영향력을 부각시키는 효과를 가져 온다(Kim 66). 브린 그리벤(Bryn Gribben)은 어머니가 이치로에게 요구한 징집 거부는 이기적인 모성의 욕망 때문이 아니라 사회적 이동을 원하는 이민자의 욕망 때문으로 봄으로써 그녀의 영향력을 보다 사회학적인 맥락으로 이해하고 있다(Gribben 37). 이와 같이 이치로에게 자신의 집과 공동체가 있는 시애틀은 피난처가 아니라 결핍과 추방의 공간이며, 그곳에서 이중으로 거부된 이치로는 자신을 "권리를 주장할 수 없는 세계에 난입한 침입자"(『노-노 보이』 1)로 인식한다.

그러나 『노-노 보이』에는 이치로가 도시와 자신에 대한 인식이 새롭게 전환되는 국면이 전개되는데, 그러한 국면은 전쟁 중에 이치로와 정반대의 선택을 하지만 그와 유사하게 자의식적인 켄지의 파국을 통해 이루어진다. 켄지는 전쟁에서 제대한 후 "훈장, 차, 연금, 심지어 대학 교육"까지 포상으로 받은 전쟁 영웅이지만 의족을 단 다리가 썩어 들어가 남은 다리를 조금씩 잘라내야 하는 시한부 인생을 살고 있다. "이미 죽었지만 여전히 살아서 50년 혹은 60년 이상의 죽은 삶을 생각하고 있는" '사중생(死中生)'의 켄지는 "살면서도 서서히 죽어가고 있는"(73) '생중사(生中死)'의 이치로에게 두 가지 교훈을 남긴다. 하나는 개인의 삶에 깊은 영향을 미치는 역사적 상황을 이해하고 수용하라는 것이며, 다른 하나는 새로운 '집'으로 선택한 미국의 본질을 이해하라는 것이다.

이치로는 어머니의 광적인 일본 민족주의에 영향을 받기는 했지만 결국 자신의 선택으로 "군대와 국가와 세상과 자기 자신에게 등을 돌렸으며"(40), 어디에도 "속죄의 희망은 없다"(51)고 단정할 만큼 심한 자기 비하에 빠져 있다. 그가 박애주의자인 캐릭씨(Mr. Carrick)가 제인한 직업과 농장에 함께 정착하지는 에미의 권유를 거절하는 것도 깊은 죄의식의 발로로 보인다. 하지만 미국 시민으로서 의무를 다한 켄지의 죽음은 이치로에게 자신의 상황을 보다 역사 전반의 문제로 확장해서 볼 수 있도록 인도함으로써 죄의식과 혼란으로부터 벗어나게 인도한다. 노-노 보이를 선택한 이치로와 달리 "자원병"(120)을 선택한 켄지는 사회 추방자가 된 이치로와 달리 국가 영웅이 된다. 그러나 이렇게 표면적인 차이에도 불구하고 두 개인의 선택은 모두 일본계 미국인의 이민의 역사와 깊이 관련되어 있음을 인식하기 시작하는 것이다.

> 그(켄지)가 일본인 부모의 일본인 아들이라는 사실이 문제가 되지 않는다고 말할 수 없었다. 문제가 되었다. 아들이 일본인 아버지에게 와서 아무렇지도 않은 듯, 입대 소집명령이 떨어질 때까지 기다릴 수 없어 자원하기로 결정했다는 말을 한 것은 그가 일본인이었기 때문이었다. 마음속을 뒤흔드는 혼란 때문에 어쩔 수 없이 그가 입대한 것은 일본인이었기 때문이기도 했지만 동시에 일본인이 아니라는 사실을 세상에 증명해 보여야 했기 때문이었다.

> It could not be said then that it mattered not that he was a Japanese son of Japanese parents. It had mattered. It was because he was Japanese that the son had to come to his Japanese father and simply state that he had decided to volunteer for the army instead of being able to wait until such time as the army called him. It was because he was Japanese and, at the same time, had to prove to the world that he was not Japanese that the turmoil was in his soul and urged him to enlist. (120-21)

"미국에 와서 부자가 되고 그 돈으로 일본 고향에 돌아가 떵떵거리며 살겠다는"(119) 꿈을 꾸는 켄지 아버지와 같은 대부분의 일본인들은 미국을 "자양분이 아니라 오직 금만을 좇는"(26) 일시적인 체류지로 보며, 따라서 이치로 어머니에 극명하게 나타나듯 미국 국적을 가진 일본인으로 살아간다. 그러나 일본의 진주만 공격으로 적나라하게 표출된 국가 정체성 문제는 그들을 "일본인 아니면 미국인이 되어야 하는"(91) 선택의 기로로 내몰음으로써 특히 이치로 같은 후세들에게 "일본계 미국 정체성을 이해할 사이도 없이" "일본계와 미국계의 상호 배타적인 정의"(Yogi 64)를 받아들여만 하는 딜레마에 빠지게 한다. 아버지 세대와 달리 미국을 조국으로 수용하는 켄지는 일본과의 혈연관계를 부정하기 위해 "어쩔 수 없이"(『노-노 보이』 121) 미 자원병 신청을 하게 되며 그 결과 물리적인 죽음에 이른다. 한편 어머니와의 숙명론적인 관계를 거부할 수 없는 이치로는 "어쩔 수 없이" 징집 거부를 하게 되며 그 결과 정신적인 죽음에 이르게 된다. 켄지의 아버지가 아들의 파국을 "부모 세대의 어리석음에 대한 응보"(119)라고 한 것은 이와 같이 개인의 삶을 지배하는 역사적 정황을 가리키는 것이라 하겠다.

켄지를 통해 인식되는 개인적 사건이 지닌 역사성은 이치로로 하여금 과거 역사를 부정할 것이 아니라 오히려 정체성 획득을 위한 자양분으로 자리매김 하려는 역사의식을 불러일으킨다.

> 사람은 완전히 새롭게 시작하지는 않는다. 왜냐하면 20년 혹은 30년 혹은 50년 동안 웃고 울면서 살아온 덕에 이미 옛것에 물들어 있기 때문이다. 삶 자체를 파괴하지 않는 한 그 세월을 파괴할 길이 없다. 그렇게 그는 이해했다. 또 과거는 어머니, 아버지, 그리고 그들이 누구든지 그들과 공유하고 있었다. 그도 역시 부모의 일부이고 그들도 그의 일부였다 … 모든 것이 완전하고도 소속감을 주던 바로 그 지점으로 돌아갈 길을 찾아야 한다면, 상실이 시자되던 바로 그 지점에서 다시 시삭해야 한다.

> A man does not start totally anew because he is already old by virtue of having lived and laughed and cried for twenty or thirty of fifty years and there is no way to destroy them without destroying life itself. That he understood. He also understood that the past had been shared with a mother and father and, whatever they were, he too was a part of them and they a part of him … If he was to find his way back to that point of wholeness and belonging, he must do so in the place where he had begun to lose it. (154-55)

자신의 삶을 그토록 고통스럽게 만든 근원 중 하나가 부모의 무력함과 광적인 집착이지만 그들의 삶도 역시 일본계 미국 이민의 역사와 맞닿아 있으며 그것을 부정하는 것은 곧 자신 뿐 아니라 공동체의 “삶 전체를 파괴하는” 것으로 이해하기 시작한 이치로는 “상실이 시작되던 바로 그 지점”인 시애틀을 떠나서가 아니라 역사의 현장인 바로 그곳에서 “다시 시작해야 함”을 인지한다. 그가 “다시 시작해야 할” 시애틀은 그와 같은 나이의 젊은 일본인들이 ‘보다 나은 삶’을 위해 태평양을 건너와 고군분투한 역사의 공간이다.

> 그는 미국에 갓 온 젊은 일본인들이 어떠했으리라 상상할 수 있었다. 몬타나의 불타는 햇볕 아래 숨이 턱턱 막히는 먼지 속에서 목숨 걸고 철로 공사 작업을 하던 그들을. 한 달에 한번 혹은 그보다 적게, 그들 이민자 무리들은 마을로 몰려가서 일주일동안 도박을 하고 말다툼을 하고 술을 마시고 매춘부와 잠을 자고, 그러다 돈을 전부 다 탕진했을 것이다.

> He could imagine what it must have been like for the young Japanese new to America and slaving at a killing job on the railroad in Montana under the scorching sun and in the choking dust. Once a month, or even less, the gang of immigrants would manage to make it to town for a weekend. There would be gambling and brawling and hard drinking and sleeping with bought women, and then the money would be gone. (106)

미국에 첫 발을 디딘 젊은 일본인들이 대륙 횡단 철도 공사판에서 목숨을 걸고 한 노동, 목숨을 걸고 벌어들인 돈을 술과 도박, 매춘으로 탕진한 희망 없던 시간들, 절망과 허무의 세월을 견뎌온 일본 이민자들이 곤궁하지만 자신들만의 삶의 터전을 일구어 낸 역사, 이 역사는 비록 2차 대전으로 인하여 삽시에 지워진 것 같지만 지워지지 않고 여전히 남아 다음 세대를 위한 토양이 되는 것이다.

역사 인식과 더불어 찾아온 미국의 속성에 대한 생각의 전환은 그 자신과 국가에 대한 관계, 그리고 국가와의 관계를 통해 정립되는 정체성 문제를 풀어가는 결정적인 역할을 한다. 미국이 백인 중심의 동질화된 국가이며 다른 인종은 동질화에서 배제된 이방인이라고 생각했던 이치로는 일본계 미국 이민자들의 초기 이민사를 환기하면서 미국 국가는 항상 이방인의 유입으로 이루어진 이민 국가임을 인지한다. 특히 조력자 역할을 하는 켄지의 사회 비판은 이질적인 다문화주의가 미국의 본질이라는 사실을 자각하게 만든다. 그러면서 "검둥이 혹은 왜놈 혹은 떼놈 혹은 유태인"(134) 등 백인 중심의 인종 유형학에서 타자로 밀려난 소수인종의 집합지인 잭슨 스트리트가 소수자끼리 공존하는 장소가 아니라 오히려 "소수 인종간 혹은 사이의 수평적 종속 혹은 소수화 관계"(Hune 236)의 현장이라는 사실과 그것이 곧 백인 중심의 동질화의 논리를 무비판적으로 따른 결과라는 사실을 간파해낸다.

> 주위에 울타리를 둘러 친 한 무리의 일본 놈들. 눈에 보이지는 않지만 분명히 그들을 다치게 할 울타리다. 정부가 수용소에 가두고 진짜 울타리를 쳤을 때 그들은 큰소리로 투덜댔고 불평을 쏟아냈다. 그러나 지금 그들은 당한 것과 똑같은 짓을 하고 있다.
>
> A bunch of Japs with a fence around them, not the kind you can see, but it'll hurt them just as much. They bitched and hollered when the government put them in camps and put real fences around them, but now they're doing the same damn thing to themselves. (『노-노 보이』 164)

중국계 짐 엥(Jim Eng)이 운영하는 클럽 오리엔탈(Club Oriental)에 흑인들의 출입이 저지되는 것을 본 켄지는 인종 간에 반복해서 일어나는 차별과 서열화를 비판한다. "목화 줍는 무식한 놈들, 보기만 해도 구역질이 나. 한 놈만 들어와도 여기가 금세 새까맣게 어두워질 거야"(133)라고 비웃는 한 일본인의 말에 켄지는 백인 중심의 인종차별적 폭력의 논리가 소수자들의 공동체에서도 재생산된다는 사실을 목격한다. 일본인 스스로가 둘러친, "눈에 보이지는 않지만" 존재하는 "울타리"는 다른 소수 인종에 대한 일본인의 차별과 분리를 의미하며, 그것은 2차 대전 당시 일본인에 대한 백인의 인종탄압의 반복인 동시에 앞으로 그들에게 되돌아 와 "다치게 할"(164) 부메랑인 것이다.

이렇게 다인종의 미국 사회가 인종 간의 계층적 억압에 의해 분열되는 것을 목격하는 켄지는 이치로에게 '다르므로 분리된' 세계가 아니라 '다르지만 공존하는,' "그냥 사람이 사는"(165) 세상을 제안한다. 『노-노 보이』의 첫 부분에서 잭슨 스트리트의 이질성을 하위계층의 속성으로 혐오하던 이치로는 그 이질성이야말로 미국의 본질이며, "증오와 편견과 전쟁과 불행"을 일으키는 인종간의 "계급과 차별"(157)은 사실상 그 본질에 위배되는, 동질성에 대한 환상임을 인지한다. 아폴로 아모코(Apollo Amoko)가 「탄력적 상상력: 『노-노 보이』, 『오바상』 그리고 마이너리티 담론의 한계("Resilient Imagi Nations: *No-no Boy, Obasan* and the limits of minority discourse")」에서 국가가 주도하는 동질화 과정은 구성원들의 사회적, 문화적 차이를 생략하는 것에 다름 아니라고 비판한 것도 같은 맥락이라 하겠다(Amoko 35).

역사의식과 더불어 미국성에 대한 인식의 전환을 한 이치로는 항상 떠나고 싶어 했던 그의 고향 시애틀로 귀환한다. 그의 귀환은 "인종차별로 인한 실패한 개인의 귀환"(Ling 360)이라기보다 '미국을 자신의 영토로 주장하는,' 국가 의식의 발로로 봄이 적절하다.

> 한 밤중에 한 뼘 콘크리트 길 위를 활보하면서 나는 많은 사람들과 많은 것들을 기억한다. 미국이라는 국가의 일부인 나라, 나라의 일부인 주, 주의 일부인 도시, 도시의 일부인 보도, 보도의 일부인 한 뼘 길 위를 활보하면서.
>
> I remember a lot of people and a lot of things now as I walk confidently through the night over a small span of concrete which is part of the sidewalks which are part of the city which is part of the state and the country and the nation that is America. (『노-노 보이』 34)

여기 나타난 바처럼 "한 뼘 콘크리트 길"이 난 시애틀은 이치로에게 자신과 가족, 그리고 일본인 이민자들의 삶의 역사가 기록된 미국 국가의 환유이다. 시애틀을 탈출함으로써 역사적인 짐으로부터 벗어나려던 이치로는 시애틀과 대항적 위치에 있는 두 유토피아를 거절하고 시애틀로 돌아간다. 『노-노 보이』에서 두 유토피아로 설정된 에미의 시애틀 근교 농장과 캐릭의 포틀랜드는 불안과 소외의 시애틀과 달리 안전과 유대를 보장한다. 에미의 농장이 "폭주하는 차도, 시끄럽게 하는 사람도 없는", "조용하고, 평화롭고, 깨끗하고, 신선하고, 멋진 곳"(95) 이라면 캐릭의 포틀랜드는 이치로에게 직업과 집을 제공하는 기회의 땅이다. 하지만 이치로는 "나는 여기 살지 않는다. 여기 속해 있지 않다. 이곳은 저기와 같지 않다"(97)라고 소속감의 부재를 확인하며 두 유토피아를 거절한다. 여기서 안전과 유대가 있는 "이곳"이 불안과 소외의 "저기"를 대체할 수 없음은 자신의 존재 의미가 개인과 공동체의 역사의 양피지인 "저기"를 벗어남으로서가 아니라 그것을 토양으로 육성된다는 점을 시사하고 있는 것이다.

귀환하는 이치로가 "나는 *여기*[5] 머물고 싶다. 일할 수 있고 먹을 수 있고 때때로 좀 웃을 수 있는 곳을 찾고 싶다"(195)에서 밝힌 정착에 대한 강한 희망은 도시 오디세이를 통해 정신적 자유를 얻었으며 그럼으로써 미국을 자신의 '집'으로 주장하는, 욕망하는 주체로 거듭남을 보여 준다. 이 점에 대해서 진 소콜로우스키는 "신성한 시민권"(90)이라는 용어로 이치로의 심리적 회복을 설명하고 있다. 일반적인 시민의 권리와 자유가 국가에 의해 손상되면서 공포감, 의심, 화, 그리고 자신과 국가 둘 다에 대해 분노를 일으키는 바로 파열의 순간에 신성한 시민권은 그 모습을 명백히 드러내며 치유와 재건을 통해 회복된다고 하는데, 이치로의 주장은 바로 치유를 통한 시민권의 복원을 의미하는 것이다.

태어나고 자라난 고향이지만 정치적 · 사회적인 상황에 의해 사람들로부터 배척당하고 그 스스로도 벗어나려던 소외와 황량함의 도시 시애틀은 이치로가 자신과 세상에 대해 새로운 인식을 하면서부터 이전과 다른 공간으로 태어난다.

> 시애틀 외부 사람들이 항상 시애틀에 대해 하는 말—진짜로는 젖지 않으면서 젖어 있고 도시 전체가 흐릿한 회색빛 엷은 안개에 싸여 있는 것 같은 그런 아침이었다. 얼굴 피부에 와 닿아 느껴지는, 잎사귀 위에 이슬이 맺혀 있듯, 우비에 매달려 있는 미세하게 얼룩진 분무 같은 비가 내렸다. 4도 가량 되는 냉습한 공기가 외투에 스며들어 속옷을 뚫고 들어가 피부 전체에서 온기를 앗아갔다.

> It was the sort of morning that non-Seattleites are always ascribing to Seattle—wet without being really wet and the whole city enveloped in a

5) 필자가 강조한 것임.

kind of dull, grayish, thin fog. The rain was there, a finely speckled spray which one felt against the skin of one's face and which clung to water-resistant garments like dew on a leaf. The temperature was around forty and the clammy chill of the air seeped through the outer-coats and past the undergarments and sucked the warmth from the very skin. (215)

미국 주류 사회와 자신의 공동체로부터 이중으로 배제된 이치로의 절망적이고 우울한 심리상태를 상징하는 것 같은 냉습한 시애틀의 풍경은 그러나 자신과 세상에 대해 새롭게 인식하는 이치로에게 이제 더 이상 암울하고 황량한 곳이 아니다. 출옥한 후 처음 시애틀에 발을 내딛을 때 보았던 시계탑은 더 이상 "더러운"(4) 시계탑이 아니며, 비가 오고 난 이후의 시애틀은 "햇빛이 가득한," "기대치 않았던 선함으로 가득한 곳", 그러므로 "모든 종류의 사람들을 위한 공간, 심지어 자신과 같은 사람에게도 공간을 제공하는"(232), 기회와 축복의 장소이다.

결국 이치로는 주권에 대한 수호와 자신의 죽음을 맞바꾼 친구 겐시의 딜레마를 통해, 캐릭 씨처럼 백인이지만 인종적 분리를 인정하지 않는 박애주의자와의 만남을 통해, 에미처럼 전쟁의 상처를 안고 있지만 희망을 잃지 않은 사람들을 통해, 다른 소수자들과이 접촉과 연대를 통해 자신의 고향인 시애틀의 잭슨 스트리트를 궁극적인 '집'으로 수용하며 그곳에 새겨진 일본계 미국인의 역사에 새로운 가치를 부여한다. 물질 중심적이고 인종차별적인 사회에서도 인간에 대한 깊은 신뢰와 이해를 보여주는 사람들과의 접촉을 통해 이치로는 국가와 자신, 그리고 증오하던 가족에 대해서 이전과 다른 인식을 하게 된다. 과거란 자신의 의지와 상관없이 자신과 연결되어 있으며 그것을 부정하고 혐오하는 것은 곧 자신을 부정하고 혐오하는 것과 같다는 사실을 인식한 이치로는 수치스럽게 여기던 부모와 그들의 과거, 그리고 자신의 노-노 보이로서의 과거를 수용하고자 한다. 그럼으로써 그는 행위주체의 자유를 지닌 일본계 '미국인'으로 거듭나는 것이다.

4. 게토와 하위문화 너머로

이와 같이 『노-노 보이』는 '온전한 정체성'과 '적절한 집'을 찾는 이민 후손들의 여정을 다루고 있으며 도시는 그 여정의 대응물로 설정되어 있다. 『노-노 보이』에서 시애틀은 강제 억류의 트라우마를 가진 이치로가 미국 시민권을 당당하게 요구하는 주체로 거듭나는 데 있어 궁극적으로 그 기회를 제공하는 공간으로 그려져 있다. 이치로가 발견한 미국의 도시성은 이질성, 유동성, 비개인성으로서 그 특징은 계층적인 차별과 소외의 원인이 되지만 한편 개인의 발전과 자유의 토양이 되는, 양면성을 지니고 있는 것이다.

이러한 개인의 정체성에 미치는 영향 외에도 도시는 아시아계 미국인들에게 다른 소수 인종과의 만남을 통해 제 3의 혼성적인 문화를 창출하는 복합적인 문화 공간임을 보여 준다. 현재 국제 구역으로 불리는 『노-노 보이』의 잭슨 스트리트와 그 인접 지역은 미국 내에서도 유례를 찾기 힘들 만큼 다민족들의 다양성과 차이가 새로운 문화 창조의 힘으로 작용한 경우라 고 할 수 있다. 시애틀 다운타운의 킹 스트리트(King Street)에서 차이나타운으로 시작된 국제 구역은 저팬 타운이 있는 잭슨 스트리트, '리틀 사이공'(Little Saigon)으로 불리는 레인 스트리트(Lane Street), 디어본 스트리트(Dearborn Street) 등을 포함하여 1970년대에 미국 내에서 유일하게 아시아계 미국 이웃 공동체로 자리 잡았다. 인구의 56%가 아시아계 이지만 흑인(15%), 백인(15%), 그 외 히스패닉/라틴계(5%)가 함께 하는 이 지역은 1987년 연방 정부로부터 '시애틀 차이나타운 역사 지역'(Seattle Chinatown Historic District)으로 인정받았으며 1999년 '차이나타운-국제 지역 전략 계획'을 시 의회로부터 인가받을 만큼 영향력이 큰 공동체로 자리매김 되었다. (http: // en.wikipedia.org / wiki / International_District,_Seattle 참조).

차이나타운을 국제 구역으로 이름 바꾼 것에도 함축되어 있듯이 『노-노 보이』의 잭슨 스트리트와 킹 스트리트를 포함한 주변 지역은 소수자들이 군집한 비루한 게토를 넘어서 국제적인 문화 공간으로 탈바꿈했다. 물론 그 원동력은 이치로가 결핍으로 느끼던 사회적 소수자들, 이른바 "검둥이들과 유태인들, 멕시코 인들, 중국인들, 또 너무 작고 너무 비대하고 너무 추한"(『노-노 보이』 6) 타자들이 규합해서 만든 전복적인 힘이라고 말할 수 있다. 2차 대전의 트라우마를 버텨낸 그들은 미국 내 유일한 소수자 공동체인 국제 구역을 만들었고, 그 국제 구역은 아시아 식품 뿐만 아니라 다양한 종류의 아시아 문화와 교육 자료까지 제공하는, 다목적 슈퍼마켓 우와지마야(Uwajimaya) 같은 국제적 경쟁력을 지닌 상권을 형성해 냈을 뿐 아니라 도시인들의 공동 정원인 데니 우 국제 구역 공동체 정원(Danny Woo International District Community Garden) 같은 독특한 형태의 문화 공간을 창출해 온 것이다.

이와 같이 정치, 경제, 문화 다방면에서 미국 주류 사회의 대응 담론이 될 수 있는 시애틀의 국제 구역은 소수자의 전복적인 힘, 즉 이치로가 무의식적으로 내뱉은 '축제'라는 단어에 내포된 이질성이 지닌 생성의 힘이 구현된 것이라고 할 수 있다. 그것은 현대 도시의 다양성이 주류 사회 "바깥"에 위치하는 타자를 양산했고, 그 타자가 내부로부터 도시를 전복시키는 디오니소스적 힘을 발휘한다고 본 레한(Lehan)의 견해와 같은 맥락이다(Lehan 8). 이치로가 수없이 탈출을 꿈꾸면서도 마지막 정착을 결심한 시애틀의 잭슨 스트리트가 다인종 다문화의 국제 구역으로 탈바꿈했듯이, 도시는 아시아계 미국인들에게 생존의 거류지일 뿐 아니라 그들의 타자성을 복합적인 제3의 문화로 창조하는 카니발적 공간의 기능을 한 것이다.

참고문헌

김애주 외. 『아시아계 미국문학의 길잡이』. 서울 : 한국문화사, 2003.

Amoko, Apollo O. "Resilient Imaginations: *No-No Boy, Obasan* and the limits of minority discourse." *Mosaic* 33.3 (2000): 35-56.

Bakhtin, M. M. *Problems of Dostoevsky's Poetics*. Ed. Caryl Emerson. Minneapolis: University of Minnesota Press, 1984.

Ganim, John M. "Cities of Words: Recent Studies on Urbanism and Literature." *Modern Language Quarterly* 63.3 (2002): 365-382.

Gribben, Bryn. "The Mother That Won't Reflect Back: Situating Psychoanalysis and the Japanese Mother in *No-No Boy*." *MELUS* 28.2 (2003): 31-46.

Jameson, Fredrick. "Modernism and Imperialism." *Nationalism Colonialism and Literature*. Introduction. Seamus Deane. Minneapolis: U of Minnesota P, 1990, 43-66.

Kim, Daniel Y. "Once More, with Feeling: Cold War Masculinity and the Sentiment of Patriotism in John Okada's *No-No Boy*." *Criticism* 47.1(2005): 65-83.

Lehan, Richard. *The City in Literature: An Intellectual and Cultural History*. Berkeley: University of California Press, 1998.

Ling, Jinqi. "Race, Power, and Cultural Politics in John Okada's *No-No*

Boy." *American Literature* 67.2(1995): 359-381.

McNamara, Kevin R. *Urban Verbs*. Stanford: Stanford UP, 1996.

Okada, John. *No-No Boy*. Seattle: University of Washington, 1976.

Sakai, Naoki. "Two Negations: Fear of Being Excluded and the Logic of Self-Esteem." *Novel* (2004): 229-257.

Sokolowski, Jeanne. "Internment and Post-War Japanese American Literature: Toward a Theory of Divine Citizenship." *MELUS* 34.1 (2009): 69-93.

Yogi, Stan. ""You had to be one or the other": Oppositions and Reconciliation in John Okada's *No-No Boy*." *MELUS* 21.2 (1996): 63-77.

Wirth-Nesher, Hana. *City Codes: Reading the Modern Urban Novel*. New York: Cambridge UP, 1996.

전유의 도시학과
『하늘과 땅이 장소를 바꾸었을 때』

1. 르 리 헤이슬립의 삶과 문학, 그리고 『하늘과 땅이 장소를 바꾸었을 때』

르 리 헤이슬립은 다양한 삶을 산 작가다. 한 때 베트콩 스파이로 활약했던 그녀는 십대에 먹고 잘 곳을 찾아 남의 집 가정부로 일했으며 미군 부대 근처에서 마약 암거래를 하였고 싱글 맘으로 살았다. 10대 말 미국으로 건너 간 그녀는 조국에서 겪었던 베트남 전쟁의 실상을 글로 알리기 위해 작가가 되었고 전쟁의 후유증을 치유할 재단을 설립하여 사회 운동가로 활약했다. 그녀의 이와 같은 다양한 삶은 굴곡진 베트남 현대사가 베트남인들에 미친 영향을 고스란히 반영한다.

전쟁의 비극을 알리는 대변자인 동시에 평화의 메신저이기도 한 르 리 헤이슬립은 자서전을 통해 자신의 삶을 거의 그대로 재현한다. 『하늘과 땅이 장소를 바꾸었을 때(*When Heaven and Earth Changed Places*)』의 화자인 르 리는 베트남 중부 해안에 위치한 키라(Ky La) 마을 농가의 여섯 번째 아이로 태어났다. 부모로부터 자신의 삶 전체를 관통하는 소중한 가치를 배웠는데 아버지로부터 배운 불교 철학과 어머니로부터 배운 가족애가 그것이다. 아버지 트롱

(Trong)은 딸에게 불교의 카르마 철학을 가르쳤는데 그것은 그녀가 전쟁의 참상을 이해하는데 큰 도움이 되었다. 어머니 후옌(Huyen)이 가르친 가족의 사랑과 우애는 그녀의 고통스런 삶을 지탱해 준 든든한 주춧돌이었다. 베트남 중부에 위치한 키 라 마을 사람들은 북측 베트콩과 남측 공화군 양측에 다 공조해야 하는 아슬아슬한 줄다리기의 삶을 살아야 했다. 그 와중에 헤이슬립의 가족 내에서도 남과 북으로 편이 갈렸다. 그녀의 오빠들이 남과 북으로 갈라섰듯이 많은 키 라 마을 사람들은 전쟁 중 가족 간에 편을 갈랐다. 민족주의적인 이데올로기를 주창한 베트콩에 공조하여 그들을 은밀하게 도왔던 키 라 마을사람들은 그러나 점점 시간이 흐르면서 베트콩의 가혹한 폭력에 못 이겨 그들에게 등을 돌리고 도시로 흩어졌다.

아버지만 고향에 남긴 채 어머니와 함께 사이공으로 간 헤이슬립은 온갖 궂은일을 다하며 살기 위해 발버둥을 쳤다. 부유한 상인의 집에서 하녀 일을 하다 10대 미혼모가 된 그녀는 그 후 미군 부대 근처를 떠돌며 마약이나 생필품을 팔아 생계를 유지하며 아이를 키웠다. 전쟁 통에서 무수히 많은 절박한 경험을 한 헤이슬립은 전쟁에 대해 처음과 다른 생각을 하게 되었다. 베트남 미국 전쟁이 조국 베트남을 외압으로부터 지켜내기 위한 위대한 전쟁이라고 믿었던 그녀는 어린 나이에 베트콩으로부터 강간을 당하고 10대 미혼모가 되어 사회에서 버림받자 전쟁이란 적군 뿐 아니라 국민들까지도 희생양으로 삼는 무자비한 광란이라고 인식하게 된 것이다. 이러한 인식을 하면서 그녀는 전쟁터를 떠나 미국으로 가겠다는 욕망을 키웠고 그 목적을 달성하기 위해 병원과 GI 바에서 닥치는 대로 일을 하며 돈을 모았다. 그 과정에서 자연스럽게 미국 남자들과 만나게 된 그녀는 마침내 나이 지긋한 미국 엔지니어를 만나 결혼하고 미국으로 갔다.

『하늘과 땅이 장소를 바꾸었을 때』의 배경처럼 헤이슬립은 1986년 조국을 방문하게 되는데 이것은 1980년대에 들어와 베트남 공산당이 해외 거주 베트남인들의 모국 방문을 허락했기 때문이다. 전쟁을 피해 조국을 떠난 사람들을 국가에 등을 진 배신자라고 비난하던 베트남 정부가 그들에게 자유롭게 출입할 수 있는 문을 열어준 것은 그들로부터 경제적인 원조와 국가 홍보 사절단의 역할을 기대했기 때문이다. 헤이슬립도 1986년 고국 방문을 한 이후 비영리단체인 동서양 만남 재단(East Meet West Foundation)을 만들어 베트남을 지원하는 데 전력을 다 하고 있다. 베트남에 여러 병원을 설립하고 운영하면서 기금을 모으고 있는 그녀는 책에서도 밝히고 있듯이 재단의 설립 목적을 전쟁의 상처를 치유하고 복수의 악순환을 끊기 위해서라고 하였다. 궁극적으로 우리 모두가 해야 할 일은 인간성의 회복을 위해 의무를 다해야 한다고 주장하는 그녀는 『하늘과 땅이 장소를 바꾸었을 때』를 쓴 목적도 인간성의 회복을 위해 전쟁의 참상을 알리고 화합을 촉구하는 "계몽의 노래"(『하늘과 땅』 367)라고 한 바 있다.

헤이슬립의 자서전 『하늘과 땅이 장소를 바꾸었을 때』는 베트남 전쟁터에서 생존하여 미국으로 건너갔다가 전쟁의 상처를 치유하기 위해 귀환한 작가의 삶을 거의 그대로 재현한다. 헤이슬립의 두 번째 작품 『전쟁의 아이, 평화의 여인(*Child of War, Woman of Peace*)』과 달리 전적으로 베트남을 배경으로 한 『하늘과 땅이 장소를 바꾸었을 때』는 미국으로 가기 전 10대의 헤이슬립의 삶과 16년 간 미국에서 생활한 후 1986년 귀환한 그녀가 베트남에서 가족들과 재회하는 장면을 중첩해서 그리고 있다. 미국 이민 생활이 공백 상태로 남아 있는 대신 베트남의 과거와 현재에 초점을 맞춘 이 작품은 베트남계 미국인의 정체성 문제보다 오히려 디아스포라 이전 베트남에서 경험한 전쟁과 전쟁이 남긴 함축적인 의미를 탐색하는 독특한 형태의 아시아계 미국문학이다.

16년간의 미국 생활은 헤이슬립의 질곡으로 가득한 베트남의 삶을 객관적으로 볼 수 있는 힘을 부여하며 그 객관적인 조망으로 인해 그녀는 동서만남재단 같은 전쟁의 후유증을 치유할 재단을 설립하는 데 기여하게 된다. 이러한 객관화된 시각을 통해 헤이슬립이 관조하는 과거 베트남의 경험은 중간지대에 처한 베트남인들의 생존의 기록이다. 남과 북이 피비린내 나는 동족상쟁을 벌인 베트남 내전은 미국과 러시아 강대국들의 군사적, 경제적, 정치적 각축장으로 확대되었으며 이미 프랑스의 식민지 전력을 가지고 있던 베트남인들은 그 과정에서 극심한 내부 분열과 갈등을 경험하게 된다. 남측의 공화주의 정권과 북측의 공산당 정권으로 분단된 베트남은 자본주의와 공산주의, 진보와 보수 등의 이념적, 군사적 분열뿐 아니라 빈자와 부자, 시골과 도시, 불교와 카톨릭의 계층적, 지역적, 종교적인 분열을 가져왔다.

이와 같이 전쟁으로 인해 총체적인 분열에 처한 베트남인들은 "우리는 중간지대에 존재하는 사람들이다"(『하늘과 땅』 xv)라는 말로 그들의 존재론적 실상을 함축한다. 전쟁은 베트남을 온갖 종류의 대항적 요소들이 지배하는 경계지역으로 만들었으며, 그 경계지역에서 살아남기 위해 사람들이 고안한 생존 전략이 곧 중간지대의 위치성인 것이다. 『하늘과 땅이 장소를 바꾸었을 때』의 작가이자 작품의 화자인 르 리의 고향 키 라는 이러한 중간지대의 알레고리이며 생존 전략의 집행지이다. 베트남 중부 다낭(Danang) 근처의 작은 마을인 키 라는 그 지역성 때문에 마을 사람들은 전쟁을 일으킨 양측을 위해 다 싸워야 했다. 키 라 사람들은 낮에는 남부 공화군의 통치를 받았고 밤에는 북 베트남의 지원을 받는 베트콩으로부터 지배를 받았다. 르 리의 큰오빠가 북 베트남을 위해, 작은 오빠는 남측을 위해 싸웠듯이 가족 내에서도 남북으로 갈라서야 했던 상황에서 베트남 사람들, 특히 시골사람들은 생존을 위한 복잡한 이중 전략을 구사한다. 낮에는 남부군에 협조하고 밤에는 베트콩에 협조하는 이중성을 보이면서도 실질적으로는 베트콩의 민족주의 이념을 신봉하는 그들은 땅굴을 파고 비밀 조직을 만들어 은밀히 베트콩을 위해 싸우는 복합적인 전략을 발전시킨 것이다.

하지만 헤이슬립은 베트남 여성의 위치를 이러한 생존 전략의 네트워크에서 배제된 것으로 그리고 있으며 따라서 여성이 처한 경계지역과 생존 전략은 젠더의 차이에 의해 더욱 복잡하게 뒤얽혀 있음을 보여 준다. 르 리는 여느 마을사람들과 마찬가지로 남과 북에 동시에 협조하면서도 실제로는 베트콩 편에서 전쟁을 치르지만 베트콩에 대한 충성은 여성의 몸을 희생시켜야 하는 아이러니컬한 상황에 처하게 된다. 베트콩에게 강간을 당한 르 리가 공동체로부터 추방당하는 것은 제국주의 전쟁의 이데올로기와 가부장적 권력이 가장 첨예하게 충돌하며 집행되는 지점이 바로 여성의 몸이라는 사실을 말해 준다.

『하늘과 땅이 장소를 바꾸었을 때』에서 재현된 여성의 몸[6]은 남성

6) 리사 로우(Lisa Lowe)는 『이민법(*Immigrant Acts*)』에서 제3세계 여성의 잉여가치를 추상적인 영역의 "노동"으로서뿐 아니라 몸을 "조종"함으로써 이루어진다고 말한다. (154)

의 욕망과 자본주의의 효용 가치에 의해 강간, 매춘, 노동 착취와 같은 신체적 유린이 일어나는 현장이다. 베트콩에게 강간을 당하고 마을에서 추방된 르 리가 다낭이나 사이공 같은 도시에서 할 수 있는 경제 활동은 부유한 베트남 상인의 하녀, 혹은 미군을 상대로 한 매춘이거나 술집과 병원에서 저임금으로 일을 하는 것이다. 르 리는 이와 같이 경제적, 계급적, 인종적, 성적으로 최저 위치에 처하는 제3세계 서발턴(subaltern) 여성을 대변한다. 그러나 『하늘과 땅이 장소를 바꾸었을 때』에서 헤이슬립은 르 리를 제3세계 서발턴 여성으로부터 구출하여 경제적 독립과 가정적 안정, 나아가 공동체 의식을 획득한 제1세계 시민으로 변형시킴으로써 성공한 오디세이로 그리고 있다.

『하늘과 땅이 장소를 바꾸었을 때』에 대한 평가는 미국 독자와 베트남 독자가 전혀 다른 반응을 보이고 있지만[7] 르 리의 변신에 관해서는 대부분 우호적인 해석을 한다. 레슬리 보우(Leslie Bow)는 르 리의 행위 주체의 자유를 성적 효능의 상품가치를 활용할 줄 아는 능력 때문으로 보며 그러한 생존 전략을 통해 그녀는 희생자가 됨을 거부한 것이라고 평가한다(131). 한편 서발턴 작가가 경험한 권력의 집행에 주목하는 쿠안 만 하(Quan Manh Ha)는 성과 권력의 불가분의 관계에서 여성이 성 권력의 희생자임을 비판하면서도 궁극적으로 이 작품이 전달하고자 하는 것은 "모두가 위계질서의 희생자"(14)라는 확장된 시선이라고 평가한다.

7) 『뉴욕 타임즈 서평(*New York Times Book Review*)』 등 미국 비평가들은 "이 책의 극적인 힘, 비극과 생존 그리고 구원의 이야기, 특정한 베트남 사람의 경험에 대한 통찰력을 칭찬했다." 반면 베트남계 미국인의 반응은 "베트콩과의 관련성과 매춘, 그녀의 자기선전, 베트남의 인권 유린에 대한 비판을 꺼려한 점" 등으로 인해 우호적이지 않았다. (『아시아계 미국문학의 길잡이』 78)

필자도 『하늘과 땅이 장소를 바꾸었을 때』가 베트남 서발턴 여성의 희생을 그리고 있다기보다 행위 주체자로서 탈바꿈하는 과정을 그린 여성 오디세이이며, 그 과정에서 여성성(female sexuality)은 생존을 위한 최대 효용가치로 전유화되고 있다고 본다. 한편 필자는 여성성의 전유화가 일어난 결정적인 배경이 베트남 전쟁 전후로 형성된 도시와 그 공간의 젠더화에 있음에 주목한다. 다시 말해서 가부장적 제국주의 전쟁 담론에서 제3세계 서발턴 여성이 몸의 정치학을 통해 행위 주체의 자유를 획득하게 된 배경에는 도시라는 공간이 지닌 속성과 밀접하게 연계되어 있다고 본 것이다. 여성의 몸의 정치성을 도시의 속성과 연계시키는 이와 같은 읽기는 개인의 삶과 인식의 변환이 공간과의 상호작용 속에서 일어나는 포괄적 과정임을 찾아보려는 시도이다.

2. 전쟁과 여성의 몸

『하늘과 땅이 장소를 바꾸었을 때』를 관통하는 중심축은 "더러운 전쟁"(『하늘과 땅』 143)인 베트남-미국 전쟁이며 작품을 구성하는 과거와 현재는 그 축에서 파생된 현상들이다. 미국 역사상 가장 긴 전쟁이며 전례 없이 미국의 패배로 끝난 이 전쟁은 미국과 참전 미군들에게도 편집증적 공포를 남겼지만 베트남인들에게는 '하늘과 땅이 장소를 바꾸는,' 삶의 현장이 송두리째 전도되는 혼돈과 경악의 사건으로 기록된다. 대부분의 아시아 국가들이 그러하듯이 베트남도 근대화 과정에서 서구 강대국의 지배를 받았으며 미국과의 전쟁은 그 식민지 정책의 후유증이 낳은 최정점의 사건이다. 전무후무한 군사력을 동원하여 베트남 국토를 초토화시킨 베트남-미국 전쟁은 19세기 말부터 시작된 프랑스 식민지와 일본 침략 등 제국주의 식민 정책이 베트남에 가져온 극심한 내부 분열의 집약인 것이다.

1946년 베트남과 프랑스 간에 전면전을 벌인 1차 인도차이나 전쟁으로 1954년 프랑스가 물러났지만 제네바 회담에서 북부 호치민(Ho Chi Minh) 공산정부와 남부 고 딘 디엠(Ngo Dinh Diem) 정부로 정식 분할되었다. 소련과 미국이 각각 지원하는 양측은 이후 토지 개혁 프로그램이나 정치, 종교 탄압으로 수많은 국민을 죽음에 이르게 했고, 급기야 2차 인도차이나 전쟁을 일으켰다. 1954년부터 1975년까지 거의 20년에 이르는 베트남 전쟁에서 미국은 막강한 군사력과 군수 물자를 대량 투입했지만 결국 1973년 베트남에서 철수하였다. 1975년 남부군이 북측에 항복하면서 베트남은 공산주의 국가로 통일되었지만 남부인에 대한 탄압으로 수많은 사람이 조국을 탈출했고 남부 자본주의가 붕괴하면서 베트남은 극심한 경제난에 허덕이게 되었다. 1980년대 들어 실용주의를 수용하면서 소련으로부터 경제적, 군사적 원조를 받았으며 1986년에는 지도자 응웬 반 린(Nguyen Van Linh)이 정치·경제를 회복시키기 위한 목적으로 재교육 프로그램을 시행하였다.

『하늘과 땅이 장소를 바꾸었을 때』는 베트남 전쟁이 한창이던 1960년대로부터 경제적 궁핍과 정치적 탄압이 만연하던 1986년까지의 기록이다. 20세기 중후반 베트남을 둘러싸고 벌어진 강대국의 침략과 국민들 간의 피비린내 나는 내란의 현장, 그리고 전후 10여 년이 지난 베트남의 피폐한 실상을 고스란히 담고 있다. 시골 소녀의 눈에 비친 전쟁은 "천국과 지옥 사이의 사악한 소용돌이"(『하늘과 땅』 200)이며, 전쟁터의 사람들은 "어디로 향할지 길을 잃은 채" "천국과 지옥 사이의 연옥"(56)에 갇힌 존재들이다. 헤이슬립은 르 리의 개인적 경험과 성장과정을 통해 전쟁에 대한 인식이 극적으로 변화됨을 보여 준다. 즉 선과 악, 아군과 적군의 대립의 각축장이자 악에 대한 선의 응징이라고 보던 관점이 모든 존재들이 다 같이 희생되는 고통의 현장이라는 관점으로 변화되는 것이다.

처음 12세 화자로 등장한 어린 소녀 르 리에게 전쟁은 선악의 대립이 분명한 성전과 같다. 그녀의 눈에 남부 공화군과 미군은 막강한 군사력과 풍부한 물질적 자원을 갖추었지만 타락한 집단이며 베트콩은 비록 물리적으로 취약하기 그지없지만 애국심으로 뭉친 선한 집단이다.

> 많은 공화 군들이 소탕작전에서 목숨을 잃었다. 침구, 참호 도구들, 보급 식량들 등 너무 많은 장비들을 가지고 다녔기 때문이다. 시끄럽기도 했고 서툴렀다…. 한편 베트콩은 작고, 민첩했다. 총, 소량의 탄약, 그리고 말린 쌀 조금만 가지고 다녔다…. 정부군은 보트, 비행기, 탱크, 트럭, 대포, 화염방사기, 그리고 독약을 소지하고 베트콩을 추격했다. 베트콩은 손에 쥔 민첩함, 용기, 테러, 그리고 돌처럼 강한 인내심만으로 대항했다.

> Many Republican soldiers were killed on these sweeps because they carried so much equipment—bedding, entrenching tools, and rations—and so were clumsy as well as noisy…. The Viet Cong on the other hand were small, quick, and carried nothing but a weapon, some ammunition, and a little dry rice…. The government came after the Viet Cong with boats, planes, tanks, trucks, artillery, flamethrowers, and poisons, and still the Viet Cong fought back with what they had, which was mostly cleverness, courage, terror, and the patience of the stones. (40-1)

"보트, 비행기, 탱크, 트럭, 대포, 화염 방사기" 등 막강한 군사력을 자랑하는 공화군은 그러나 소탕작전에서도 "너무 많은 침구, 참호 장비, 식량”을 짊어진 까닭에 수없이 죽어간다. 반면 “왜소하고, 재빠르며, 총과 탄약, 그리고 약간의 말린 쌀 외에 아무 것도 소지하지 않은” 베트콩은 보잘 것 없는 전쟁 장비와 궁핍을 무릅쓰고 전쟁에서 살아남는데, 그들의 무기는 “민첩함, 용기, 테러, 돌처럼 견고한 인내심”이다.

어린 르 리는 강력한 군사력의 남부 연합군을 탐욕스러운 사악한 적으로, 베트콩을 정신력으로 무장한 선한 아군으로 이분화하고 있는데, 특히 외국 군인들에 대한 혐오와 적대감은 그들을 동물적인 이미지로 극화하는데 잘 나타나 있다. 베트남 중부에 위치한 지리적 상황 때문에 밤낮없이 양측 군인들의 공격과 감시를 받는 키 라에서 전쟁을 일상사로 겪는 주인공 르 리는 걸음마를 하던 시절부터 프랑스군과 미군의 반복되는 공격으로 마을이 초토화되는 장면을 목격하며 자란다. “악마들이 오고 있다”는 마을 사람들의 고함 소리에 이어 하늘에서 퍼붓는 공중 폭격을 어린 르 리는 “머리가 수없이 많이 달린 거대한 뱀이 큰 소리로 기침을 했다”(3)라고 표현하며 폭격 후 불에 타는 마을을 “뱀 괴물이 수 없이 많은 집에 숨을 내쉬어 집이 죄다 잿더미로 변했다”(4)라고 한다. 남부 연합군이 땅굴 속에 숨어 있는 베트콩을 총공격하는 장면 역시 “미친 듯이 날뛰는 코끼리가 붉은 개미들의 땅 구멍 위를 짓밟고 있다”(68)라는 말로 동물 이미지를 통해 표현하고 있다. 동물적인 은유와 신체적 외양을 통해 권력 관계를 연구한 쿠안 만 하에 따르면 외국 군인을 이렇게 호전적이고 위협적인 동물 이미지로 표현하는 대신 베트콩과 농부들을 왜소한 곤충으로 대조한 것은 무력한 서발턴에 대한 제국의 우월성을 강조하는 동시에 “무력함은 개인의 문제가 아니라 사회적으로 구축되는,”(5) 그러므로 베트남의 무력한 상황을 필연적이고 자연적인 현상으로 표현한 것이라고 해석한다.

남부 공화군과 미군 등을 사악하기 그지없는 동물적인 집단으로 보는 르 리를 비롯한 베트남인들은 베트콩의 승리야말로 국가가 존속할 선의 길이라고 확신한다. “우리는 반드시 뭉쳐서 미 제국에 반대해야 한다. 자유, 독립, 그리고 행복보다 더 좋은 것은 없다” 혹은 “자유란 식민지 지배로부터의 자유다”(『하늘과 땅』 xi) 와 같은 구호에 나타나듯 베트남 사람들은 미국과 그 세력을 등에 업은 남부 공화군을 패배시키고 남북이 통일되는 것만이 풍요와 국가 정체성을 누리는 행복의 지름길이라고 본다.

하지만 북부의 영웅 호치민의 “충실하고, 완벽한 딸”(4)이 되기를 맹세하던 르 리는 13세기 되던 해 아이러니한 전쟁의 소용돌이로 빠져들면서 전쟁에 대해 극적인 시각의 변화를 보인다. 전쟁으로 인해 남과 북이 분단되고 가족들 사이에서도 적과 아군으로 분열되는 상황을 보면서도 여전히 베트콩에 대한 충성이 가족과 국가를 위한 온전한 가치라고 믿던 르 리는 그러나 충성이 배신으로 바뀌고, 믿음이 신체적 훼손으로 돌아오는 전도된 경험을 통해 극도로 가치관의 혼란을 겪는다. 미군과 남측 공화군이 오로지 돈을 벌기위해 파괴를 일삼는 “제국주의자와 그의 추종자”(47)인 반면에 북측 베트콩은 오직 자유와 독립을 위해서 싸우는 구세주로 알았던 르 리는 아이들과 농민들을 전쟁의 도구로 삼는 베트콩에 의해 점점 더 착취되고 억압된다. 낮에 키 라 마을을 장악하던 남부 연합군이 물러난 밤이면 베트콩은 인민재판을 열고, 자아비판을 하게 하며, 의심쩍은 사람들을 조사도 없이 처형한다. 겁에 질린 사람들은 서로를 감시하고 고발하면서 마을 사람들 사이에는 불신의 늪이 깊어진다. 베트콩을 돕다 남부 공화군에 끌려갔다 풀려난 르 리는 베트콩에 의해 배신자로 낙인찍히며 죽음에 이르게 된다. 마을 사람들로부터도 경원시되는 르 리는 죽음 직전에 풀려나지만 베트콩에 의해 강간을 당하게 되며 "나의 더렵혀진 작은 육신이 곧 무덤"(97)이라는 절망에 나타나듯 정신적 죽음에 빠지게 된 것이다. 레슬리 보우가 『하늘과 땅이 장소를 바꾸었을 때』를 가리켜 "전쟁의 지뢰밭이라기보다 성심리 선택(psychosexual choices)의 지뢰밭"(117)이라고 했듯이 이 작품에는 고문, 성적 유린, 강간과 매춘 등 여성의 몸에 가해지는 다양한 형태의 폭력과 그에 따른 심리적 트라우마가 극화되어 있다.

여성과 국가, 페미니즘과 문화적 국가주의와의 갈등은 아시아계 여성 비평가들 사이에서 논의의 초점이 되곤 하는 이슈이다. 킹 콕 정(King-Kok Cheung)은 일본, 한국, 인도 등 아시아 국가에서 뿐만 아니라 미국 내에서도 국가주의가 어떻게 여성의 몸을 놓고 싸움을 벌이는 지에 주목한다(*An Interethnic Companion* 12). 국가주의는 남성성에 대한 여성성의 종속과 균일화를 지향한다는 점에서 식민주의와 유사한 논리를 되풀이한다고 보는 리사 로우도 "국가주의 담론은 모국의 여성성의 형상을 남성 중심의 국가주의 국가 형성의 발달 과정에 종속시킨다"("Unfaithful" 49)고 주장하는데, 이는 여성과 여성의 몸을 "남성 / 여성의 이분화에 위치지우면서 도색화(eroticized), 젠더화(gendered), 순치화(naturalized)"(Nguyen 619) 하는 남성 중심의 국가주의 담론을 비판한 것이다.

국가주의에 내재한 가부장적 폭력을 경험한 르 리는 가치관의 혼란과 절망을 통해 전쟁의 실체란 진실과 허위에 대한 명확한 구분과 가치 부여가 아니라 희생자를 요구하는 탐욕스런 욕망과 전체주의적 배타성임을 깨닫는다. "아무도 진실에는 관심이 없었다. 모든 사람들이 보고자 하는 꼭 같은 "사실들"이 거기 있을 뿐이었다. 그리고 이 전쟁에서 진실이란 진실이라고 믿고 싶은 것, 그것이었다”(『하늘과 땅』 87)에 나타난 바와 같이 그녀는 같은 편이라고 믿었던 베트콩과 마을 사람들 역시 남부 연합군과 다르지 않게, 혹은 그보다 더욱, 탐욕과 배제의 논리에 맹목적으로 갇혀 있음을 직시하게 된다.

> 이 무시무시하고, 끝이 없는, *바보 같은* 전쟁에 가담한 양 측이 다 결국 완벽한 적을 발견했다. 끝없이, 그리고 바보같이, 그들의 희생자가 되기로 동의한 겁에 질린 농촌 소녀가 바로 그 적이었다. 베트남 농부들 전부가 다 태어나서 죽을 때까지 희생자가 되기로 찬성했듯이.

> Both sides in this terrible, endless, *stupid* war had finally found the perfect enemy: a terrified peasant girl who would endlessly and stupidly consent to be their victim— as all Vietnam's peasants had consented to be victims, from creation to the end of time! (97)

전쟁이란 어떤 의미에서 인간의 집단 증오심의 표적이 될 희생자를 좇는 사냥이라고 깨닫는 르 리는 죽음과 같은 절망 속에서 이념과 가치에 천착하는 이상주의 대신 기회와 상황에 편승하는 순응주의자로 탈바꿈하게 된다. “지금부터 나는 가장 센 물살을 따라 흘러가고 가장 잔잔한 순풍에 몸을 맡기기로, 그리고 저항하지 않을 것을 스스로 약속했다. 저항하기 위해서는 신뢰할 뭔가가 있어야 한다”(97)에 나타나듯 그녀는 베트남 조국에 대한 국가주의를 지탱해주던 가치를 상실하고 자발적인 선택을 포기하게 된다. 레슬리 보우는 이 부분을 두고 행위 주체의 자유를 포기함으로써 착취로부터 벗어난 베트남인들의 모순을 투영하고 있다고 지적하면서도 르 리의 이중적이고 모순된 자화상은 그 자체가 자연스런 선택임을 옹호

한다. 즉 "행위 주체의 자유와 선택의 가능성 자체를 무의미하게 만드는 통제할 수 없는 외연적인 사회의 힘"에 부딪힌 개인이 자신의 삶을 위해 취할 수 있는 "전적인 책임"(122)으로 볼 수 있다는 것이다.

3. 젠더화된 도시 오디세이

저항의 몸짓을 포기하고 삶의 물살에 순응하는 르 리의 첫 행보는 도시로의 이주다. 강간을 당하고 사람들로부터 외면당한 13세의 르 리는 퉁(Tung)이라는 이름의 남자와 약혼을 하지만 곧 그는 실종된다. 추방과 궁핍으로부터 벗어나기 위해 르 리는 시골을 떠나 다낭, 사이공 등 도시로 향하게 되며 거기서 그녀는 이전과 다른 생존의 방식을 찾게 된다. 헤이슬립이 재현한 도시는 공동체의 결속과 전통적 가치가 상실된 황무지이며 가부장적 남성 중심의 전쟁이 빚어낸 여성의 성적 상품화가 정점에 달한 젠더화 된 공간이다. 강간과 추방으로 정신적 죽음에 이른 르 리는 이 불모의, 성 도착의 도시에서 불륜, 매춘, 바 걸, 국제결혼 등 여성의 몸을 최대 효용가치로

1968년 베트남 다낭 시가지

상품화하는 방식을 생존 전략으로 터득하게 되는 것이다.

지옥과 같은 키 라 마을을 탈출하여 르 리가 향하는 사이공은 “모든 시골 소녀들의 니르바나의 비전”(『하늘과 땅』 112)을 충족시켜 주는 파라다이스로 보인다. 밤낮으로 반복되는 전쟁으로 테러와 굶주림만이 난무하는 시골 키 라와 달리 사이공은 “멋진 옷을 입고 모터바이크를 요란하게 타고 다니며, 수많은 사람이 수백 개의 다른 방언을 내뱉는 거대한 시민들의 세계”(64)이다. 그 곳은 물질적 풍요지인 동시에 다양성의 공존지역이다. 하지만 실제로 시골에서 상경한 가난하고 무지한 르 리가 접한 도시는 이러한 풍요와 다양성의 공간이 아니라 위협적인 거대한 불모지이다.

> 키 라에서는 운이 좋든 나쁘든 모든 사람들이 우리를 알았다. 우리에게는 땅과 뿌리가 있었고, 주변 사람들 뿐 아니라 조상들과도 관계를 가졌다. 여기서는 바람보다 못한 존재다 우리는. 등에 천 쪼가리를 걸친 부랑자. 살아 있는 사람이 아니라 잠잘 곳도 먹고 살 길도 없는 유령에 불과하다.
>
> In Ky La, good luck or bad, everybody knew us. We had land and roots and a connection with our ancestors as well as the people around us. Here, we were less than the wind—vagabonds with only the clothes on our backs—ghosts who, unlike real people, had no place to sleep or even a way to keep ourselves fed. (115)

전쟁으로 파괴되고 황폐화되었지만 그녀의 상상속 키 라는 “땅과 뿌리 그리고 사람들뿐 아니라 조상들과도 함께 하는” 충족의 공동체인 반면 사이공은 “잠잘 곳도, 먹고 살 길도 없는” 박탈의 장소이다. 이 박탈의 장소에서 르 리와 시골 출신 사람들은 “등에 천 쪼가리를 걸친” “바람보다 못한” “부랑자”로 유령처럼 떠돈다.

도시로 상경한 그들의 거주지 역시 도시 빈민가이거나 중상류층 가정의 협소한 가사 노동 구역에 국한된다. 시골 출신 사람들의 게토인 함 기 스트리트(Ham Nghi Street)에 위치한 르 리의 첫 거주지는 "쓸모없는 가구와 장식으로 꽉 찬 비좁은 아파트"이며 늘상 "더러운 창문으로 이상한 냄새"가 흘러들고 "야릇한 광경이 벌어지는"(115) 역겨운 혼돈성의 지역이다. 여기서는 몰려드는 실향민들 때문에 사람들이 "개처럼 부엌 바닥에서 서로 몸을 웅크린 채 잠을 자야 하고"(116) 하녀로 취직한 상경 소녀들이 "부엌과 방, 간혹 시장에만 갈 수 있는 갇힌"(118) 삶을 살아야 하는, 물질적으로 궁핍하고 계층적으로 억압되는 공간이다. 뿐만 아니라 도시에서는 대대로 지켜 내려오던 가족 사당이 폐기되고 신뢰와 겸양의 가족 고유의 가치가 그 힘을 잃는 상실의 현장이기도 하다. 비록 전쟁으로 집과 농토가 파괴되고 고아와 거지가 득실대지만 르 리의 상상속에 공유와 소속감의 파라다이스로 기억되는 키 라와 달리 도시 사이공은 이와 같이 박탈, 빈곤, 억압과 상실의 디스토피아로 설정되어 있다.

한 걸음 나아가 헤이슬립은 『하늘과 땅이 장소를 바꾸었을 때』에서 도시 사이공을 여성의 성의 물신화와 상품화가 정점에 치달은, 극도로 젠더화된 장소로 그린다. 18세기 독일 여성들의 글쓰기에 나타난 젠더화된 도시 공간을 분석한 다이애나 스포키엔느(Diana Spokiene)는 "(과거) 대부분 물리적 공간은 지배적인 가부장제 문화를 반영하는" "남성성이 약호화된(coded masculine)"(Spokiene 125) 공간이었고 "도시 역시 젠더화되어 있었다"(129)라고 말한다. 여기서 말하는 '젠더화된 공간'이란 젠더 차이에 의해 공간의 영역과 역할이 명확히 구분되어 있음을 가리키는 것이다.

그 구분은 도시를 남성 중심의 이념적이고, 공식적이며 표준적인 활동 영역으로 보는 도시 지형도의 담론의 역사에 뿌리를 둔 것이다. 그런 공간에서 여성은 도시의 가정 영역과 남성의 공공 영역 바깥에 위치 지워진다. 전통적으로 남자가 사회 구조 속에서 여성의 공간을 결정하고, 배치하고, 통제하듯이 도시에서 여성의 영역은 제한되고, 한정되며, 전적으로 내부로 향하게 된다….

It is rooted in a history of discourses on urban topography that view the city as an ideological, official, normative space of male-dominated urban practices. In such a space, women are placed in the domestic realm of the city and outside of the masculine public sphere. As men in society have traditionally determined, allocated, and controlled women's spaces, their spaces in the city have been restricted, limited, and typically interior…. (130)

젠더 차이에 의해 남성과 여성, 공적인 공간과 사적인 공간으로 구분 짓는 공간적 구획은 그들의 역할까지 결정하는데, 여성은 정치 사회 문제나 예술의 영역 등 남성의 공적인 역할에서 배제되어 가사 혹은 가정 내부의 일에 국한된다. 스포키엔느는 도시의 삶에서 불가피한 현상인 매춘(부)의 경우를 예로 들면서, 그것은 "사적인 집을 공공의 여성에게 제공한" 일종의 "분리된 영역의 이데올로기를 훼손한 경우"(127)라고 설명하고 있다. 최근 들어 이러한 영역과 역할에 대한 엄격한 구분이 더 이상 유효하지 않으며 페미니스트 지리학자들의 주장대로 "공공/개인, 남성/여성, 도시/근교의 이분법이 해체되고, 결과적으로 젠더 중립적인 공간"이 되는, 이른바 "복합적이고 다면적인"(131) 공간이 곧 도시임이 분명하다.

하지만 20세기 중반 전쟁에 휩싸인 베트남을 배경으로 한 『하늘과 땅이 장소를 바꾸었을 때』의 도시 공간은 남녀의 영역과 역할에 있어서도 그러하지만 성 권력의 이분화가 절대적이라는 점에서 젠더화되어 있음을 보인다. 우선 사이공의 다음과 같은 풍경은 젠더의 이분화된 영역과 역할을 드러낸다.

> 이러한 사람들이 누구이든지 간에 그들의 도시 생활은 유사한 점이 있었다. 그것은 키 라와 전혀 다르지만 그들 간에는 동일한 것이었다. 남편들은 천한 일을 하느라 항상 시달렸고 너무 바빠서 가족들과 지낼 시간이 없었다. 대신 친구나 군인들과 어울려 도박을 하거나 술을 마시기를 더 좋아했다. 어머니들은 험담에 시달리고 쇼핑하느라 너무 바빠 아이들(모두가 제멋대로인) 걱정을 하지 않았다. 마치 폭군처럼 아내를 때리거나 완전히 무시하는 남편 걱정도 하지 않았다.
>
> No matter who these people were, their life in the city had a certain sameness about it—different from Ky La, but identical to each other. The husbands were always harried and too busy, even with the menial jobs most of them had to, to spend much time with their families, preferring instead to go gambling or drinking with friends and servicemen. The mothers were harried too, and too busy with gossip and shopping to worry about their children (who were all ungovernable anyway) or their husbands—who either beat them like tyrants or ignored them completely. (『하늘과 땅』 116)

시골 키 라에서는 남성과 여성이 함께 가사와 농사일, 가내일과 정치에 참여하고 공동의 담론의 장에 개입함으로써 노동의 영역과 역할에 있어 젠더의 구분이 명확하지 않다. 반면에 도시에서는 가정 일과 바깥 일이 구분되며 그 영역을 담당하는 젠더의 이분화도 확실하다. 위의 인용문이 보여주는 바와 같이 도시의 젠더화에 따른 문제는 두 영역이 상호작용이 없이 차단되어 있고 그에 따라 각 영역의 문화적 퇴락도 가속화된다는 것이다. 더구나 아내에 대한 남편의 폭력과 폄하는 젠더 차이에 따른 차별의 일반화를 명백히 드러낸다.

이러한 젠더 차이에 따른 차별의 보편화가 더욱 부각되는 지점이 바로 성의 영역이다. 르 리가 "말할 수 없는 이상함"(『하늘과 땅』 117)이라고 표현하는 남성의 여성의 성에 대한 객체화는 실향민들의 게토뿐만 아니라 도시의 거리와 직장 등 도시 전역에 걸쳐 발생하는데, 이는 키 라에서 발생한 강간사건과는 대조를 이룬다. 다시 말해서 키 라에서 일어난 베트콩의 강간은 전쟁이란 극한 상황이 만들어 낸 특수한 경우라면 사이공에서 일어나는 성적 유린과 물신화는 도시에 편재한 보편적인 현상으로 나타나는 것이다. 여성의 성에 대한 객체화는 같은 실향민의 또래 소년에 의해, 길거리 부랑자들에 의해, 직장 상사와 미군들에 의해 무수히 반복된다. 르 리보다 먼저 도시인이 된 또래 소년 타이(Thai)의 성적 접근을 거부한 르 리는 거주할 곳을 잃게 되고, 직장 상사의 요구에 저항한 그녀는 실직하게 된다. 『하늘과 땅이 장소를 바꾸었을 때』에서 가장 인간적이며 신뢰할 수 있는 관계로 설정되는 르 리와 주인집 남자인 안(Anh)과의 관계도 그 실체는 무력한 서발턴 여성에 대한 남성적 욕망의 집행이며 그 결과는 미혼모 르 리의 사회적 추방과 고립에 다름 아니다.

"베트남 소녀 노예 상거래"(223)는 이러한 여성성의 물신화와 상품화가 가장 극에 이른 사례이며 그것을 조종하는 요소가 바로 가부장제 남성 중심의 전쟁임을 헤이슬립은 고발한다. "베트남 소녀 노예 상거래"는 전쟁을 피해 도시로 이주한 사골 소녀들을 대상으로 성 매매업자들이 벌이는 인신매매이다. "새 상품"(223)으로 불리는 어린 소녀들이 버스 정류장에 도착하면 중개인들은 직업 알선으로 속이거나 보호를 위장하여 그들을 매매하는데 그들의 고객들은 주로 부패한 관료들이나 성도착 증세를 가진 부자들이다. 이들 소녀들은 베트남 국내뿐 아니라 태국, 싱가포르, 심지어 유럽과 미국에까지 수출되는 것으로 묘사된다. 『하늘과 땅이 장소를 바꾸었을 때』에서 헤이슬립은 이러한 인신매매와 더불어 미군 기지촌을 중심으로 벌어지는 매춘, 미군 병사들의 성 도착적 행위, 성 매매업을 끼고 벌어지는 착취와 파행적 관계 등을 자세하게 그림으로써 자본, 남성의 욕망, 그리고 전쟁이 결탁한 결과가 얼마나 여성의 성과 몸을 물신화하는 지를 적나라하게 폭로한다.

이와 같이 도시는 자본과 권력의 중심에 있는 남성과 그것에 종속된 여성, 남성 욕망의 집행과 여성성의 객체화가 분명히 구획된 젠더화된 공간이다. 인신매매 소녀들과 유사한 위치에 처한 르 리는 마찬가지로 이러한 구조의 덫에 걸려 있다. 그녀 역시 매춘, 바 걸, 국제결혼 등 경제와 계급에서 지배적 위치를 가진 남성의 욕망의 객체로 전락한다. 하지만 그녀는 소녀들과 달리 희생자로서가 아니라 여성의 몸의 효용가치를 최대 활용하는 것이 생존의 방식임을 '인지'하는 능동적인 행위 주체자가 되며 그것은 젠더화된 도시를 전유화 하는 방식으로 이루어진다. 그녀의 도시 전유화는 남성/여성의 이분화된 성적 지배 구조의 '중간 사이(in-between)'를 통해, 두 영역을 이탈하는 동시에 포섭하는 방식으로 나타난다. 매춘이 "사적인 집을 공공의 여성에게 제공한," "분리된 영역의 이데올로기를 훼손한 경우"(Spokiene 127)라고 했듯이 르 리는 젠더에 의한 사적 공간과 공적 공간, 그리고 성 권력의 주체와 객체 등 분리된 영역과 역할의 이데올로기를 훼손하며, 동시에 그것을 유용하면서 행위 주체의 자유를 획득하게 되는 것이다.

중간 사이의 공간은 사회학자 앙리 르페브르(Henri Lefebvre)가 『공간의 생산(*The Production of Space*)』에서 '제3의 공간'이라고 한 영역과 같은 맥락이다. 공간을 세 개념[8]으로 세분화하여 설명하는 르페브르는 세 번째 "재현 공간(representational spaces)"을 "체험된 공간", 이른바 "지배를 받는, 그래서 수동적으로 경험되는" 공간으로 규정하며 거기서는 지배적인 공간인 2번째 '공간 재현'과 달리 "상상이 변화와 전유를 시도하는"(38) 영역이라고 한다. 스포키엔느는 다음과 같은 말로 재현 공간이 갖는 전복적인 힘을 설명한 바 있다.

> 재현 공간에서 사회 위계질서에 대한 저항과 개편의 가능성이 나타난다. 만약 주변화 된 그룹인 홈리스, 근로 빈곤층, 보헤미안, 여성들 등이 자신들의 특수한 상황을 이용하여 사회 규범에 대항을 한다면 말이다.

> In representational spaces, possibilities for resistance and reorganization of social hierarchies may emerge, provided the marginal groups(homeless, the working poor, bohemian, women, etc) take advantage of particular situations and rebel against social norms. (Spokiene 132)

스포키엔느가 18세기 젠더화된 도시 공간에서 주변화된 여성의 변화 가능성을 보여주는 공간으로 예를 든 것이 살롱이다. 공적 영역인 동시에 사적 영역이며 남성들의 공간이면서도 여성이 참여할 수 있었던 중간 사이의 공간인 살롱에서 여성들은 남성 전유의 담

---

8) "공간적 실천(spatial practices)", "공간 재현(representations of space)", "재현된 공간(representational spaces)"이 그것이다. 공간적 실천이란 사회가 변증법적 상호작용 속에 공간을 은닉함으로써 궁극적으로 사회구성원들을 지배하고 전유하는 방식이다. 공간 재현이란 '인지'된 공간으로서 학자들이나 도시 계획자들, 기술 관료들, 일부 예술가들의 공간을 의미한다. 주어진 사회에서 지배적인 공간이다. 재현 공간이란 '체험된' 공간이다. 주민들, 사용자들, 그리고 몇몇 예술가들 등 작가들과 철학자들의 공간이다. 이 공간은 지배를 받는 공간, 즉 상상력으로 변화시키고 전유하려고 시도하는 공간이다. (Lefebvre 37)

론으로 인식된 정치, 예술, 그리고 도시 환경의 삶에 대한 생각과 느낌을 점검하고 소통할 수 있었다고 한다(136). 도시 공간과 여성의 경험을 연구한 마리아 쿠블리츠 크래머(Maria Kublitz-Kramer)도 중간 사이의 공간을 "감각적인 존(sensitive zone)"이라는 말로 설명한다. "감각적인 존"이란 "내부 / 외부의 양극이 전적으로 사라지는" 중간 사이의 공간이며 여기서 "이탈과 돌파가 일어날 수 있다"(Spokiene 재인용 133)라고 크래머는 주장하고 있다.

도시 학자들, 특히 여성 도시 학자들이 말하는 '중간 사이의 공간'은 이와 같이 영역과 역할, 신분과 계층 등에서 엄격한 이분법이 해체되는 곳이며 이동과 이탈을 통한 주변적 존재의 사회적 변환이 가능한 영역이다. 중간 사이의 경계 구역에 대해서는 킹 콕 정이나 일레인 김(Elaine Kim)도 아시아계 미국 여성의 생성의 지대로 언급한 적이 있다. 정은 "세계들 사이(between worlds)"(2)란 말로 이중적 존재, 양가적 문화의 긴장 들을 포함하는 제3의 영역을 밝힌 바가 있으며, 김은 국가와 젠더의 이원 대립을 거부하는 "제3의 영역"이야말로 "개인의 비전과 힘의 근원이 되는"(7) 생성의 공간이라고 말한다.

『하늘과 땅이 장소를 바꾸었을 때』의 경우 중간 사이의 도시 공간은 미군 기지를 중심으로 한 거리와 유흥가, 그리고 주거지역으로 보인다. "미국인들이 일하기에 더욱 편리하게 조성하는"(『하늘과 땅』 169) 이 공간에는 도처에 공사 현장이 널려 있고 호스티스들의 일실형 주거(studio apartment)가 즐비하며 "바, 도박 탁자, 슬롯머신"(295) 그리고 매음굴까지 갖춘 트레일러를 개조한 복합형 유흥업소가 빼곡하게 들어서 있다. 베트남 국가 내 미국 구역인 이 기지촌에서 베트남인들은 적인 미국인들을 위해 건설 현장에 투입되고 "성에 굶주린 미국 병사들"(177)의 거대 성매매 산업에 기생하여 부를 축적하고 생계를 이어 간다. 트레일러를 개조한 클럽에서 매춘이 공공연히 일어나듯 성 매매는 더 이상 매춘부에 국한된 일이 아니다. 르 리의 언니 란(Lan) 같은 일반 여성들도 그들의 일실형 거주지에서 미군들과 난잡한 파티를 벌이고 섹스를 하며 돈을 벌어들인다. 르 리는 언니 란이 집에서 미군들과 성 파티를 벌이는 날이면 으레 담요를 들고 집을 나서 거리 도처에 깔린 노숙자들과 함께 지낸다. 그녀는 "인적이 드물고 궂은 날이면 오히려 밤에 비가 오기를 고대한다. 비가 오면 보통 강간범들, 불량배들, 마구 날 뛰는 군인들이 실내에 머물기 때문이다"(178)라고 하는데 이는 사적 공간인 집과 공공의 영역인 거리가 구분되지 않은 채 상호 침투적인 상황을 말해준다고 할 수 있다.

이와 같이 기지촌은 두 국가가 공존하고 합법과 불법의 경계가 허물어지며 사적인 영역과 공적인 영역의 구분이 해체된 공간이다. 이 공간에서 르 리는 바로 경계 이탈의 중간 사이를 전유화하며 생존 뿐만 아니라 행위 주체의 자유를 획득하게 된다. 우선 그녀는 불법과 합법의 경계를 넘나들며 경제력을 확보한다. 아들 홍(Hung)을 출산한 직후 양육비를 벌기 위해 생활전선에 뛰어드는 르 리에게 가능한 일거리는 미군을 대상으로 "암거래 경제의 네 가지 주 상품인 담배, 술, 비누, 껌,"(184) 그리고 불법 마약 거래로 제한된다. 특히 마약 거래는 아들 홍과 어머니와 함께 기거할 집을 살 수 있을 만큼 큰돈을 벌게 해 준다. 르 리 스스로 "합법적인 도둑질"(187)이라고 말하는 이 상거래는 경찰이나 관료와 결탁된 연쇄적인 먹이 사슬로서 부패한 베트남을 적나라하게 보여주지만 한편 공식적인 경제 활동에 진입할 수 없는 그녀와 같은 계층의 사람들에게는 살아갈 필연적인 방식임이 분명하다.

사회적으로 소외되고 경제적으로 무력했던 미혼모 르 리는 상거래를 통해 자신에게 내재된 경제적 감각을 일깨움으로써 젠더화된 일의 영역과 역할로부터 이탈해간다. 물품 선택과 판매 방식에서 탁월한 능력을 보여주는 그녀는 점점 더 사업에 투신함으로써 흔히 여성의 역할로 알려진 가사와 육아에 매진하는 대신 남성의 영역인 경제 활동을 확대하게 된다. 이 과정에서 어쩔 수 없이 발생하는 아들 홍의 희생에 대해서 르 리는 갈등과 죄책감을 느끼지만 감수할 수밖에 없음을 다음과 같이 토로한다.

> 생활비를 버느라, 위기의 순간과 더 나은 시절을 위해 돈을 모아두느라 장사에 전념했기 때문에 난 집에서 지내는 적이 거의 없었다. 어머니와 내가 잘 보살피지 못해 어린 홍은 전형적인 다낭 거리의 개구쟁이가 되어 갔다. 피부에는 항상 뾰루지가 났고 화를 갈아 앉히느라 모래를 먹는 바람에 배가 임산부처럼 불룩 나왔다. 내 아기 때문에 너무나 마음이 아팠지만 어떻게 해야 할지 몰랐다. 만약 내가 집에 머문다면 우리는 집을 잃고 다시 거리로 나 앉거나 다른 사람들의 자선에 의지할 수밖에 없었다.

> Because I was preoccupied with my business—making money to pay for our needs, saving for emergencies and for better times—I spent very little time at home. Because of our joint neglect, little Hung came to look like a typical Danang street urchin. His skin always suffered from one rash or another and his belly ballooned like a pregnant woman's from eating sand to comfort his feelings. I felt bad for my baby but I didn't know what to do. If I stayed home, we would lose our house and be forced to live again on the street or on the charity of others. (194)

'위기의 순간'과 '보다 나은 시절'을 위해 경제력을 확보해야 하는 르 리는 거의 집을 비우게 되고 욕구불만을 해소하기 위해 모래를 먹는 아들 훙은 임신부처럼 배가 불룩하게 나와 있다. 거리의 아이로 커가는 훙의 '임신부 같이 불룩 나온 배'는 양육의 결핍에 대한 그의 분노이자 르 리의 죄책감의 표식이다. 그러나 "내가 집에 있게 되면 우리는 집을 잃고 또 다시 거리로 나 앉거나 다른 사람들의 자선에 의지할 수밖에 없다"라고 한 말에 함축된 바처럼 경제 활동과 육아라는 상충되는 두 역할을 도맡아야 하는 르 리의 상황은 전쟁으로 과부가 되었거나 미혼모가 된 수많은 베트남 여성이 열악한 삶의 현장을 보여 준다. 그러면서도 부를 축적한 르 리가 미국행을 택하는 것에서 나타나듯 양육과 경제력 활동이란 두 상충되는 역할의 동시 수행은 여성의 잠재력을 발화시키는 동시에 주어진 계층에서 이탈할 자산을 제공한 것이다.

사적인 공간과 공적인 공간, 가정 내의 역할과 공공의 경제활동 등 두 가지 영역을 넘나들고 아우르며 생존의 방식을 추구하는 르 리가 제3세계 서발턴 여성의 위치에서 벗어나 제1세계의 시민으로 전환하는 결정적인 계기는 젠더화된 여성의 몸을 전유화 함으로써 이다. 미 헌병 빅 마이크(Big Mike)에게서 그녀가 두 명의 귀환 미병사들과 성 관계를 하면 거액의 달러를 제공하겠다는 요청을 받은 르 리는 '한 순간의 도덕적 일탈이 가져다 줄 억제할 수 없는 보상'에 갈등한다.

> 목마른 죄수가 물을 바라보듯 나는 화폐를 뚫어지게 쳐다보았다. 400 달러라면 어머니와 훙을 일 년 이상 뒷바라지 할 수 있는 돈이었다. 일 년 사이에 난 좀 나은 직장을 찾아 새 거래를 털 수 있었다. 아니면 마지막 수단으로 탈출할 뇌물을 줄 수도 있는 것이었다. 그 돈을 버는데 땀을 흘릴 필요도 감옥에 갈 위험도 없었다. 지뢰가 터져 몸이 산산조각날 일도 매복하다 죽을 일도 없었다. 그냥 잠시 누워서 이 두 명의 미국 소년

들이 남자가 되게 내버려 두기만 하면 되는 일이었다.

> I stared at the cash the way a thirsty prisoner stares at water. Four hundred dollars would support my mother, and Hung for over a year—a year I could use finding a better job and making connections or, as a last resort, greasing palms for a paid escape. And to make it, I wouldn't even have to work up a sweat or risk going to jail or getting blown up by a mine or blown away in an ambush. Just lie down and let these two American boys be men. (258)

처음 빅 마이크의 제안을 단호하게 거절하던 그녀는 눈앞에 내밀어진 400달러를[9] 목마른 죄수가 물을 탐하듯 바라본다. 수고와 위험을 감수하면서 1년 이상 벌어야 할 거금 400달러를 "그냥 잠시 누워 이 두 명의 미국 소년들이 남자가 되게 내버려 두기만 하면" 얻을 수 있다는 사실은 그녀로 하여금 젠더화된 여성의 몸이 지닌 효용가치에 눈을 뜨게 만든다. 특히 매춘부가 아닌 그녀의 "깨끗한" 몸은 "귀환 선물"(257)로 최고의 효용가치를 가지고 있으며 그것의 활용은 부와 더불어 신분 상승의 기회를 제공한다는 사실도 알게 된다. 두 명의 미군 병사와의 성 거래 이후 그녀는 레드(Red), 짐(Jim), 폴(Paul) 등 미국 군인이나 민간 공사 청부업자들과 관계를 하며 마지막으로 60세의 에드 먼로(Ed Monro)와 국제결혼을 하고 미국으로 향한다.

르 리의 몸의 상품화와 그것으로 인한 신분 상승은 사실 남성 중심의 권력에 전적으로 종속됨을 의미하며 행위 주체의 자유를 포기한다는 점에서 문제적이라고 볼 수 있다. 쿠안 만 하는 권력과 젠더 문제는 전쟁, 정치, 문화에 의해 더욱 복잡해진다고 하면서 가부장제의 여성 작가인 헤이슬립은 은연중 권력에 대해 수용적이고 종

9) 빅 마이크에 따르면 1회 당 공식적인 가격이 5달러인데 반해 르 리에게는 처음에 20달러를 제안하다가 나중에는 400달러까지 치솟는다. (257)

속적인 상상력을 보여주고 있다고 말한다(5). 한편 베트 탄 응우웬은 “인종차별, 식민주의, 성과 계급의 의미가 중첩되는 자리”인 제3세계 여성 헤이슬립의 몸은 테크놀로지와 남성성을 상징하는 미국의 통제 하에 있는 베트남을 가리키는 동시에 “화해를 위한 자원을 제공하는 현장”(628)이라고 말한다. 이러한 해석은 헤이슬립의 몸을 베트남 국가의 상징으로 본 것으로 전쟁과 그 이후 갖게 되는 미국과의 관계를 언급한 것이라 할 수 있다. 그런 맥락에서 본다면 미국 남성들을 대상으로 한 몸의 상품화는 제국주의, 자본주의와 분리될 수 없는 국가 체제에 대한 은유이다. 레슬리 보우도 제3세계 여성의 복잡한 행위 주체의 자유를 언급하며 “여성들의 체계화된 종속과 더불어 억압적이고 결정적인 사회 조건과 협상하는 방식을 동시에 추구하는 개념”(132)이 필요하다고 함으로써 현실과 타협한 재조정된 행위 주체의 자유를 제시한 바 있다.

여성의 몸, 특히 전쟁터에서의 여성의 몸은 남성 중심의 국가주의가 가장 폭력적으로 각인되는 장(場)이라는 점을 감안한다면 르 리의 성 상품화는 생존을 위한 필연적인 선택이라고 할 수 있다. 그러나 그녀는 여기에 머무르지 않고 성 역할에서 남성들의 객체가 아니라 주체가 되며 지배와 피지배의 권력 구도에 대해서도 가해자와 피해자의 이분법이 아니라 전부가 다 희생자라는 확장된 인식을 보인다. 이러한 이분화된 스테레오 타입의 해체를 구현하는 장면이 작달막한 어린 미 병사와의 성 관계 장면이다. 미 병사는 400달러라는 막대한 액수의 몸값을 지불하면서도 르 리에게 육체적, 심리적으로 종속되어 있으며 르 리는 다음 인용문이 말해 주듯 그를 더 이상 권력의 주체로 인식하지 않는다.

> 이 어린 남자, 이 미국인, 이 침략자, 내 나라를 집어 삼키기 위해 게걸스럽게 짐을 잔뜩 지고 온 이 핑크 빛 짐승에게서 눈을 뗄 수 없었다. 내가 가족을 그리워하는 만큼이나 자신의 가족을 그리워하고, 힘든 일을 이겨내고 임무를 마친 지금 치명적이지 않은 마지막 폭발로 자신의 씨를 남기고 고마워하는 이 불쌍하고 슬픈 어린 녀석에게서.
>
> I could not take my eyes off this young man—this American, this invader, this pink beast who had come with his ravenous pack to devour my country; this poor, sad little fellow who missed his family as much as I missed mine and who was just so grateful that he had beaten the odds and finished his tour and had now left his seed in a final, nonlethal explosion. (『하늘과 땅』 260)

관계를 끝낸 후 땀에 흠뻑 절어 안절부절 못하는 미 병사를 보고 그녀는 "내 나라를 집어 삼키기 위해 게걸스럽게 짐을 잔뜩 지고 온" "침략자"가 아닌 향수병에 시달리는 "불쌍하고 슬픈 어린 녀석"으로 인식한다. 이러한 인식의 전환은 스스로를 전쟁의 희생자로 보던 관점에서 벗어나 사실상 모두가 전쟁의 피해자라는 보다 확장된 관점을 지니게 된 결과인 것이다.

르 리의 이러한 변화된 모습은 자신의 상황에 대해 무지하고 무비판적인 베트남 노예 소녀들과 다르며 물질적으로 미군들에게 의존적인 언니 란하고도 비교된다. 포주들에 의해 거래되는 "대부분 이렇게 불쌍하고 무지한 소녀들은 주인이 강간하거나 짐승처럼 폭행하는 데도 그다지 화를 내지 않았으며"(224) 자신의 상황을 필연적인 것으로 받아들이는데 르 리는 "이 소녀들에게 순수란 미덕이 아니라 오히려 감옥이다"(224)라는 말로 그들의 맹목과 무저항을 비판한다. 또한 그녀는 미군들에게 의존하여 손쉽게 생계를 유지하라는 란의 충고에 대해서도 "값싸게 자신을 팔기보다 오히려 힘든 노동으로 행복을 사겠다고”(190) 반박한다. 르 리 역시 “가장 센 물살을 따라 흘러가고 가장 잔잔한 순풍에 몸을 맡기기로”(97) 스스로 약속한 바처럼 결국 매춘 행위를 통해 손쉽게 돈을 벌게 되지만 종속적인 란과 달리 순응하되 주체적이며 편협한 란과 달리 포괄적인 모습을 하게 되는 것이다. 벌어들인 400달러를 땅에 묻는 행위는 그러므로 매춘으로 인한 “르 리의 국가 정체성의 죽음”(Bow 122) 이라고 보기보다 전쟁에 휘말린 모두를 위한 자발적인 애도이자 “보다 문명화된 ‘그 무엇’”(『하늘과 땅』 261)을 향한 희망의 제물인 것이다.

4. 전유의 도시와 행위주체의 자유

『하늘과 땅이 장소를 바꾸었을 때』는 이와 같이 전쟁의 소용돌이에 휩쓸린 베트남 여성의 생존의 기록이자 의식의 변환을 다룬 오디세이이다. 주인공 르 리가 제3세계 서발턴 여성의 억압된 위치로부터 행위 주체의 자유를 지닌 주체자로 변모해가는 오디세이의 과정에서 공간성은 개인의 정체성과 사회적 이데올로기에 영향을 미치는 중요한 기제임을 보여 준다. 르 리를 포함하여 전쟁 상태의 베트남인들이 위치한 공간은 국가, 이념, 가치, 역할 등 다양한 형태의 이분 대립적 양가성이 충돌, 교차되는 중간지대이며 특히 여성의 몸은 온갖 종류의 이데올로기와 가치가 충돌하고 개입하는 상징적인 공간이다.

중간 사이의 공간이 지닌 간극 성을 전유하며 생존하는 르 리는 젠더화된 여성의 몸을 물질화하는 생존의 방식을 표방한다. 남성과 여성의 젠더 차이가 성 역할과 영역의 차이를 만들어내고 그것을 영속화시키지만 『하늘과 땅이 장소를 바꾸었을 때』에서는 그것이 집행되는 동시에 전복되는 이중의 방식을 통해 주변화된 여성에게 생존과 더불어 이탈의 가능성을 제시한다. 도시가 지닌 속성은 바로 이러한 이중적인 행보를 촉진시키는 배경이자 중심 요소로 작용한다. 미국과 베트남의 국가 경계가 상호침투하고 합법과 불법이 공존하며, 공산주의와 자본주의가 교차하는 도시의 중간 사이의 공간은 르 리에게 사적 공간과 공적 공간, 그리고 성 권력의 주체와 객체 등 분리된 영역과 역할의 이데올로기를 훼손하며, 동시에 그것을 유용하면서 행위 주체의 자유를 획득하는 기회를 제공한 것이다. 헤이슬립도 밝히고 있듯이 이 중간 사이의 공간은 "파편과 난민"(198)의 공간만이 아니라 막대한 자원과 자본이 서구로부터 쏟아져 들어오는 물질적 풍요의 길목이며 "부유한 젊은 관리, 공무원들, 전쟁에서 부를 축적한 새로운 계층"(199)이 출현하는 공간이기도 하다. 이 공간은 이전의 가치와 체제를 전복시키는 파괴의 영역이기도 하지만 르 리 같은 사회 주변인들이 신분 상승을 하게 되는 희망의 공간이기도 한 것이다.

르 리의 생존과 행위 주체의 자유가 결국 젠더화된 여성의 몸을 상품화함으로써 이루어진다는 사실은 남성 중심의 가부장제와 성 권력에 대한 종속으로 볼 수 있다. 하지만 작가 헤이슬립이 인터뷰에서 "인간의 생존이 모든 것을 우선 한다"(Cheung, *Words Matter* 110)라고 주장했듯이 전쟁에서 살아남는 것은 이념과 사유의 기준으로 재단할 수 없는 실존의 문제인지도 모른다. 아프리카계 미국 작가인 오드리 로드(Audre Lorde)가 "생존이란 학문적 숙련이 아니다"(Minh-ha 재인용 80)라고 강조한 것도 삶과 죽음이 첨예하게 대립하는 현장 경험의 특수성을 이론의 보편성으로 종속시킬 수 없음을 토로한 것일 것이다. 헤이슬립이 글쓰기를 통해 궁극적으로 하려고 한 것이 전후 그녀가 활동한 동서만남 재단을 통한 평화 운동이라는 사실은 생존이 존재윤리가 된 사람들을 위해 그녀가 바친 헌사의 방식인 것이다.

참고 문헌

김애주 외. 『아시아계 미국문학의 길잡이』. 서울: 한국문화사, 2003.

Bow, Leslie. *Betrayal and Other Acts of Subversion*. Princeton: Princeton UP, 2001.

Cheung, King-Kok. Ed. *An Interethnic Companion to Asian American Literature*. New York: Cambridge UP, 1997.

______. Ed. *Words Matter: Conversations with Asian American Writers*. Honolulu: Hawaii P, 2000.

Ha, Quan Manh. "Power and Gender Relations in *When Heaven and Earth Changed Places*." *An International Journal of the Humanities* 25(2013): 1-18.

Hayslip, Le Ly. *When Heaven and Earth changed places*. New York: Plume, 1989.

Kim, Elaine H. eds. *Writing Self Writing Nation*. Berkeley: Third Woman Press, 1994.

Lefebvre, Henri. *The Production of Space*. Oxford: Blackwell, 1991.

Lowe, Lisa. *Immigrant Acts*. Durham: Duke UP, 1996.

______. "Unfaithful to the Original: The Subject of *Dictee*." Elaine H. Kim. eds. *Writing Self Writing Nation*. Berkeley: Third Woman Press, 1994: 35-65.

Min-ha, Trinh T. *Woman, Native, Other*. Bloomington: Indiana UP, 1989.

Nguyen, Viet Thanh. "Representing Reconciliation: Le Ly Hayslip and the Victimized Body." *Positions* 5.2 (1997): 605-642.

Spokiene, Diana. "Gendered Urban Spaces: Cultural Meditations on the City in Eighteenth-Century German Women's Writing." *Amsterdamer Beitrage Zur Neueren Germanistik* 75 (2010) : 123-40.

생성의 도시학과 『재스민』

1. 바라티 무컬지의 삶과 문학, 그리고 『재스민』

바라티 무컬지는 1940년 7월 27일 인도 캘커타에서 태어났다. 17세기부터 300여 년에 걸친 영국 식민지가 거의 끝나갈 즈음이었다. 벵골 중산층에 속했던 그녀의 집안은 영국 식민지 정책에 반대하면서도 한편으로는 은밀하게 협조하여 식민지 정책의 혜택을 누렸다. 1947년 인도가 영국으로부터 독립하고 난 후 무컬지는 부모를 따라 유럽을 여행했다. 초등 교육을 스위스와 영국에서 받았던 그녀는 1950년경 고국으로 돌아왔다. 영어를 완벽하게 구사할 수 있었던 10대의 그녀는 서구 문화에 젖어 자신의 모국어와 자국 문하를 폄하하였다. 그러나 1959년 캘커타 대학의 영어과를 졸업한 후 1961년 바로다 대학에서 석사 학위를 준비하는 과정에서 자국 문화에 대해 새로운 눈을 뜨게 되었다. 서구 교육의 영향으로 자국 언어와 문화를 비하하던 그녀가 영어학 석사를 공부하면서 오히려 인도의 지방 방언과 고대 인도 문화에 눈을 돌리게 된 것이다.

미국에서 공부를 더 하기로 결정한 무컬지는 미국 아이오와 작가 워크숍에 참여하였고 1963년 작가석사학위를 받았다. 1969년에 비교 문학으로 박사학위를 취득한 그녀는 이후 캐나다의 맥길 대학에서 강의를 시작하게 되었는데 10년 이상 캐나다에 머무르며 글쓰기와 강의에 전념하였다. 맥길 대학, 스키드모어 대학, 퀸즈 대학, 뉴욕

시립 대학에서 강의를 하고 픽션과 논픽션 등 창작 활동을 활발하게 벌였던 무컬지는 고국 인도에는 몇 차례 방문만 했을 뿐 귀국하지 않았다.

창작생활을 하면서 무컬지가 발표한 초기 작품에는 『호랑이의 딸(*The Tiger's Daughter*)』(1972)과 『아내(*Wife*)』(1975)가 있다. 10년간의 공백을 깨고 발표한 단편집 『어둠(*Darkness*)』(1985)에 이어 1988년에 출간한 『중매인 외 단편들(*The Middleman and Other Stories*)』이 있는데 이 책으로 전국 도서 비평가 협회 상을 받았다. 그녀는 1989년에 『재스민(*Jasmine*)』, 1993년에 『세상의 소유자(*The Holder of the World*)』, 그리고 1997년에는 『내게 맡겨(*Leave it to me*)』를 연이어 발표하였다. 그 외에도 일 년 간 고국 인도를 방문하며 기록한 자료를 토대로 펴낸 방문록 『캘커타의 낮과 밤(*Days and Nights in Calcutta*)』(1977)이 있으며 두 편의 논픽션 「보이지 않는 여자(“An Invisible Woman”)」(1981)와 『슬픔과 테러: 인도 항공기 비극의 사라지지 않는 유산(*The Sorrow and the Terror: The Haunting Legacy of the Air India Tragedy*)』(1987)도 있다.

캐나다와 미국에서 생활하면서 다문화사회가 지닌 어두운 면을 경험했던 무컬지는 그러한 내용을 글로 남기려고 했다. 논픽션인 「보이지 않는 여자」는 캐나다의 다문화주의가 안고 있는 정책적인 인종차별을 비판한다. 캐나다에 거주할 때 스스로 자신이 사회 소수자라는 것을 통렬히 느꼈던 무컬지는 캐나다를 “문화적 융합을 저항하는 국가”(Mukherjee, *Mother Jones* 2)라고까지 비난했다. 1985년 에어 인디아 비행기가 폭발하여 329명이 사망한 비극적인 사건이 터지자 이것을 살인적인 인종차별이 만들어 낸 결과라고 비판한 그녀는 이 사건을 『슬픔과 테러: 인도 항공기 비극의 사라지지 않는 유산』이란 책으로 묶어 세상에 알렸다. 그녀의 장편 소설 『재스민』도 미국 내 제3세계 이민자들이 겪는 인종차별과 사회적 배제를 고발하고 있다.

하지만 서구 사회를 비판적으로 바라보며 자국 문화에 대해 애착을 가지고 있음에도 불구하고 그녀는 스스로를 인도 작가가 아니라 미국 작가로 자리매김하기를 원한다. 인도 대신 미국을 선택하고 미국에 뿌리 내린 것을 민족에 등을 돌렸다기보다 작가로서 새로운 길을 찾은 것으로 생각하는 것이다.

> 난 정말 내가 미국 작가라고 생각해요. 작가로서의 뿌리가 더 이상 인도 작가들 속에 있지 않다는 것, 대신 감정에 관해서, 여기 미국 개척자의 영토에 관한 새로운 종류의 글을 쓰고 있다는 사실을 깨닫는 것, 그것은 큰 전투를 치르는 것과 같아요. 난 아시아 이민자들 사이에서 이민자 글쓰기와 국외자 글쓰기 간의 구별을 하고 있는 첫 번째 사람이지요. 이전에 있었던 대부분 인도 작가들은 아직도 스스로를 인도인이라고 생각해요. 자신의 문학적 영감이 인도로부터 온다고 생각하지요. 인도는 근원이었고 집이었어요. 내가 어디에서 말하고 있든, 그러한 뿌리는 멋지지만 지금 내 뿌리는 여기랍니다. 내 감정은 북미, 바로 여기에 있어요.

> I totally consider myself an American writer, and that has been my big battle: to get to realize that my roots as a writer are no longer, if they ever were, among Indian writers, but that I am writing about the territory about the feelings, of a new kind of pioneer here in America. I'm the first among Asian immigrants to be making this distinction between immigrant writing and expatriate writing. Most Indian writers prior to this, have still thought of themselves as Indians, and their literary inspiration, has come from India. India has been the source, and home. Whereas I'm saying, those are wonderful roots, but now my roots are here and my emotions are here in North America. (http://bobsite.com/issues/29articles/1264 Fall 1989, Retrieved May 20, 2013)

벵갈 지역의 중산층 계급 출신이었고 미국에서도 전문직에 종사하였던 무컬지는 이렇게 고국 인도의 유산에 천착하기보다 미국에 정착하고 동화하면서 미국 작가로서 인정받기를 원했다.

그녀의 3번째 장편 소설인 『재스민』은 이민자를 배제시키는 미국의 이민 정책과 인종차별을 시종일관 비판하면서도 다른 한 면으로는 미국에 정착하려는 무컬지의 '뿌리내림' 의식을 강하게 드러낸다. 그녀의 '뿌리내림' 의식은 인도계 미국작가에게 부여되는 어떤 고정된 틀에 갇히는 것이 아니다. 『재스민』의 주인공 재스민이 조티로부터 재스민, 제이드, 제이스, 제인에 이르기까지 몇 번에 걸쳐 이름을 바꾸듯이 작가 무컬지는 인도 출신이면서 미국에 뿌리를 내린, 그러나 새로운 가능성에 몸을 맡기는, '되기의 작가'를 꿈꾼다.

이러한 여성 주체의 변용과 더불어 작가의 '되기'가 중첩되어 있는 『재스민』은 5번에 걸쳐 이름을 바꾸는 인도 여성 재스민(혹은 무컬지)의 성장소설이다. 1965년 인도의 작은 마을 하스나퍼에서 9남매 중 7번째 아이로 태어난 조티는 딸을 교육시키지 않던 사회 관습을 깨고 어머니의 지원을 받아 교육을 받는다. 조티 부모는 1947년 영국으로부터 독립하자마자 인도를 파키스탄, 방글라데시, 인도로 쪼갠 분할 폭동(Partition Riots)으로 인해 라호르의 큰집과 땅을 전부 빼앗기고 고향에서 쫓겨나 하스나퍼에 정착한 실향민이다. 하스나퍼에 정착한 그녀의 부모는 30에이커의 땅을 일구며 9남매를 키우지만 가세는 나날이 기운다. 삶의 희망을 포기한 아버지는 황소에 받혀 세상을 떠나고 작은 마을 하스나퍼에도 종교 갈등이 빚어낸 증오가 팽배해진다. 그러한 와중에 조티는 오빠 친구인 프라카쉬와 사랑에 빠지고 그를 따라 암리차르로 간다. 종교와 이념에 있어 중립주의자이자 현대 기계문명을 신봉하는 프라카쉬는 여성에 대한 봉건주의적 억압을 퇴치하려는 목적으로 조티의 이름을 재스민으로 바꾸어 부른다. 프라카쉬의 영향으로 기계 수리 등 일을 배우며 독자적인 경제활동을 하려던 재스민은 그러나 웨딩 사리를 사려간 가게에서 폭탄 테러가 일어나며 남편 프라카쉬를 잃는다.

어머니와 마찬가지로 과부가 된 16세의 재스민은 봉건제도에서 남편을 잃은 여자가 자결해야 하는 제도인 순사(殉死)를 치르기 위해 미국으로 향한다. 그녀의 목적지는 미국 플로리다 탬파에 있는 플로리다 국제 테크놀로지 대학. 그 대학의 공학도가 되려던 남편의 유지를 받들어 그곳에서 스스로 죽으려 한 것이다. 불법 여권을 손에 쥔 그녀는 법망을 피하려 아시아로부터 아프리카를 거쳐 유럽으로, 유럽에서 미국으로 가는 우회로를 거친다. 강간과 굶주림, 그리고 폭력을 견디며 도착한 미국 땅에서의 첫 날 밤, 그녀는 외딴, 황량한 모텔에서 성폭행을 당하며 복수하기 위해 칼로 상대를 살해한다. 그 사건을 기화로 남편에 대한 임무를 완수했다고 생각하는 재스민은 홀로 유랑의 길을 떠난다. 이후 제3세계 불법이민 여성들의 구원자인 릴리언 고든에게 보호를 받으며 제이드란 이름을 얻고 그녀의 안내로 뉴욕으로 향한 재스민은 뉴욕에서 테일러 교수 집에서 외국인 가사 도우미로 일하게 된다. 그녀는 결혼 생활에 금이 간 테일러 부부의 사이를 비집고 그의 연인이 되며 제이스란 이름을 얻게 된다. 테일러의 입양아 더프를 돌보며, 테일러와 정신적·육체적 사랑을 나누는 재스민은 미국이 제공하는 부와 평등, 소비문화를 만끽하는 최상을 삶을 누린다. 그러나 공원에서 남편 프라카쉬를 죽인 테러리스트를 발견하고는 다시 유랑의 길을 떠난다.

다음 행선지는 아이오아의 바덴. 그녀가 아이오와로 향한 것은 입양아 더프가 그곳에서 태어났다는 사실 외 다른 이유가 없다. 바덴에서 그녀는 은행가 버드를 만나게 되는 데 버드는 자신의 결혼생활을 미련 없이 접을 만큼, 재스민의 출생지 아시아를 숭배하기 위해 두(Du)라는 베트남 입양아를 들일만큼 무모하게 재스민에게 빠져든다. 아내와 결별하고 재스민과 동거한 버드는 미친 농부의 총에 맞아 반신불수가 되고 재스민에게 제인이란 이름을 붙여주며 재스민은 그의 아이를 갖게 된다. 마치 『제인 제어』의 제인이 불구가 된 로체스터에게 그러하듯이 재스민은 버드를 지키려하지만 바덴 지역의 황량함과 내면에서 속삭이는 자유에의 갈망을 이기지 못하고 찾아온 테일러와 더프를 따라 서부 캘리포니아로 향한다. 그녀는 서부로 가는 유랑의 길 앞에서 불구의 버드를 버리고 가는 데 대한 죄책감보다 자신의 욕망을 따를 수 있다는 충족감, 새로운 삶을 시작한다는 해방감과 마주한다.

『재스민』은 이와 같은 재스민의 삶의 경로를 과거, 현재, 미래의 일직선적 시간순서가 아닌 플래시백과 몽타주 기법으로 재현한다. 그 외에도 이 작품에는 언어유희, 시적 언어, 패러디 등 다양한 포스트모던 기법이 사용되고 있다. 이러한 포스트모던 기법은 재스민의 성장과정을 순수로부터 경험으로, 경험을 통한 깨달음과 성숙으로, 나아가 정체성을 획득하는 피라미드식 발전으로 전개시키지 않는다. 이른바 그녀의 성장과정을 그리되 성장소설의 패턴을 따르지 않는다. 대신 그녀의 삶의 과정을 우연한 에피소드의 연속으로, 무지와 앎의 반복으로, 우발성과 필연의 중첩으로 그린다. 그런 이유에서 그녀의 성장은 불가해한 삶의 과정에서 잠시 찾아왔다 사라지는 내성의 빛을 일별하는 것이며 그녀의 정체성은 항상 변화할 수 있는 일순간의 체화에 다름 아니다.

정체성 정치학을 앞세우는 여느 아시아계 미국문학과 달리 『재스민』이 탈정체성의 표본으로 알려진 것은 이러한 반성장소설의 패턴, 주체의 변용 등 포스트모던 요소 때문이다. 『재스민』에 대한 비평도 페미니즘, 탈식민주의, 포스트모더니즘 등 다양하게 전개되지만 앞의 두 비평계열이 비평적 쟁점을 어떻게 보느냐에 따라 작품에 대한 평가를 달리하는 반면 대부분 포스트모더니즘 비평가들은 『재스민』이 가진 포스트모던 속성의 긍정적인 측면을 부각시킨다. 주디 뉴먼이나 아누 아네자는 여성의 행위주체의 자유(agency)를 기준으로 페미니즘 비평을 하며 존 호프와 카터 샌본은 호미 바바의 혼성성을 중심으로 탈식민주의 비평을 한다. 이들은 정체성의 확립, 행위 주체의 자유의 문제를 놓고 『재스민』에 대해 상대적으로 다른 평가를 한다.

하지만 포스트모더니즘 비평가인 M. 미틸리나 아드리아나 라두카누, 그리고 부르스 로빈즈, 티모시 루펠은 한결같이 『재스민』을 포스트모던 시대의 성공적인 알레고리로 읽는다. 『재스민』에 나타난 여행 구조를 "항상 유동적이고 재생되는 삶 자체의 과정"(Mythili 530)의 은유로 해석하는 M. 미틸리는 재스민의 변모를 "그녀의 과거를 지속적으로 벗겨냄으로써 새로운 아이디어와 가치로 구성된 신세계를 창조하는 것"(530)으로 평가한다. 『재스민』을 종결과 부르주아적 안락을 거부하는 포스트모던 소설이라고 보는 아드리아나 라두카누(Adriana Raducanu)도 재스민의 오디세이를 "과거와의 제휴를 통해 현재를 생성하고 미래를 사색하는 것"(17)이라고 한다. 『재스민』과 『제인 에어』를 오 페어 내러티브(au pair narrative) 장르로 규정하는 로빈즈는 그러나 전자의 경우 계급 상승의 이동(upward mobility)을 보이는 후자와 달리 수평 이동(lateral move)이 나타난다고 분석한다(141). 상승이동이 타자의 억압을 전제로 한다면 수평 이동은 탈주체들의 유희적 자리바꿈을 의미하는데, 따라서 『재스민』은 탈중심적 다원 사회의 공존의 알레고리임을 보여 준다는 것이다. 마찬가지로 『재스민』을 포스트모던 소설로 자리매김하는 루펠도 재스민의 지속적인 변형을 불연속적이고 불확실한 포스트모던 시대에 다중적이고 모순된 자아가 생존할 "필연적이면서, 역사적으로 일관된 윤리"(2)라고 주장한다.

이들 포스트모던 비평가들은 『재스민』에 나타난 복합적 다중 주체와 자아의 변형을 개방의 지점이자 생성의 지표로 보고 있는데, 작품에 제시된 새로운 공동체 역시 포스트모던 속성을 다분히 지니고 있다. 대부분 아시아계 미국문학에 나타난 지향해야 할 공동체는 동화주의와 소수인종주의 사이에서 하나를 선택하거나 아니면 둘을 양립하는 간극(in-between)의 양태를 취한다. 혹 혼종적 공동체를 제시하더라도 소수인종성의 범주를 크게 벗어나지 않은 융합을 꾀하며 가족과 혈연 중심의 안정된 틀을 유지하고자 한다. 하지만 재스민이 꿈꾸는 새로운 공동체는 이러한 틀을 깨고 있다. 그녀가 꿈꾸는 공동체는 인종과 성의 경계도 허물지만 혈연, 계급, 이념의 벽이 사라진, 국가나 공동체의 체제도 허문 "용감한 신세계"(『재스민』 184)이다. 제국주의 가부장제 가정의 주인인 테일러, 가정교사이자 보모인 제3세계 이민자 재스민, 테일러의 백인 입양아인 더프, 재스민의 입양아인 베트남 출신 두는 미국 사회의 제도와 체제에 포함되기도 하고 되지 않기도 하면서, '공감'이란 마음의 작용에 따라 만남과 헤어짐을 반복하는 개방된 공동체를 향한다. 사회적·정치적 세력화와 상관없는 이 용감한 신세계가 과연 백인 주류 사회에 어떠한 대응 담론으로 떠오를 지는 미지수이지만 공동체에 대한 우리의 고정관념을 깨고 의식을 확장한다는 점에서 가치가 있다고 하겠다.

이와 같이 『재스민』에 제시된 새로운 공동체는 재스민의 여러 차례에 걸친 이름 바꾸기와 자아의 변용을 통해 형성되며 그 과정은 공간의 변용과 밀접하게 연계되어 있다. 작은 시골 마을의 조티가 재스민이 되기 위해서는 도시 암리차르로의 이동이 불가피하며, 인도의 재스민이 제이드로 변하기 위해서는 대양과 대륙을 건너는 디아스포라가 필연적이다. 제이드가 제이스가 되기 위해서는 플로리다 시골 마을에서 뉴욕으로의 이동이, 제이스가 제인이 되기 위해서는 뉴욕에서 오하이오의 작은 마을 바덴으로의 이동이 이루어져야 한다. 『재스민』에는 이처럼 인도로부터 미국으로의 이산과 더불어 시골로부터 도시로, 혹은 도시로부터 시골로의 공간 이동이 선명하게 그려져 있음으로써 개인의 자아 형성이 공간과 불가분의 관계가 있음을 나타낸다. 특히 뉴욕은 새로운 공동체를 꿈꾸는 재스민에게 그 가능성을 일별하게 한 공간이라는 점에서 중요한 역할을 한다. 뉴욕은 이질적 존재가 공존하며 다양성이 증가된, 그러므로 인종, 젠더, 이념에 있어 중심으로부터 이탈되려는 속성이 강한 탈중심화된 개방지역이다. 뉴욕의 이러한 포스트모던 도시성은 인도 시골의 봉건성이나 미국 시골의 폐쇄적이고 동질화된 속성과 대비되며 개체의 자유로움, 새로운 공동체를 양산할 지점으로 그려져 있다.

2. 환영의 루트를 걷는 기이한 순례자들

무컬지는 『재스민』에서 주체의 문제, 공동체에 대한 비전이 포스트모던 도시성과 밀접하게 연관됨을 보이고 있는데 사실 그 모든 과정의 배후에는 제3세계가 겪은 식민지 역사, 그로 인해 불가피하게 진행된 초국가적 디아스포라가 있다는 사실을 놓치지 않는다. 『재스민』에는 미국 이브닝 뉴스에 자주 등장하는 "기이한 순례자들"(『재스민』 101)로 넘쳐난다. 케이블 TV를 시청하던 재스민과 두의 눈에 포착된 그들은 차 두 대가 겨우 들어갈 정도로 비좁은 창문 없는 오두막에서 노동 착취를 당하던 두 명의 멕시코 불법 노동자들이다. 기이한 순례자들에는 이들 외에도 제3세계 밀입국자들, 인도 테러리스트, 베트남 난민들, 외국인 가사 도우미들이 포함된다. 미국 미디어는 '자유와 풍요'를 향한 그들의 순례를 주권 침입으로, 그들의 억류와 추방을 주권 수호를 위한 필연적인 방어로 번역, 방영하지만 기이한 순례자의 행렬에 속해있었던 재스민은 저항할 생각도 없이 순순히 끌려가는 두 명의 멕시코 인들의 모습을 정부의 거창한 자국민 보호 기획에 대한 우스꽝스러운 패러디로 해석한다.

이창래의 『네이티브 스피커』에서도 그러하듯이 이방인 침략에 대한 미국의 공포는 종종 주권 수호를 위한 과잉 히스테리일 수 있음을 아시아계 미국 작가들은 시사한다. 가령 『네이티브 스피커』에서 이창래는 실시간으로 방송되는 밀입국선박의 좌초 장면을 막강한 미국 경찰력에 비해 지나치게 무기력한 중국인들로 대비시키고 있고[10] 『재스민』에서 무컬지는 불법 노동자 습격 장면을 치밀한 국가 공권력에 비해 너무나 초라한 무저항의 멕시코 인들로 대비시키고

10) 각각 2만 달러를 내고 밀입국하려다 뉴욕 인근 바다에서 화물선이 좌초되는 바람에 한밤중에 바다에 뛰어든 50명의 중국인들의 최후가 방수포에 덮인 시신, 아니면 무기력하게 경찰에 끌려가는 죄수라는 사실에 TV 카메라는 초점을 맞춘다. 이는 주권 침해에 대한 결과가 죽음과 구금 외 다른 선택이 없다는 정부의 의지를 반영하는 것이기도 하지만, 한편 "멍한 채로, 물에 흠뻑 젖어, 아무 말도 못하고 경찰 밴에 끌려가는"(『네이티브 스피커』 247) 죄수들의 모습은 '황색 위험'으로 규정하기에는 무력한, 박탈당한 소수자들의 존재 위상을 엿볼 수 있다.

있다[11]. 이방인들의 유입에 대한 미국의 대응을 이렇게 극적으로 대비시켜 희화화 하는 것은 미국인들이 보여주는 '황색 공포'나 이국인 침입에 대한 경계가 사실상 과다함을 비판하는 것이며 그 경계 배후에는 건국의 시대부터 뿌리 깊게 이어져온 백색 동질주의가 있음을 지적하는 것이다.

재스민은 국가의 법 수호의 차원에서 벌어지는 이러한 이방인에 대한 과잉 대응과 진압을 패러디하는 데 그치지 않고 미국의 존재론적 지형도 자체에 미국의 법체계를 벗어난 모순의 존재 원리가 있음을 드러낸다.

> 두와 나, 우리는 붙잡히지 않았던 자들이다. 단 하나밖에 없는 유일한 미스터리라면 누가 붙잡힐 것이고 누가 도망칠 것인가이다. 두는 난민 수용소에서 도망쳤고 그의 형은 그러지 못했다.
>
> Du and me, we're the ones who didn't get caught. The only mystery is who'll get caught and who'll escape. Du made it out of the refugee camp, and his brother didn't. (28)

불법 멕시코 노동자들처럼 이민 귀화국에게 수색을 당한 적이 있지만 그들과 달리 도주에 성공한 재스민은 자신과 '그들'을 결정짓는 기준은 엄준한 법이 아니라 법의 경계 너머에서 벌어지는 우발성(contingency)이라고 해석한다. 베트남 난민 출신 두가 살아남는 대신 그의 형이 죽임을 당한 경계도 결국 우발성이라고 보는 재스민

11) 20명이 넘는 이민 귀화국 요원들이 중무장을 하고 불법 노동 현장을 들이닥치지만 막상 "작전 개시와 더불어" "20명이 넘는 불법 이민자들이" "개미 떼처럼 도망칠 것을"(『재스민』 28) 기대했던 그들의 기대와 달리 막상 체포된 인원수는 2명에 불과하며 공권력이 필요 없을 정도로 순순히 체포되는 장면으로 그려져 있다.

은 이 기준만이 삶과 죽음, 포함과 배제를 가르는 "유일한 미스터리"라고 하는 것이다.

자국민을 이방인들로부터 보호하기 위해 행사하는 미국 주권에 이미 이질적 존재의 유입을 허락하는 틈새가 있음을 보여주는 『재스민』에는 무수히 많은 기이한 순례자들이 등장한다. 그들은 국적과 신분, 이주 목적에 있어 차이를 보이면서도 우발성에 의해 법의 경계를 넘나든다는 점에서 동일한 존재 위상을 지닌다. TV에 포착된 멕시코 인들처럼 대부분 불법 이민자들은 아메리칸 드림을 실현하기 위해 밀입국한 경우이지만 펀자브(Punjab)에서 온 테러리스트 수크윈더(Sukhwinder)는 급진적인 종교 원리를 집행하기 위해서 미국에 잠입한다. 베트남 난민 수용소에서 탈출한 두는 살아남기 위해 몇 번의 살인을 저지르고 미국에 입양되며 남편을 테러로 잃은 재스민은 봉건제의 유산인 순사를 치르기 위해 미국에 온다. 이와 같이 이들은 각기 다른 디아스포라의 이유를 가지지만 미국에서 법의 영역과 바깥의 모호한 경계에 처해 있으며 언제나 추방, 억류, 죽음 등 절대적인 폭력에 노출된 '벌거벗은 생명들'이다.

조르지오 아감벤(Giorgio Agamben)이 『호모 사케르(*Homo Sacer*)』에서 정의한 "살해는 가능하되 희생물로 바칠 수는 없는 생명 즉 호모 사케르의 생명"(45)은 고대 로마법에서 끌어온 내용이지만 "명백하게 규정된 하나의 호모 사케르의 형상이 더 이상 존재하지 않는"(231), 예외가 규칙이 되고, 사회 전체가 수용소 속의 호모 사케르가 된 현대 사회에서 "절대적인 살해 가능성에 노출된 생명, 법과 희생제의의 영역 모두를 초월하는 어떤 폭력의 대상"(181), 즉 죽음에 노출된 벌거벗은 생명들을 가리킨다. 주권의 예외 상태에서 세속과 종교법으로부터 이중적으로 배제된 호모 사케르의 존재 위상은 근대

국민-국가 질서의 불안정성을 대변하는 난민들, 무국적자들, 수용소의 수감자들, 인간 모르모트 등에게 적용된다. 『재스민』에 출현하는 '기이한 제3세계 순례자들'의 경우 적발/은닉, 포획/도주, 배제/포함의 우발적 구분의 메커니즘에 의해 "법질서가 배제시킬 수도 포함시킬 수도 없으며 또 금지할 수도 허용할 수도 없는 식별 불가능한 경계선"(264)에 거하는 벌거벗은 생명들, 호모 사케르라고 할 수 있다.

『재스민』에 등장하는 기이한 순례자들은 미국 이민 귀화법에 의해 예외 상태의 호모 사케르가 되기 이전, 이미 모국에서부터 삶과 죽음의 경계에 내몰린 벌거벗은 생명들이며 그 실존적 조건은 식민지 역사에서 비롯된다. 재스민과 함께 트롤선을 타고 죽음의 항해를 한 킹스랜드(Kingsland), 리틀 클라이드(Little Clyde), 모리셔스(Mauritius) 출신의 어느 여인은 1960년대 영국으로부터 독립한 카리브해협의 자메이카(Jamaica), 벨리즈(Belize), 그리고 인도양에 있는 모리셔스 출신의 밀입국자들이다. 뉴욕 클레어 몬트 에비뉴(Claremnont Avenue)의 아파트에 군집해 있는 외국인 보모들 역시 대부분 카리브해협의 트리니다드(Trinidad), 바베이도스(Barbados) 등 같은 시기에 영국으로부터 독립한 피식민지 국가 출신이다. 이들은 수세기에 걸쳐 스페인, 프랑스, 독일, 영국 등 유럽 국가에 반복적으로 식민화되었다가 1960년대에 독립한 모국의 정치적 불안과 경제적 궁핍을 피해 미국으로 이주한 사람들이다.

한편 14세에 버드(Bud)와 재스민에게 입양된 두 티엔(Du Thien)은 식민지 역사를 경험한 이들이 '보다 나은 삶'을 선택해서 이주한 것과 달리 더욱 절박한 생존의 필연성 때문에 이동한 경우다. 『다른 해안에서 온 이방인들(*Strangers from Different Shore*)』을 집필한 로

널드 타카키(Ronald Takaki)가 지적했듯이 분명 1970년대 이후부터 물살을 타기 시작한 동남아시아 난민들은 이민자가 아니라 전쟁과 환경 때문에 "계획을 세울 시간도 새로운 땅으로 이동할 준비 시간도 없이" 국경 너머에 무방비로 내몰린 "노숙자들"이다. 그가 이주의 형태를 "사치(extravagance)"와 "필연(necessity)"(470)으로 구분한 것은 전자가 적어도 자유에 대한 욕망, 잠재성의 실현을 목적으로 한 선택이라면 후자는 생사여탈권에 노출된 생명의 유일한 도주선이기 때문이다.

두가 모국에서 경험한 역사는 대가족과 함께한 사이공의 행복한 삶이 일순간 죽음의 난민 캠프로 치환된 폭력의 역사다. 19세기 중엽부터 프랑스 피식민 국가였던 베트남은 1954년에 프랑스를 축출하지만 정치적 이해관계 때문에 분단국가가 된다. 그 후 1964년부터 거의 10년간 열강들의 격전지였던 베트남 전쟁은 1975년 북 베트남의 승리로 끝나지만 베트남을 장악한 공산주의 정부는 적어도 백만 명에 이르는 남 베트남인들을 재교육 캠프에 수용한다(http://en.wikipedia.org/wiki/Vietnam 참조).

『재스민』에 플래시백 기법과 몽타주 양식으로 모호하게 처리되어 있는 두의 캠프 생활은 수십만에 이르는 사람들이 재교육 캠프에서 죽거나 처형되었던 살육의 현장인 것이 분명하다. 다른 캠프에 수감되어 있는 누이가 몰래 가져다 준 벌레를 먹으며 생명을 유지하는 두는 머리카락을 잘라 파는 어머니와 싸움 물고기를 길러 생계를 유지하는 형이 목전에서 살해되는 것을 목격한다. "수용소란 예외상태가 규칙이 되기 시작할 때 열리는 공간이다"(『호모 사케르』 319)라고 한 아감벤의 말처럼 두가 수감되었던 캠프는 베트남 국가 공동체 내부에 있으면서 자국민의 법적 권리와 희망을 박탈한, 그러므로 "내부와 외부, 예외와 규칙, 합법과 불법이 구별되지 않는" (322) 비식별영역이다. 두가 벌레와 오물을 먹고 생명을 유지하는 것은 캠프가 인간과 동물의 경계가 모호한 경계지역임을, 비자를 취득한 어머니와 형이 캠프를 떠나기 직전 그것을 질투한 미친 수감자의 손에 난도질당해 죽는 것은 내부와 외부, 합법과 불법이 더 이상 구분되지 않는 비식별의 지역임을 보여주는 것이다.

두와 그의 가족 그리고 수많은 베트남인에게 노출된 이러한 예외 상황은 주권적 결정에 의한 것이지만 식민지 통치의 연장선상임을 부인할 수 없다. 프랑스 지배를 벗어난 베트남이 남북으로 분단되고 결국 동족상쟁의 전쟁에 휘몰리게 된 데는 대부분 피식민 국가들이 그렇듯이 러시아, 미국 등 제국의 재개입 때문이기도 하지만 식민 통치를 보다 효과적으로 하기 위한 제국의 분할 정책의 후유증이기도 하다. 두의 어머니와 형의 죽음이 주권 집행자에 의해서가 아니라 같은 수감자에 의해 감시와 처벌의 형태로 이루어졌다는 점은 피식민지인들 간의 대립과 분열을 통해 식민지 통치를 공고히 하려는 제국의 지배논리가 피식민지인들에게 침윤되어 있음을 보여주는 사례라 하겠다.

독립 국가에서 발생하는 예외 상태가 식민지 제국주의의 지배 기획과 불가분의 관계를 맺고 있는 역사적 상황은 인도에서도 예외가 아니다. 주지하다시피 1947년 독립 당시 인도 전역을 휩쓸고 지나간 피비린내 나는 분할 폭동(the Partition Riots)은 식민 종주국 영국의 파키스탄, 인도 분할 통치의 산물이다. 민족적 감정이나 종교, 경제적 이해와 사회 계급 등을 이용하여 피식민지국의 내부 분열을 조장했던 분할 통치가 인도 독립과 더불어 힌두교, 이슬람교 간의 극심한 종교적 갈등으로 증폭, 분할 폭동을 야기 시켰고 결국 인도는 인도, 파키스탄, 방글라데시 세 국가로 나뉘어졌다. 그 뿐 아니라 펀자브 같은 지역들은 같은 지역 내에서도 종교의 차이에 의해 파키스탄, 인도 지역으로 쪼개지는 극한의 국가 분열 상황을 초래했다.

재스민이 태어나기 18년 전 인도에서 일어났던 분할 폭동과 그 이후의 국가 분할은 재스민의 삶—과부 상태(widowhood), 반복적인 피신과 이주—이 반영하듯 법의 보호에서 배제되어 절대적 폭력에 무방비로 노출되는 벌거벗은 생명들의 존재 조건을 만들어 내었다. 재스민 부모들의 기억 속에 지워지지 않고 반복 재생산되며 현재의 삶을 송두리째 장악한 그 역사의 현장은 조상 대대로 살아오던 삶의 터전으로부터의 영원한 추방이며 소유의 박탈이다.

> 신은 참 잔인해, 그녀(어머니)가 말했다. 수 백 년 간 살던 라호르 같은 도시에서 우리 가족을 뿌리째 뽑아서는 너절한 진흙 오두막 마을에다 내팽개치다니. 라호르에서 우리 부모들은 치장 벽토를 한 커다란 집에서 살았어. 현관도 있고 정원도 있는 집이었지. 농장도 가게도 가지셨지. 골목길 이름이 종조부님 이름을 딴 것도 있었어. 우리 가족사에서 라호르는 마술이었고 혼돈이었다.

> God is cruel to partition the country, she said, to uproot our family from a city like Lahore where we had lived for centuries, and fling us to a village of flaky mud huts. In Lahore my parents had lived on a big stucco house with porticoes and gardens. They had owned farmlands, shops. An alley had been named after a great-uncle. In our family lore Lahore was magic and Lahore was chaos. (『재스민』 41)

같은 민족들 간에 포함과 배제의 경계를 가로지르게 한 국가 분할은 한때 단란했던 재스민의 부모들이 "뿌리째 뽑혀" "내팽개쳐졌듯이" 수많은 인도인을 삶의 터전에서 내몰았다. 1947년 한해에 인도와 파키스탄의 경계 지역을 넘어간 숫자가 천만 명 이상이며 죽은 사람의 수만 백만 명에 이른다고 하니 그 참상이 어떤지 짐작할 만하다. 특히 라호르는 1940년 이슬람교도들이 분할 국가 성명서를 발표한 중심지로서 이슬람교도의 힌두교 탄압이 극에 이른 지역이다(http://en.wikipedia.org/wiki/Partition_of_India 참조). 재스민 가족의 이야기 속에 "마술이자 혼돈"의 기표인 라호르는 풍요와 안전이 순식간에 박탈과 폭력으로 치환된 한계상황이다.

> 마타지, 나의 어머니는 분할 폭동을 절대로 잊지 못했다. 이슬람교도들이 우리 집을 약탈했지. 이웃집 하인들이 귀걸이와 팔찌를 몽땅 갈취했고 동굴 사당을 더럽혔어. 할아버지의 말은 난도질당해 죽었어. 삶이란 그렇게 되어서는 안 되는 것이었다! 난 한 번도 라호르에 간 적이 없었지만 그 상실은 그 순간을 반복 재생하는 가족 이야기 속에 잔존했다. 라호르에는 영원히 연기가 피워 올랐고 내 부모들은 영원히 도망치는 모습으로.

> Mataji, my mother, couldn't forget the Partition Riots. Muslims sacked our house. Neighbors' servants tugged off earrings and bangles, defiled grottoes, sabered my grandfather's horse. Life shouldn't have turned out that way! I've never been to Lahore, but the loss survives in the instant replay of family story: forever Lahore smokes, forever my parents flee. (41)

한계상황에서 벌어진 동족끼리의 약탈, 도살은 "법률과 모든 형태의 법적 통제에서 벗어나 있는," "극한의 규정불가능성"(아감벤 『예외상태』 18)을 집약한 사례이다. "절대 그렇게 되어서는 안 되는" "삶"을 전개시킨 예외상태는 그 이후에도 가족들의 기억에 파괴와 피난으로 재생되고 후세대의 현재 삶에 결정적인 작용을 한다. 아바 러드(Abha Prakash Leard)의 지적처럼 이러한 종교적 편협이 낳은 역사적 갈등은 재스민의 성장기인 1970년대와 80년대도 호전적인 시크교도 분리주의자들에 의해 많은 힌두교도들을 펀자브 지역[12]에서 떠나게 했으며 남편 프라카쉬를 테러로 잃고 먼 미국 땅에서 불법 이민자로 떠돌게 된 재스민의 개인적 삶에도 지속적인 영향을 미친다(Leard 1-2 참조).

재스민의 미국 이주는 사실 두의 생존을 위한 '필연'도 아니지만 아메리칸 드림을 쫓는 '사치'도 아니다. 오히려 그녀의 상황은 힌두교와 시크교도 사이의 첨예한 대립의 현장인 암리차르에서 신권의 이름으로 집행된 테러와 봉건제도의 여성 억압이 만들어낸 기이한 조합의 결과이다. 세례 받은 순수한 시크교도 "칼사(Khalsa)"들이 그들의 주권국인 "순수한 자들의 땅" "칼리스탄(Khalistan)"을 지상에 건설하려는 칼리스탄 운동은 재스민과 같은 힌두교도나 프라카쉬 같은 자유주의자들을 "불결한 우상 숭배자"로 규정하며 자신들의 영역에서 철저하게 제거하려 한다. 그들의 종교 원리는 모든 힌두 여인들을 "매춘부"로 부르고 "사리(sari)"를 "매춘부의 표시"로 단정하는 가부장적 억압을 넘어서 "고기를 먹지도, 담배를 피우지도, 술을 마시지도 말며 심지어 머리를 잘라서도 안 된다. 터번을 쓰면 우리가 환영한다"(『재스민』 65)고 할 만큼 편협하다.

재스민과 함께 웨딩 사리를 사러간 프라카쉬는 칼사인 수크윈더의 폭탄 테러에 희생되며 테러리스트 수크윈더는 처벌받지 않은 상태로 나중에 미국에 나타나는데, 이는 암리차르 곳곳에서 일어나는 종교 권력에 의한 예외상태, 죽임을 당해도 가해자가 처벌받지 않는 호모 사케르의 폭력의 현장을 말해 주는 것이다. 과부가 된 후 공동

12) 라호르는 펀자브의 주도(主都)이다.

체로부터 철저히 소외되는 재스민은 자신의 처지를 "봉건주의! 나는 봉건주의 전쟁의 과부다"(97)라고 인도의 사회제도를 강하게 비판하지만 모순되게도 프라카쉬가 입학허가를 얻은 탬파의 플로리다 국제 테크놀로지 대학에서 봉건제의 유산인 순사를 완수하기 위해 미국행을 택한다.

고국에서 주권적 결정으로 벌거벗은 생명의 위상에 내몰린 두와 재스민의 미국행은 마찬가지로 배제/포함의 간극의 오디세이라고 말할 수 있다. 그 행로는 여권도 비자도 없는 추방자, 불법 이민자, 불법 노동자들이 합법적 여행객들의 틈새에서, 가시적이기도 하고 불가시적이기도 한 '비존재의 존재'인 채로 이동하는 "환영"(101)의 루트다.

> 어떤 안내판에도 나타나지 않고 세계를 날아다니는 국립 항공기들이 있다. 항공로를 잃은 채 이제는 그냥 승무원들과 목적지들을 임시변통하여 날아다닌다. 음식도 음료수도 제공하지 않는다. 종종 승무원들은 혹사당하고 있는 모습이다. 팬암, 브리티시 항공, 에어 인디아와 항공로와 무선 주파수를 공유하며, 여행객과 비즈니스맨들 사이에 뒤섞여 있는 사람들을 수송하며, 영원히 공중에 높이 떠 있는 항공기의 그림자 진 세계가 있다.

> There are national airlines flying the world that do not appear in any directory. There are charts who've lost their way and now just fly, improvising crews and destinations. They serve no food, no beverages. Their crews often look abused. There is a shadow world of aircraft permanently aloft that share air lanes and radio frequencies with Pan Am and British Air and Air-India, portaging people who coexist with tourists and businessmen. (100)

불법 이민 알선 조직의 중개로 위조 여권을 받아 쥔 "피난민이고 용병이고 외국인 근로자들"인 "우리"는 "음식도 음료수도 제공하지 않는" 그림자 진 세계에 기숙하는 불가시적 존재들이다. 같은 항공기 내 합법적인 여행객과 비즈니스맨들 틈새에 끼여 이동하는 이들이 "활주로 끝에 내리면, 낡은 군용 트럭에 마구 실려 밧줄 쳐진 대합실 구석으로 끌려가고, 거기에는 분명히 잠이 덜 깬 세관 경비원들이 뇌물을 기다리고 있다"(101). 배제된 자들의 은밀한 여정은 두가 여섯 개국을 통과해야 했고 재스민이 세 대륙을 거쳐야 했듯이 "지그재그 길이 가장 일직선인"(101) 불법의 우회로이며 목적지 도달이 항시 지연되는 유보의 통로다.

> 나는 세 대륙을 거치는 환영(phantom)의 길을 간다. 석유불과 가스 불길이 너울대는 중동의 작은 공항들. 메뚜기들이 거울에 부딪히고 있는 수단(Sudan)의 대합실. 항상 그보다 더 작은 도시, 폐기된 비행장에 착륙하곤 한다.

> I phantom my way through three continents. The small airports in the Middle East lit by oil fires and gas flares, the waiting rooms in Sudan with locusts baning on the glass, landing always in the smaller cities, the disused airfields. (101)

재스민이 미국에 도착하기 위해 아시아, 아프리카, 유럽 대륙을 거쳐야 하는 지그재그 길은 "두 지역 간의 가장 긴 선이 가장 발각되지 않는"(99) 모순의 일직선이며 재스민이 대합실 예정표에서 마주치는 표기 "*연착, 혹은 공지 예정, 혹은 사용 불가*"(101) 가 함축하듯 폐기와 지연의 길이다. 목전의 도착 예정지를 우회해야 하는 환영의 루트는 갈아타는 지점마다 비행기가 연착하든지 일정이 미정

이든지, 혹은 편의 시설이 고장나있는, 지연과 불확실과 배제의 길인 것이다.

인도로부터 중동, 아프리카를 거쳐 독일 함부르크(Hamburg)에 도착한 재스민의 마지막 관문이 공항 통관이 아니라 근교 기차 안이라는 점은 이 환영의 루트가 갖는 모순과 미스터리를 극대화한다. 위조 여권의 소지자인 재스민과 어느 우간다인은 공항의 법적 절차를 무사히 통과하지만 함부르크 근교 기차간에서 경찰의 불시 심문을 받는다. 재스민의 "위조된, 비싼 값을 지불한 여권"을 건네 받은 경찰은 "나의 측량할 수 없는 비밀을 검열하고는 통과"시키는 반면 "경련을 일으키며 말을 더듬는"(103) 우간다인을 검거한다. 두가 베트남 캠프에서 살아남았던 생존의 법칙이 그러했듯이 재스민과 우간다 인의 합법과 불법의 경계 기준은 법적 기준이 아니라 함부르크 근교 기차에서 '우연히' 그들을 발견한 경찰관이 '우연히' 그들을 심문하고는 합법과 불법을 '우연히' 결정한 결과, 이른바 "누가 잡히고 누가 도망칠 것인가"(28)의 우발성의 기준인 것이다

이와 같이 지그재그 루트는 우발성이 지배하는 불법 항공로에 이어 불법 해로와 육로를 거쳐 원래 목적지가 아닌 유사(pseudo) 목적지에 도달하는 특징을 지니며 그 과정에서 체포와 추방의 법적 위험 뿐 아니라 고문과 강간, 살인 등 폭력이 일상화된, 이른바 고국의 예외상태의 연장선상이다. 암스테르담 기차역의 수리남계 인도인 짐꾼에게 접속한 재스민은 파라마리보(Paramaribo)[13]로 갔다가 미국으로 향하는 밀수 트롤선, 그 다음에는 그랜드 케이맨(Grand Cayman)[14]에서 플로리다 해안으로 가는 헬프 페이스(Half-Face)의

13) 남미 수리남의 수도.

14) 카리브 해에 위치함.

새우 잡이 배를 탄다. 플로리다 어느 해변에서 헬프 페이스의 트럭으로 목적지인 탬파가 아니라 파울러즈 키(Fowlers Key)의 황폐한 플라밍고 모텔(Flamingo Court)에 도착한 재스민은 헬프 페이스에게 강간을 당한 후 그를 죽이고 유랑의 길로 들어선다.

재스민과 함께 새우잡이 배에 탔던 벨리즈 출신 리틀 클라이드는 텍사스 자경단들에게 붙잡혀 "칼로 난자당한 물고기가 햇볕에 내장을 드러낸 채 말라가고 있듯이"(105) 고문을 당하고 내버려진다. 재스민은 환영의 통로를 지나며 음식과 잠자리를 구걸하기 위해 수도 없이 "보트와 차와 모텔 방에서 강간을 당하고 강간을 당하고 강간을 당한다." "삶이란 수백만 개의 트랙으로 이루어진, 영원히 음악이 흘러나오는 거대한 레코드" 같아서 "각 완결된 트랙은 다음 생, 그리고 그 다음 생과 오직 한 개의 다이아몬드 바늘로 미세하게 연결되어 있다"고 말하는 재스민의 존재론적 통찰로 비추어 볼 때 그녀를 포함한 기이한 순례자들의 삶은 주권의 결정으로, 혹은 배제된 자들끼리 "오직 한 개의 바늘"(127) ―배제, 이동, 폭력의 메커니즘―로 연결되어 있는 것처럼 보인다.

3. 공간 이동과 주체의 변용

식민지 역사의 후유증을 앓고 있는 고국을 떠나 기나긴 디아스포라의 여정을 거친 조티/재스민은 미국 땅을 밟은 이후에도 떠돌이 생활을 하며 세 번에 걸쳐 이름 바꾸기를 계속한다. 조티/재스민/제이드/제이스/제인의 다중 주체는 이산의 전체 경로가 집약하는 간극성(interstitiality)의 지표이다. 하스나퍼의 조티가 암리차르의 재스민으로, 뉴욕의 제이스로, 아이오와 바덴(Iowa Baden)의 제인으로 변신하는 과정은 지역 혹은 초국가적 공간 이동, 그에 따른 이질문화들 간의 접속과 간섭, 그러한 다면 경계선상에서 형성되는 간극의 주체성 문제를 포괄한다. 우선 조티라는 이름은 남녀의 위계질서가 엄격한 인도 봉건 제도의 산물이다. 딸의 탄생을 저주로 받아들이는 인도 하스나퍼에서 구남매의 일곱 번째 아이이자 다섯 번째 딸로 태어난 재스민은 유아살해의 위험을 뚫고 살아남아 "빛"이라는 의미의 이름 "조티"로 불리어진다. "지참금 없는 신부의 고통을 내게 나누어주기 위해"(40) 딸을 살려둔 어머니의 결정은 여자아이라는 이유로 죽임을 당할 수 있고 그럼에도 불구하고 누구도 법적 처벌을 받지 않는 봉건제도의 여성 생사여탈권을 보여주는 동시에 그 제도 속에서 살아남는 여성의 생존법이 부정의 방식임을 보여 준다.

한편 재스민은 봉건제도의 잔재를 폐기하려는 현대적인 도시문화의 산물이다. 하스나퍼의 조티는 개인주의와 기술 문명을 신봉하며 여성 억압을 죄악시하는 프라카쉬에 의해 재스민으로 변한다. "그는 하스나퍼의 조티를 부숴버리고 싶어 했다. 그리고는 나를 새로운 도시 여자로 만들고 싶어 했다. 과거와 단절하기 위해 내게 새로운 이름 '재스민'을 지어주었다"(77). 루펠의 지적처럼 프라카쉬의 피그말리온(Pygmalion) 효과는 새로운 여상상의 제시라는 이면과 달리 실제로는 "박애를 가장한, 그녀의 적극적인 공모를 요구하는, 보다 미묘한 가부장제의 통제"(5)일 수 있다. 하지만 재스민이 됨으로써 그녀는 봉건제도가 규정한 협소한 여성의 전형으로부터 벗어나 경제력과 기술력을 갖춘 사회적 주체로서의 가능성을 보여 준다.

조티에서 재스민으로의 변신이 공동체 내의 지역 이동과 신/구문화의 충돌을 담보로 한다면 재스민에서 제이스로의 변신은 초국가적 공간 이동과 인종, 문화, 언어, 관습 등 다면적 경계의 접속과 간섭으로 이루어진다. 다인종 다문화 사회인 뉴욕에서 세계주의자 테일러(Taylor)에 의해 제이스란 이름을 갖게 되는 재스민은 모국과 이산의 경로에서 경험한 서발턴(subaltern) 여성의 앱젝션(abjection)[15] 대신 행위 주체의 자유를 보장받는 것처럼 보인다. 봉건사회인 하스나퍼에서도 그러하지만 세 대륙을 통과하는 긴긴 지그재그 순례길에서 신체적 유린, 문화적 폄하[16] 등 앱젝션 경험을 한 재스민은 그러나 뉴욕에 와서 소수인종성이 행위 주체로 재기입(reinscription)됨을 목격한다.

뉴욕 맨해튼의 헤이즈(Hayes) 교수 부부 집에서 오 페어(au pair)[17]로 일하는 재스민은 불법 이민자 임에도 불구하고 경제력을 갖춘 소비 주체가 되며 고용주와의 관계에서도 종속적이 아니라 오히려 역종속의 위치를 점한다. 또한 남자 주인 테일러와의 관계에서는 성적 주체자로 변모한다. 재스민의 경제력은 오 페어의 주급과 콜롬비아 대학의 펀자브 언어 강사료로 채워지는데 주말마다 뉴욕 번화가를 누비며 수입의 대부분을 소비하는 자신을 두고 결핍과 갈망의

15) 바타이유(Bataille)의 '사회적 아브젝시옹'을 정신 분석으로 수용한 크리스테바(Kristeva)는 아브젝시옹을 이질적인 존재를 배제시키려는 주체의 타자화라고 설명한다(Kristeva 3 참조). 여기서는 기이한 순례자들의 환영의 통로가 주권의 결정에 의한 예외상태와 유사한 것으로, 그들에게 가해지는 온갖 종류의 무정부적 폭력과 배제의 상황을 마찬가지로 앱젝션으로 본다.

16) 환영의 루트 내내 "당신들은 우리가 공항 라운지에서 잠자는 것을 본다. 먹다 남은 토속 음식을 꺼내는 것을, 기도용 양탄자를 펼치는 모습을, 성경을 읽는 것을 본다"(『재스민』100)에 나타난바 중심/주변의 위계적 관계를 갖는 '당신들'과 '우리' 사이에는 존재 위상, 문화, 가치에 있어 '우리'를 타자의 위치로 종속시키고 배제하려는 지배자의 응시(gaze)가 있다.

17) 외국인 가사 도우미.

과거로부터 충족의 현존으로 거듭난 — "재스민은 미래를 위해, 비즈와 와이프(Vijh & Wife) 가게를 위해 살았다. 제이스는 영화관에 갔고 오늘을 위해 살았다"(『재스민』 176) — 현세주의자로 평가한다. 헤이즈 가족의 가사 도우미이자 가정교사인 재스민은 여주인 와일리(Wylie)의 절대적인 의존에 의해 가사의 실권자가 되며 부부의 이혼 후에는 테일러의 정신적, 육체적 위로 자가 됨으로써 실질적인 배우자 권한을 갖게 된다. 이와 같이 서발턴 여성의 성적·인종적 앱젝션에서 행위 주체의 자유를 누리는 재스민은 백인 주인 남자와 아시아 출신 오 페어, 그리고 백인 입양아로 구성된 클레어 몬트 에비뉴의 집을 인종과 성, 계급의 위계질서가 해제된 "용감한 신세계"(184), 이른바 이 종족, 이 혈통의 혁신적인 가족으로 자리매김한다. 그러나 그녀가 "영원히 지속되기를"(177) 갈구하던 "나의 새롭고 완벽한 가족"(182)은 다시 나타난 테러리스트 수크윈더에 의해 깨지고 만다.

제인은 수크윈더를 피해 아이오와 바덴으로 간 재스민이 지역 금융가 버드 리플메이어(Bud Ripplemeyer)에게서 부여받은 이름이다. 제이스에서 제인으로의 이름 바꾸기는 언제나 예외상태로 탈바꿈할 수 있는 새로운 공동체의 취약성을 드러내는 동시에 봉건제도에서 겪었던 남성 중심의 문화, 이산의 경로에서 체험한 식민주의 지배문화로의 회귀를 의미한다. 버드는 재스민을 만나자마자 28년간의 결혼생활을 청산하고 그녀와 결합하기를 원한다. 그녀와의 만남을 "죽은 상태로부터 다시 소생한"(200) 일종의 영적 부활로 여기는 버드는 그와 더불어 타자에 대한 인식의 대전환을 보인다. "아시아가 그를 변형시켰다. 그를 무모하고도 감정적으로 만들었다. 그는 50년간의 "이기주의"(스스로 그렇게 불렀다)를 보상하고 싶어 했다"(14)

에 나타난바 버드는 아시아를 변방으로 배제시켜온 자신의 50년간의 세월을 "이기주의"로 규정하며 베트남 난민 두를 입양함으로써 그것을 보속하려는 극적인 변화를 보인다. 하지만 재스민은 이러한 버드의 변화가 궁극적으로 그녀의 이국성을 물신화하려는 서구의 무의식적 욕망임을 간파해낸다.

> 버드는 내가 이국적이기 때문에 구애한다. 난 얼굴색이 검고, 신비스럽고, 불가사의하다. 동양이 나를 일순간 생명력과 지혜에 연결시킨다. 난 '나 자신'이 되기만 해도 그를 소생시킨다.
>
> Bud courts me because I am alien. I am darkness, mystery, inscrutability. The East plugs me into instant vitality and wisdom. I rejuvenate him simply by being who I am. (200)

소비 중심의 사회에서 이국적인 것을 상품화하려는 현상을 에드먼드 사이드(Edmond Said)의 "잠재적 오리엔탈리즘(latent orientalism)" (Rahman 1)과 유사한 현상이라고 한 샤지아 라흐만(Shazia Rahman)의 지적처럼 버드의 재스민에 대한 매료 역시 "검고, 신비스럽고, 불가사의한 동양"을 물신화하는 서구의 잠재적 오리엔탈리즘의 연장선상으로 볼 수 있다. 그런 맥락에서 바덴에 남아 제인 리플메이어 부인이 된다는 것은 비서구를 타자화하려는 서구의 무의식적이고 영속적인 욕망에 종속되는 것을 의미한다. 또한 루펠이 지적한 바와 같이 불구가 된 버드 곁에 남는 것은 『제인 에어』의 제인[18]처럼 "자

18) 재스민은 총상으로 불구가 된 버드 곁을 지켜야 한다는 의무감에 사로잡히는데 그녀의 말 "모든 일이 잘 정리되고 있는 모양이다. 나 자신을 로체스터 씨와 함께 하는 제인일 것이라고 생각 한다"(『재스민』 236) 이 함축하듯 무컬지는 분명 제인 리플메이어를 통해 의무와 헌신의 덫에 매이는 제인 로체스터를 패러디하고 있다.

신의 몸과 운명을 주관하려는 욕망을 포기하고" "의무와 헌신의 삶으로 퇴행하는 것,"(8) 즉 여성의 주체적 존재 기반을 포기하고 남성 중심의 위계 사회로의 퇴행으로 볼 수 있는 것이다.

그러나 바덴의 제인은 제인 로체스터와 달리 버드를 떠나 미지의 서부로 향함으로써 또 다른 변신의 가능성에 스스로를 노출시킨다. 혼인 신고도 하지 않은 채 출산 3개월을 앞둔 산모 재스민은 뉴욕에서 온 테일러, 더프와 함께 앞서 캘리포니아로 간 두와 합류하기 위해 바덴을 떠난다. 미국 시민권과 합법적인 가족 등 법적인 권리와 사회적인 포함을 보장하는 버드와의 결합 대신 불법 이민자의 이동을 다시 선택하는 것은 항상 그래왔듯이 합법/불법, 포함/배제의 경계선상에 있는 간극의 존재 위상을 지속하는 것이다. 세 단어 "모험, 위험, 변신"(『재스민』 240)에 압축되어 있듯 이것은 변화의 가능성이 내재된 모험이기도 하고 절대적 폭력에 노출되는 위험이기도 하다. 재스민 자신이 "시간만이 말해줄 것이다"(241)라고 했듯이 그 결과는 불확정적인 것이지만 적어도 정착이 동반하는 안정된 구속보다 이동을 통한 위험한 자유를 택한 것만은 분명하다. 이와 같이 재스민은 다양한 공간 이동과 이질적 문화의 접촉을 통해 고정되고 안정적인 단일한 주체가 아니라 유동적이고 불안정한 다중 주체로 변형된다. 이동성과 변신을 그 특성으로 하며 폭력과 죽음에 쉽사리 노출되는 취약성과 함께 변화와 자유의 잠재성을 동시에 보유하는 재스민은 다인종, 다민족, 다문화 '사이에 낀(in-between)' 간극의 주체이다. 『재스민』에서 포함의 영역을 가장 상징적으로 보여주는 곳이 버드의 거주 지역 아이오와 바덴이다. 바덴은 보수적인 농부들이 묵은 삶의 방식을 고수하며 대를 이어 농사를 짓는 농촌으로 그려져 있다. 외견상 안정과 풍요를 상징하지만 내부적으로는 정체에 따른 질식의 공간이며 절망감이 팽배한 죽음의 공간이다. 버드는 강박증에 사로잡힌 농부의 총상에 맞아 불구가 되고 농업에서 벗어나고 싶은 23세의 대럴(Darrel)은 자살한다. 호프의 지적처럼 바덴은 새로움과 미래를 보장했던 미국 문화 담론이 소진되었음을 보여주는 상징적인 곳이며 그곳에서 거주하는 자들은 전통과 과거에 포획된 실패한 인생들이다(Hope 149). 이질적 존재인 재스민과 두에 대한 토착민들의 환영은 실제로 타자에 대한 그들의 무의식적 욕망의 치환에 다름 아니다. 달리 말해서 미국 주권에 의해 보호받는 포함의 영역을 무컬지는 자기 파괴의 현장으로, 중심성의 폭력이 공고히 작용하는 억압의 장소로 그림으로써 사실상 인도 암리차르나 베트남 난민 캠프, 그리고 이산의 경로 곳곳에 나타난 죽음과 삶의 비식별영역의 연장선상임을 보여주고 있다. 이는 탈근대 정치 상황에서 우리 모두가 잠재적인 호모 사케르라고 한 아감벤의 주장을 떠올린다.

> 호모 사케르의 벌거벗은 생명은 우리와 대단히 각별한 관련을 지닌다. 신성함이란 현대 정치 속에 여전히 존재하는 일종의 도주 선으로, 그것은 그 자체로서 점점 더 광범해지고 어두워지는 영역들 속으로 이동해 나가서 결국 시민들의 생물학적 생명 자체와 일치하는 지점에 이르게 된다. 만일 오늘날에는 명백하게 규정된 하나의 호모 사케르의 형상이 더 이상 존재하지 않는다고 말한다면, 그것은 아마도 우리 모두가 잠재적인 호모 사케르들이기 때문이다. (『호모 사케르』 231)

명백하게 규정된 하나의 호모 사케르의 형상이 더 이상 존재하지 않고 우리 모두가 잠재적인 호모 사케르들이라는 아감벤의 말을 수용한다면 바덴의 합법적인 토착민들은 난민이나 불법 이민자들과 마찬가지로 잠재적인 호모 사케르들이다. 또한 바덴이 상징하는 강력한 주권 국가 미국은 예외가 규칙이 되는 거대한 비식별 수용소인 것이다.

그러므로 재스민과 두가 바덴에 머물지 않고 또 다시 이동하는 것은 사회 전체가 거대한 수용소이며 모두가 잠재적인 호모 사케르인 미국에서 실상 어디에도 안전의 장소가 없다는 인식 때문인지 모른다. 포함과 배제가 비식별인 사회에서 그럼에도 불구하고 다시 이동과 변신을 택하는 것은 그것만이 유일한 생존 전략이며 잔존한 잠재성을 유지시키는 방식임을 터득한 때문일 것이다.

> 두는 잘하고 있다. 왜냐하면 항상 살아 있는 탄약으로, 안전 그물망도 없이, 선택의 폭도 없이 훈련 되어 왔기 때문이다. 어림짐작은 없다. 오직 확실한 정보 아니면 침묵이다. 한 때 그는 나처럼 다른 사람이었다. 우리는 수없이 많은 자아들이었다. 우리는 소름끼칠 만큼 수도 없이 살아 남았다.
>
> Du's doing well because he has always trained with live ammo, without a net, with no multiple choice. No guess-work: only certain knowledge or silence. Once upon a time, like me, he was someone else. We've been many selves. We've survived hideous times. (『재스민』 214)

절대적인 폭력에 노출되어 상상할 수 없을 정도의 위기 상황을 겪은 재스민과 두는 반복적인 변신만이 생존의 방식이라는데 공감한다. 그들의 생존 전략은 또한 스스로 포함의 영역으로부터 배제됨으로써 자신들의 잠재성을 유지시키는 부정의 존재 방식이기도 하다. '바덴의 제인 되기'는 주권의 보호구역으로의 포함을 의미하지만 그 포함의 현실태는 서구, 남성 중심의 지배 담론의 타자로 종속되지 않을 잠재성, 정체와 퇴행으로 귀속되지 않을 잠재성을 사라지게 하는 것이다. 반면 이동과 또 다른 변신은 우발성과 불확실성을 내포하지만 그럼으로써 오히려 '바텐의 제인 되지 않기', 이른바 '그들의 응시'에 포획되지 않을 가능성, 결국 나 자신으로 돌아갈 가능성을 유지시키는 것이다. 『재스민』을 관통하는 우발성의 원리는 그러므로 잠재성의 동의어로 볼 수 있으며 반복적으로 기입된 대문자 "RETURN"(186, 240)[19]은 '재스민 자체'로의 귀환을 의미할 수 있다.

'~ 되지 않기'를 통해 잠재성을 유지시키는 부정의 잠재성에 대해서 아감벤은 허만 멜빌(Herman Melville)의 필경사 바틀비(Bartleby) 분석을 통해 그 정치적 함의를 도출한 적이 있다.

> 주권의 원리에 대한 가장 강력한 거부를 멜빌의 주인공인 필경사 바틀비보다 잘 체화하고 있는 사람도 없을 텐데, 이 필경사는 "~하지 않는 것을 하렵니다(I would prefer not to)"라는 말로써 할 수 있는 잠재성과 하지 않을 수 있는 잠재성 사이의 결정 가능성 자체에 저항한다. (『호모 사케르』 117)

아감벤은 ""~하지 않는 것을 하렵니다"라는 수동적인 거부로써 할 수 있는 잠재성과 하지 않을 수 있는 잠재성 사이의 결정 가능성 자체에 저항하는" 바틀비를 "주권의 원리에 대한 가장 강력한 거부를" "잘 체화하고 있는 사람"이라고 했다. "잠재성이 있다는 것은 정확히 말해 현실성으로 나아가지 않을 수 있는 잠재성이 있다는 것을 의미"(111)하지만 그 '완전한 잠재성'은 주권적 결정에 의해 현실성으로 전환됨으로써 제거된다. 그러므로 바틀비가 "~하지 않는 것

19) RETURN은 『재스민』에서 두 곳에서 나온다. 둘 다 미심쩍은 소포를 앞에 두고 열기를 두려워하는 재스민에게 테일러가 반송시키라는 의미로 이 용어를 쓴다. 하지만 필자는 대문자로 기입된 RETURN을 타자의 응시에 사로잡히지 않은 재스민의 본연의 존재로 돌아가라는 의미로 파악한다.

을 하렵니다"라는 말로 부정의 잠재성을 유지한 것은 주권적 구조 속에 포섭되지 않는 강력하고도 원천적인 저항이라고 아감벤은 보았다. 같은 맥락으로 '바덴의 제인 되지 않기를 하려는' 재스민의 선택은 식민주의와 주권의 결탁으로 호모 사케르를 만들어낸 기존의 지배적 궤도에서 벗어나 그것의 집행 자체를 중지시키려는 강력한 형태의 거부일 수 있는 것이다.

4. 포스트모던 도시성과 새로운 공동체

조티/재스민/제이드/제이스/제인의 간극의 주체가 부정의 존재 윤리를 통해 중단 없는 '되기'의 주체성을 구현하는 배경에는 포스트모던 도시의 특성이 함께 자리한다. 『재스민』에 나오는 여러 국가의 도시들이 제3세계 국외자들에게 배제와 포함의 예외 상태이며 그럼으로써 생존을 보장하지 않는 안전 취약 구역이긴 하지만 그 우발성과 유동성은 새로운 변신을 가능하게 하는 포스트모던 공간으로 자리한다. 인도에서도 그러하지만 미국의 도시는 그러한 특성을 분명히 내포하고 있으며 그것은 시골 지역과의 차이를 통해 더욱 두드러진다.

L.A. 학파의 마이클 디어(Michael Dear)가 주창한 포스트모던 도시주의는 탈 중심화 된, 세계와의 연계가 강해진 도시성, 또한 다양성이 증가된 도시주의를 말한다. 포스트모던 조건을 정치적 · 경제적 · 사회문화적 삶에서 과거의 경향과 근본적으로 단절되는 현상으로 본 디어는 '포스트모던 도시주의'를 단일한, 새로운 규범이 부재한 가운데 다양한 도시의 (불)합리성들이 그 텅 빈 자리를 채우기 위해 경쟁하는 것으로 본다. 포스트모던 사회의 지형학을 창조하고

있는 것은 바로 이러한 효과들이 구체화된 것, 지역화된 것을 가리킨다는 것이다(Dear 50).

포스트모던 지형학을 설명하는 본질적인 요소를 상호의존성으로 보는 마이클 디어는 포스트모던 도시주의의 두드러진 현상을 세계 도시, 이중적 도시, 변경된 공간, 사이버시티로 든다. 우선 세계 도시는 글로벌한 경제 환경에서 명령과 통제를 주도하는 몇 안 되는 중심이 출현한 것을 말한다. 둘째 이중적 도시는 사회 양극화를 말하는 것이다. 빈자와 부자간의, 권력자와 권력이 없는 자간의, 다른 소수 인종간의, 인종 간의, 종교적인 그룹 간의, 젠더 간의, 격차가 심화되고 있는 현상을 가리킨다. 세 번째 변경된 공간은 현 도시에 만연된 물질적 삶과 인식적 삶 둘 다에서 진행되는 파편화를 가리킨다. 전통적인 공동체가 붕괴하고 새로운 문화적 카테고리와 공간이 출현하는데, 그 과정에서 문화적 혼종성이 필연적이다. 마지막으로 사이버시티인데 이미 우리 사회를 압도하는 정보는 이전의 사회 공간적 구조를 와해시키기에 충분하다. 이를 요약하면 포스트모던 도시주의 특성은 세계화, 양극화, 파편화, 문화적 혼종성, 사이버도시라고 할 수 있다(67).

『재스민』에 재현된 도시가 이와 같은 포스트모던 도시의 전형이라고 말할 수는 없다. 10대의 재스민이 미국으로 건너간 시점이 1980년대이며 그녀가 경험한 미국 도시가 대부분 소수인종거류지라는 점을 감안할 때 『재스민』에 나오는 도시가 탈중심화, 파편화, 혼종성을 특징으로 하는 포스트모던 시대의 도시를 온전히 구현하기에는 무리가 있다. 하지만 뉴욕이 지닌 유동성, 다인종과 다문화의 공존과 불협화음은 포스트모던 세계 도시의 전초로 보기에 충분하며 재스민의 지극히 해체적인 "용감한 신세계"가 태동할 터전을 갖추었다 할 것이다. 도시를 주체의 변용이 일어날 수 있고 새로운 공동체가 형성될 수 있는 생성의 지점으로 볼 수 있는 것은 시골과의 선명한 대비를 통해서이다.

『재스민』에는 미국의 도시와 시골도 그려하지만 인도의 도시와 시골도 개방과 폐쇄, 전진과 퇴행의 양분화된 공간으로 나온다. 암리차르는 식민지의 폐해로 동족끼리 피 비린내 나는 싸움을 벌이는 죽음의 도시다. "상점 선반에 놓여있던 라디오들이 폭발하여 불이 나고, 차들은 거리에서 폭발한다"(89). 누가 테러리스트인지 아닌지 알지 못한 사람들은 겁에 질려 서로를 의심한다. 플로리다 국제공과대학의 입학 허가서를 받은 프라카쉬는 미국으로 가기 직전 결혼 사리를 사러 상점에 갔다가 재스민이 보는 앞에서 폭탄 테러에 희생된다. 하지만 도시 전역에 종교 갈등으로 인해 증오심이 팽배하고 폭력이 난무하지만 암리차르는 현대 기계 문명의 혜택지이며 세계로 나아갈 수 있는 관문이다. 아파트마다 텔레비전과 최신 기계들을 갖춘 암리차르를 가리켜 재스민은 "운명이 정해 준 것보다 더 큰 삶을 이룩해낼 수 있는"(85) "프론티어"(88)라고 단언한다. 이 프론티어에서 프라카쉬는 인도 국가를 이끌어갈 테크놀로지의 확산을 꿈꾸며 재스민은 기술을 보유한 자유 여성으로서의 변신을 시도한다.

반면에 시골 하스나퍼에서는 남편이 죽으면 남편을 따라 죽어야 하는 여성 억압적인 봉건제도가 여전히 공고히 자리 잡고 있으며 "일하고 마시는 것만이 유일한,"(24) 미래에 대한 비전이 없는 정체된 삶이 만연해 있다. 22세만 되어도 이미 노인처럼 쇠락하는 불모의 땅 하스나퍼에서 재스민의 친구 빔라(Vimla)는 죽은 남편을 따라 순사를 하며 재스민의 오빠들은 도박과 술로 삶을 탕진한다. 여기서 명백히 나타나듯이 시골은 봉건제도의 유산이 지배하는 정체지역 지역으로, 도시는 새로운 현대 문명이 인간의 비상의 욕망을 충족시키는 기회의 땅으로 그려져 있다. 재스민은 삶의 가장 행복한 순간에 시크교 근본주의자들이 저지른 테러로 남편을 잃지만 그것을 계기로 인도를 떠나 미국으로 향하게 되고 그럼으로써 예기치 못한 새로운 삶의 전기를 맞이한다. 조티가 재스민으로, 재스민이 서구 사회에서 몇 번에 걸친 자아 변신을 할 수 있었던 것은 시골 하스나퍼를 떠나 도시 암리차르로 갔기 때문이고 결국 도시가 비상구 역할을 한 때문이다.

도시와 시골의 대비는 새로운 땅 미국에서는 좀 더 극적으로 전개된다. 미국의 도시는 인도와 마찬가지로 폐쇄적이고 불활성인 시골에 비해 개방적이고 역동적인 공간으로 그려져 있는 한편 인도의 도시에 비해 유동성, 다양성, 파편화 등 포스트모던 속성이 더 강화된 형태로 나타난다. 우선 재스민이 본 미국의 첫 모습이 플로리다 해안에 있는 원뿔형의 핵 공장 지붕이며 그녀가 첫 발을 디딘 곳이 해안의 쓰레기 더미라는 사실은 인도 전역이 폭력의 현장이듯이 미국 자체도 폭력으로부터 자유롭지 않은 황무지임을 드러낸다. "핵 공장의 두 개 원통 뿔"은 "복잡하지만 왠지 목적이 있을 것 같은 패턴으로 연기를 뿜어내며" 해안가는 "플라스틱 병, 떠다니는 오렌지, 나무판자, 물어 흠뻑 젖은 박스, 새들이 부리로 열었다가 닫는가 하면 게들이 이리저리 끌고 다니는 흰색과 초록색으로 된 플라스틱 백"(107)으로 가득하다. 프라카쉬가 그토록 갈망하던 고도 기술의 본산지 미국은 그가 상상하듯 "건강한 토양에서 꽃이 만발하는"(84) 유토피아가 아니라 핵으로 오염되고 쓰레기로 뒤덮인 "에덴의 황무지"(107)이다.

하지만 미국에 대한 재스민의 부정적인 관점은 미국에 발을 디딘 이후 계속해서 경험하는 폭력과 차별, 배제에도 불구하고 점점 긍정적인 방향으로 선회한다. 미국에 도착한 첫날 밤 잡초가 무성한 외딴 모텔에서 헬프 페이스에게 성폭행을 당한 재스민은 이후에도 불법 이민자를 색출하는 경찰에 쫓기고, 인도인 거류지에서 질식의 구금생활을 견딘다. 그러나 조건 없이 제3세계 불법 이민 여성들을 돌보는 백인 박애주의자에 의해, 머리카락을 판돈으로 자유를 얻을 수 있는 자본주의의 혜택으로, 신원조회도 없이 펀자브어를 가르치도록 배려한 콜롬비아 대학의 교육 시스템에 의해 그녀는 미국 사회의 중심부로 진입하게 되고 미국의 일원이 되기를 갈망하기에 이른다.

그런데 여기서 주목해야 할 점은 재스민이 미국을 수용하는 과정이 『미국은 내 마음속에』의 카를로스나 『차 한 대접 드세요』의 벤 로이, 『노-노 보이』의 이치로와 전혀 다른 양상을 보이고 있다는 사실이다. 세 작품의 주인공들은 미국의 인종차별에 분노하고 저항하면서도 미국이 제공하는 풍요와 안전에 동화하려는 태도를 보인다. 반면 재스민은 소속 대신에 소속과 배제의 경계선상에서, 한 정체성이 아닌 복합 주체로 변신을 거듭하며, 온갖 가능성을 개방시킨 채 미국을 떠도는, '무소속의 소속인'으로 남는다. 포스트모던 주체의 표상이라고 할 수 있는 이러한 존재성은 앞서 밝힌 대로 거대한 수용소인 미국 어디에도 사실상 안전 지역이 없다는 자각에서 비롯된 것인 동시에 진정한 자유란 '속함'에 있지 않다는 사실을 인지한 결과이기도 하다. 디아스포라가 남긴 훈습의 결과이기도 한 이러한 자각은 '부유하는 기표들의 도시'인 뉴욕을 만나 전격적으로 구체화된다.

『재스민』의 뉴욕은 마이클 디어가 규정한 포스트모던 도시성의 대부분을 충족한 공간이다. 뉴욕에 막 도착한 재스민이 "뉴욕은 낯선 사람들로 들끓고 있는 게토의 군도"(140)라고 한 바 같이 뉴욕은 다인종의 집합소이다. 그녀가 처음 목격한 뉴욕인은 흑인 거지이며 처음 탄 택시 기사는 아프가니스탄의 수도 카불 출신이다. 아침 8시면 유모차를 끌고 아파트 로비에 몰려드는 유모들은 자메이카, 트리니다드, 산토도밍고 등 서인도제도에서 온 제3세계 여성들이다. 이들은 '보다 나은 삶'에 대한 희망을 품고 마치 나방이 불을 쫓듯 거대 도시 뉴욕으로 향한 자들이다. 뉴욕의 다양성은 고든의 딸 케이트가 애완동물로 기르는 이구나아 샘에 의해 정점에 이른다. 뉴욕 아파트에서 거의 바깥 구경을 못한 채 갇혀 지내는 샘은 갈라파고스 제도 출신으로 스미스소니언 잡지의 표지에 실릴 만큼 희귀종이다. 알에서 부화하자마자 사냥꾼한테 잡힌 샘은 긴긴 항로를 건너 희귀종을 수집하는 뉴욕의 케이트에게 넘겨진다.

세계 각지의 사람과 생물, 그리고 사물이 집결하는 뉴욕은 샘이 상징하듯 다양성의 이면에 깔린 존재의 위계질서와 양극화가 심화된 공간이다. 희귀종을 선호하는 뉴요커의 욕망에 따라 죽음을 넘나들며 뉴욕까지 배달된 샘이 야생동물의 서식지가 아니라 도시 아파트에 살며 애완동물로 훈육되는 모습은 다양성이라는 허울 좋은 이름으로 행사되는 지배계급의 통제를 상기시킨다. 마찬가지로 다인종 지역인 뉴욕은 실상 제1세계인과 제3세계인으로 양 분화된 단순 구조를 갖고 있으며 후자는 대부분 택시 기사나 보모 등 뉴욕 경제의 하부구조를 담당함으로써 아파트에 감금된 이구아나처럼 소수인종의 테두리를 벗어나지 못한다.

세계 도시 뉴욕의 양극화 현상은 플러싱에 모여 사는 인도인들의 거류지에서 극단적으로 드러난다. 플러싱의 인도인 게토는 풍요로운 브로드웨이 거리와 대조적으로 절대 빈곤 지역일 뿐 아니라 문화적 다양성을 표방하는 클레어 몬트 애비뉴와 달리 단일 문화에 집착하는 곳이다. 50채의 아파트가 들어 선 같은 빌딩에 32가구의 인도 가족이 모여 사는 이 지역에서는 언어, 종교, 카스트 제도, 직업이 인도식으로 특화되어 있기 때문에 다른 언어, 종교, 제도가 필요하지 않다. 결혼도 중개인을 통해 인도에서 짝을 찾으며, 가족 제도도 인도의 대가족 제도를 고집하는 이곳에서는 일요일마다 전 가족이 인도 영화, 인도 드라마를 보고 인도 신문을 보며 인도 친지들을 방문하며 소일한다. "그들은 일종의 펀자브를 소생시키고 있었다. 그 펀자브는 더 이상 존재하지 않는데도 말이다. 모든 것을 잃을까봐 아무 것도 손에서 떠나보내려 하지 않았다"(162)라고 한 재스민의 지적처럼 그곳 주민들은 뉴욕 한 복판에 작은 인도의 성문을 굳게 걸어 잠그고 있는 것이다.

뉴욕 브루클린 스카이라인

한편 재스민의 새 거주지 클레어 몬트 애비뉴는 인도인 게토와 정반대로 문화적 혼종성의 중심지이다. 마이클 디어가 꼽은 포스트모던 도시성 중 세 번째 특성인 문화적 혼종성은 기존의 삶의 패턴과 공동체가 깨지고 새로운 문화적 카테고리와 공간이 출현하면서 필연적으로 나타나는 현상이다. 플러싱의 변두리에 갇혀 있을 때부터 재스민이 가고자 열망했던 강 건너 도시 뉴욕은 다인종간의 위계질서가 여전히 유효하지만 그 틈새를 비집고 사회 계급이나 문화의 측면에서 새로운 혼종적 존재 양식이 출현하는 장소이다. 입양아 더프를 돌보는 외국인 가사 도우미 재스민은 단순히 주급을 받고 아이를 돌보거나 집안 허드렛일을 하는 "하녀(maid-servant)"의 신분을 벗어나 있다. 그녀는 "교사(schoolteacher)나 간호사(nurse)처럼" 전문적으로 보육과 의료를 담당하는 "양호사(caregiver)"(175)의 직위를 여주인으로부터 부여받을 뿐만 아니라 콜롬비아 대학 수학과의 교환수, 콜롬비아 대학의 펀자브어 임시직 강사에 이르는 복합적인 지위를 갖게 된다.

이러한 융복합적인 신분과 역할의 출현은 클레어 몬트 애비뉴에 일반화되어 있는 탈중심적인 의식 때문이다. 콜롬비아 대학 소립자 물리학 교수인 집주인 테일러는 계급, 직업, 젠더에 있어 기존의 지배적 담론을 벗어나 있다. 재스민이 "놀라운 사치"(167)라고 명명한 바대로 그는 "하녀에게 비스킷을 가져다주고, 미소를 지으며, 관대하게도 농담을 던진다"(167). 주인과 하인, 지배자와 피지배자의 계급적 이분법에서 자유로운 그는 권위적인 인도 교수와 달리 "자유롭고, 지적이며, 세련되면서도 다정한"(171) 탈권위적인 모습을 보임으로써 직분에 대한 고정 관념을 깬다. 또한 일을 하는 데 있어 완벽을 추구하는 완벽주의자 프라카쉬와 달리 "편안함, 무심한 자신감,

우아한 자기 몰입"(171)을 보임으로써 강박적이지 않은 성취 모델을 제시한다. 테일러는 여성에 대한 태도에서도 기존의 가부장적인 남성과 차이가 있다. 프라카쉬가 봉건제로부터 여성을 구하려는 페미니스트의 면모를 보이면서도 의사결정권에 있어 남성중심인 것과 달리 테일러는 의사결정권뿐 아니라 존재에 대한 인식에 있어 탈중심적이다. "테일러는 내가 변하는 것을 원치 않았다. 이국성이 제거되고 닦여져 사라지는 것을 바라지 않았다. 내가 와일리나 케이트와 다르다는 사실 때문에 놀라지 않았다"(185)에 나타난바 그는 여성에 대한 남성의 지배욕과 더불어 제3세계인에 대한 제1세계인의 우월의식에서도 벗어나 있다.

테일러가 보여주는 이러한 탈중심적 의식은 그가 속한 사회 구성원들의 가족에 대한 개념이나 삶의 방식에도 반영된다. 파라과이 아이를 입양하려던 계획을 취소하고 아이오아의 미혼모 아이를 입양한 테일러 부부는 미혼모들의 교육비 지원을 계속하면서 더프에게 언젠가는 친어머니를 만나게 할 계획을 세우고 있다. 인도 출신 재스민에게는 과부의 재혼만큼이나 자신의 핏줄이 아닌 아이를 입양하여 키운다는 것은 "가공할 생각"(170)이다. 클레어 몬트 애비뉴의 자기 충족적이고 자유분방한 삶의 방식 역시 재스민이 이전에 알던 방식과 다르다. 클레어 몬트 애비뉴 길 건너편 대학 기숙사의 "차양 없는 창문"은 "비밀이 없는"(171) 삶의 현장을 생생히 보여 준다. 혼숙과 노출이 다반사인 기숙사 풍경을 두고 재스민은 "이 사회에는 수치 개념이 없다"(171)라고 비난한다.

지배 담론으로부터의 이탈, 기존과 다른 제도와 삶의 방식에 대해 찬탄과 비판을 동시에 하는 재스민은 점점 이러한 탈중심적인 포스트모던 도시성이 제공하는 가능성에 눈을 뜨게 된다. 뉴욕에 거주하면서 재스민이 포착한 도시의 두드러진 특성이 유동성이다.

> 미국에서는 아무 것도 오래가지 않는다. 이젠 그 말을 할 수 있고 그 사실에 놀라지도 않지만 이전에는 정말 배우기 가장 힘든 수업이었다고 생각한다. 우린 너무나 배우고 싶고, 적응하고 싶고, 참여하고 싶어 여기로 왔지만 발견한 거라곤 미국의 기념비가 가짜이며 계약은 무효라는 사실이다. 아무것도 영원하지 않다. 아무것도 그렇게 무시무시하지 않고, 아무 것도 그다지 멋있지 않기 때문에 붕괴되지도 않을 것이다.

> In America, nothing lasts. I can say that now and it doesn't shock me, but I think it was the hardest lesson of all for me to learn. We arrive so eager to learn, to adjust, to participate, only to find the monuments are plastic, agreements are annulled. Nothing is forever, nothing is so terrible, or so wonderful, that it won't disintegrate. (181)

미국을 유랑하면서 신분 보장과 정착을 원하던 재스민은 어디에도 그것이 가능하지 않음을 알게 된다. 그 고통스런 사실은 "미국의 기념비가 가짜며 계약은 무효라는 사실"이 함축하는바 제3세계인을 배제시키는 백인 중심의 체제가 만들어 낸 결과인 동시에 신세계 미국 자체가 가진 허구의 가능성 때문이기도 하다. 하지만 비싼 대가를 치르고 알게 된 이 일시성과 유동성은 사회적 약자가 떠안게 되는 빈곤, 배제, 위험만을 의미하지는 않는다. 재스민이 가사 도우미와 인도어 선생을 동시에 할 수 있고, 불법이민자이지만 동시에 소비의 주체가 되며, 비루한 서발턴 여성이자 심리적 치유자가 될 수 있는 것은 어떤 계급, 신분, 역할도 고정되지 않고 변화 가능한 일시성, 유동성의 조건 때문인 것이다. "아무것도 그렇게 무시무시하지 않고, 아무것도 그다지 멋있지 않기 때문에 붕괴되지도 않을 것이다"가 말해 주듯이 어딘가에 고착되지 않음은 잃을 위험도 없다는 사실을 말해 준다. 이렇게 유동성을 통해 자유의 존재 방식을 터득한 재스민은 클레어 몬트 에비뉴를 “용감한 신세계”(184)라고 부르며 기존의 가족관계를 뛰어넘는 가족 공동체를 꿈꾼다. 인도인 가사 도우미인 재스민과 백인 주인 테일러, 그리고 백인 입양아 더프는 앞으로 함께 합류할 버드의 베트남 입양아 두와 더불어 혈연도, 지연도, 계급도 일치하지 않은, 오직 카니발적 상호의존성으로 뭉친 기이한 공동체를 향해 간다.

‘부유하는 기표’의 존재 방식을 도시를 통해 발견한 그녀는 ‘뿌리’를 상징하는 인도, 안정과 정착을 의미하는 미국 시골 어디에서도 찾을 수 없는 충족과 자유를 누린다.

> 내 삶은 도시 때문에 새롭게 충만 되었고 새롭게 충전되었다. 매일매일 난 도시를 발견했고 저녁에는 테일러에게 내가 발견한 것들을 쭉 늘어놓았다. 그러면 그는 아주 주의깊게 들어주었다. 마치 지도상에 없는, 이국적인 메트로폴리스를 묘사하는 듯이.
>
> My life had a new fullness and chargedness to it. Every day I made discoveries about the city, and in the evenings, when I listed my discoveries to Taylor he listened carefully, as though I were describing an unmapped, exotic metropolis. (184)

도시의 다양성이 개체에게는 익명성에 따른 자유를 부여하며, 기존의 전통과 관념의 파편화가 이질적인 존재 방식과 문화가 생성할 기회를 부여한다는 사실을 인지하는 조티/재스민/제이드/제이스/제인은 그 가능성의 공간에서 행위 주체의 자유를 행사하는 재스민이 ‘되는(becoming)’것이다. 이 ‘되기’의 과정에는 끝없는 위험이 뒤따른다는 사실이 곧 이어 나타난 인도 테러리스트에 의해 증명된다. 하지만 그녀가 위험을 내포한 가능성을 선택할 수밖에 없는 것은 아이오아 바덴이 상징하는 안정에 따른 구속, 소속에 따른 부자유 때문이다.

바덴은 뉴욕의 유동성, 다양성, 탈중심성과 정반대되는 속성을 가지고 있다. 재스민에게 제인 리플메이어란 이름을 부여하고 안전과 소속을 약속하는 바덴은 전통에 대한 집착, 이방인에 대한 배척, 순수혈통에 대한 고집으로 뭉쳐진 곳이다. 독일계 공동체인 바덴은 근검절약하며 평생을 살다가 많은 부를 누리지도 못한 채 죽는, "가난하게 살다가 부자로 죽고 싶어 하는"(217) 청교도 노동 윤리가 지배적인 곳이며, 대대로 농사를 짓던 가족의 땅을 떠나는 사람을 죄인 취급하는 보수적인 곳이다. 변화를 거부하고 옛것에 집착하는 바덴 농부들은 급속한 사회적 변화에 적응하지 못하고 절망하거나 아니면 스스로를 땅에 묶인 노예로 생각하고 변화를 포기한다. 돼지치기와 농사일을 지겨워하는 데럴은 추운 바덴에서 벗어나 뉴멕시코로 가고 싶어 하지만 그 꿈이 좌절되자 스스로 서까래에 목을 매 자살하고 절망에 빠진 농부들은 서로에게 총질을 하거나 스스로 목숨을 끊는다. 외부와의 소통이 중단된 질식의 공간 바덴에서 정착이 주는 안정도, 소속이 주는 안전도 누리지 못하는 재스민은 테일러가 뉴욕에서 부친 편지를 전령 삼아, 데리러 온 테일러와 더프를 따라 미지의 땅 캘리포니아로 떠난다. 이처럼 바덴은 인도의 하스나퍼처럼 과거에 묶인, 관습과 제도에 강박되어 변화와 자유의 가능성이 사라진 곳으로 재현되며 도시 뉴욕은 유동성과 이질성으로 인해 재스민과 같은 제3세계 이방인들이 생존할 수 있을 뿐 아니라 그들이 일원이 되는 새로운 공동체를 꿈꿀 수 있는 생성의 도시이다.

이와 같이 『재스민』에 재현된 미국 도시, 특히 뉴욕은 포스트모던 도시성을 구현한다. 뉴욕은 인도의 도시 암리차르나 미국의 다른 지역과 달리 상호의존성이 큰 세계도시이며 중심과 주변이 극명하게 대조되어 있는 이중의 도시이다. 작품에서 양극화 현상은 주로 백인 주류 사회와 제3세계 이민자들의 소외된 삶으로 나타나지만 양극화는 고정된 형태가 아니라 이동, 변화, 가능성의 형태로 나타난다. 재스민이 주체의 변용을 통해 중심 세계로 편입되다가 다시 이탈하는 노마드적인 행보를 하듯이 양극은 뒤섞이기도 하고 자체 존재성을 유지하기도 하면서 제3의 혼종적인 가치, 문화, 존재 방식을 만들어 간다.

참고문헌

조르지오 아감벤. 『예외상태』. 김항 역. 서울: 새물결, 2009.

———. 『호모 사케르: 주권 권력과 벌거벗은 생명』. 박진우 역. 서울: 새물결, 2008.

Agamben, Giorgio. "Bartleby, or On Contingency." *Potentialities: Collected Essays in Philosophy*. Trans. Daniel Heller-Roazen. Standford: Standford UP, 1999.

Aneja, Anu. "Jasmine," the Sweet Scent of Exile." *Pacific Coast Philosophy* 28.1(1993): 72-80.

Bhabha, Homi K. *The Location of Culture*. New York: Routledge, 1994.

Carter-Sanborn, Kristin. "We Murder Who We Were": *Jasmine* and the Violence of Identity." *American Literature* 66(1994): 573-593.

Dear, Michael. "Postmodern Urbanism." *Annals of the Association of American Geographers* 88.1 (1998): 50-72.

Hoppe, John K. "The Technological Hybrid as Post-American: Cross-Cultural Genetics in *Jasmine*." *MELUS* 24(1999): 137-156.

Kristeva, Julia. *Powers of Horror*. Trans. Leon S. Roudiez. New York:

Columbia UP, 1980.

Leard, Abha Prakash. "Mukherjee's *Jasmine.*" *Explicator* 55.2(1997): 114-118.

Lee, Chang-Rae. *Native Speaker*. New York: Riverhead Books, 1995.

Mukherjee, Bharati. *Jasmine*. New York: Grove Press, 1989.

Mythili, M. "Bharati Mukherjee's *Jasmine*: A Paradigm of Psychic Disintegration and Regeneration." *Language in India* 13.3(2013): 526-539.

Newman, Judie. "The Madwoman in the Motel: Bharati Mukherjee, 'Jasmine' and *Jasmine*." *The Ballistic Bard: Postcolonial Fictions*. London: Arnold, 1995: 144-72.

Raducanu, Adriana. "We are not ourselves—Female Characters in Bharati Mukherjee's Novels." *International Journal of Social Science and Humanity Studies* 3.2(2011): 9-21.

Rahman, Shazia. "Cosmopolitanism, Internationalization and Orientalism: Bharati Mukherjee's Peritexts." *Journal of Postcolonial Writing* (2013): 1-14. http://dx.doi.org/10.1080/17449855.2013.779593

Robbins, Bruce. "Upward Mobility in the Postcolonial Era: Kincaid, Mukherjee, and the Cosmopolitan Au Pair." *Modernism/Modernity* 1.2 (1994): 133-151.

Ruppel, F. Timothy. "'Re-inventing ourselves a million times': Narrative, Desire, Identity, and Bharati Mukherjee's *Jasmine*." *College Literature* 22.1(1995): 181-192.

Takaki, Ronald. *Strangers from a Different Shore*. New York: Back Bay Books, 1989.

생성의 도시학과 『네이티브 스피커』

1. 이창래의 삶과 문학, 그리고 『네이티브 스피커』

한국계 미국 작가 이창래는 1965년 한국 서울에서 태어나 3살 때 가족들과 미국으로 이민을 갔다. 아버지는 뉴욕 주 웨스트체스터에서 정신과 의사로 성공하였으며 부유한 환경에서 자라난 이창래는 도시 근교의 표준적인 미국식 교육을 받았다. 1987년 예일 대학교 영문과 학부를 졸업하고 오레곤 대학교에서 문예창작 석사학위를 받았으며 한때 월스트리트에서 증권분석가로 일하기도 했던 그는 1993년 건축가 미셸 브랜카(Michelle Branca)와 결혼하여 두 딸을 두었다. 한국계 미국 스파이의 아웃사이더의 삶을 다룬 첫 소설 『네이티브 스피커(*Native Speaker*)』(1995)는 대성공을 거두었다. 이후 『제스처 라이프(*Gesture Life*)』(1999), 『가족(*Aloft*)』(2004), 『항복자(*The Surrendered*)』(2010), 『만조의 바다 위에서(*On Such a Full Sea*)』(2014)를 발표한 그는 현재 프린스턴 대에서 창작강의를 하고 있다.

이민자의 나라인 미국에서 이민 문학은 상당한 비중을 차지한다. 미국 이민 문학을 논할 때 다섯 손가락 안에 꼽히는 이창래의 글은 치밀하고 어려워 쉽게 읽히지 않는데도 불구하고 상당한 대중성을 확보했다. '뉴욕타임스가 선정한 베스트셀러 작가'라는 타이틀을 가진 이창래는 4, 5년마다 새 책을 내는데 그 때마다 각종 문학상을 휩쓸고 있다. 미국 비평가와 독자들이 그의 작품에 매료되는 이유는 이창래가 새로운 주제와 스타일을 끊임없이 모색하기 때문이다. 첫 번째 소설 『네이티브 스피커』는 펜/헤밍웨이 상을 포함하여 많은 상을 수상한 작품이다. 한국계 미국 산업 스파이를 주인공으로 하는 이 작품은 이민자의 동화과정 속에서 나타나는 세대갈등과 언어 문제를 1.5세대인 화자를 통해 기술한다. 두 번째 작품인 『제스처 라이프』는 한국/일본계 미국 화자의 관점을 통해 정체성과 동화의 문제를 다루는데 작품의 중심에는 한국 종군 위안부의 역사적인 트라우마가 새겨져있다. 이 작품으로 이창래는 아시아계 미국문학상을 수상했다. 이탈리아계 미국인이 주인공인 『가족』은 그의 작품 중 아시아계 미국인을 주인공으로 하지 않은 첫 작품이다. 이 작품으로 그는 2006년 아시아/태평양 미국 문학상을 수상하였다. 2010년도에 출판된 『항복자』는 데이턴 문학 평화상을 받았으며 2011년 퓰리처상의 최종 후보로 올라가기도 했다. 가장 최근에 발표된 『만조의 바다 위에서』는 중국계 미국 소녀를 주인공으로 하고 있으며 미국 도시의 디스토피아적인 미래를 예단한다.

아시아계 미국 작가들은 주로 아시아계 미국인의 경험을 문학적 소재로 다룬다. 가령 모국의 문화적 유산과 과거 역사를 어떻게 수용할 것인가에 대한 문제. 미국에서 마주친 다양한 인종들과 이질적인 문화를 통한 문화 변용의 문제. 아시아계 미국인들이 받는 인종차별과 계급 차별에 대한 도전 의식. '보다 나은 삶'을 찾고자 한 이민자들의 꿈이 과연 성취될 수 있을 것인가에 대한 질문과 해답. 이러한 문제가 아시아계 이민자 문학의 주된 주제이다. 그 중 가장 중요하게 다루어지는 주제는 무엇보다도 '미국인이 된다는 것은 어떤 의미인가?' '미국은 무엇인가?' '미국인임을 주장하는 것, 그것은 어떤 형식인가?' 등 미국과 이민자 개인의 정체성에 관한 문제이다. 이창래의 작품들도 이러한 정체성 문제와 국외자로서의 존재성, 디아스포라와 동화 등을 다루고 있다(http: // en.wikipedia.org / wiki / Chang-Rae Lee 참조).

『네이티브 스피커』는 한국계 미국 2세대인 헨리 박(Henry Park)의 시점으로 기술되는 소설이다. 소설은 주인공 헨리가 겪는 세대갈등과 부부 갈등을 통해 자신이 과연 어떤 존재인가를 질문하는 지점에서 시작한다. 헨리의 자기 반성적인 태도는 그를 떠나기로 결심한 아내 릴리아(Lelia)가 남기고 간 목록에 고스란히 반영된다. 헨리의 정체성에 대한 의문으로부터 시작하는 소설은 아내 릴리아와의 만남, 호글랜드 회사에 대한 묘사, 필리핀계 심리학자 루잔 박사에 대한 회상, 아버지에 대한 회고, 죽은 아들 밋에 대한 상념, 뉴욕 시장 출마에 나선 한국계 미국 정치가 존 강과의 만남과 그의 몰락 등을 다루는데 시간 순서상이 아니라 과거와 현재를 뒤섞는 플래시백 기법으로 다룬다.

자아 정체성을 탐색하는 헨리의 오디세이는 아버지에 대한 애증의 기억과 심리적 장애로 가득 채워져 있다. 헨리의 아버지는 소설이 시작되기 전 이미 돌아가신 것으로 설정되어 있지만 그는 사후에도 아들의 의식과 행동을 지배할 만큼 막강한 힘을 가진다. 아메리칸 드림을 간직한 채 60년대에 미국에 이민 온 아버지는 새벽부터 밤까지 야채 가게를 운영하며 악착스럽게 돈을 모아 뉴욕 근교의 백인 지역 아드슬리(Ardsley)에 집을 장만한다. 하지만 헨리의 부모는 자신의 집에서조차 마음의 안정을 누리지 못한 채 남의 집에 얹혀 살 듯 이방인처럼 살아간다. 헨리가 10세가 되던 해 어머니가 돌아가시고 난 이후 그와 아버지 간의 갈등은 점점 더 심해진다. 아들이 결혼한 이후 잠시 가족의 행복을 맛보던 아버지는 손자 밋이 자신의 집 주변에서 사고로 죽은 후 급격하게 쇠락하여 끝내 심장병으로 사망한다.

밋의 죽음 이후 릴리아는 자신의 가족 관계에 내재된 근원적인 문제, 요컨대 의심스럽기 짝이 없는 헨리의 직업과 매사를 회피하는 그의 성격을 문제시하며 결별을 선언한다. 하지만 뉴욕 시장에 출마하려는 존 강의 배후를 캐는 새 임무를 맡게 된 헨리는 그 일을 통해 자신에 대해 새로운 인식을 하게 되고 주변과의 관계를 재정립하게 된다. 영어 사용에 대해 열등의식을 갖고 있고 세탁소나 야채가게 등 소규모 자영업에서 벗어나지 못하는 그의 부모와 달리 유창한 영어를 구사하며 미국 정치계로 진출하려는 야심만만한 존 강을 통해 헨리는 사회 주류가 되고 싶은 자신의 내밀한 욕망을 발견하며 그 발견을 통해 자신에게 뿌리박힌 한국적인 유산을 인정하게 되는 것이다. 존 강과 자신을 동일화하는 헨리는 결국 호글랜드 회사에게 존 강에 대한 정보를 제공하지 않으며 회사로부터 퇴출된다. 존 강은 그의 사무실에 폭탄을 설치한 정적들의 음모에 휘말려 불법 이민자들의 자금을 유용한 정치범으로 몰리고 미국 사회로부터 추방된다. 릴리아와 재결합한 헨리는 그녀가 운영하는 다국적 어린이들, 언어장애 어린이들의 언어 교정에 참여한다.

『뉴욕 타임즈(*The New York Times*)』(2013. 8. 13일자)에 『네이티브 스피커』에 관한 글을 기고한 지니아 벨라판테(Ginia Bellafante)는 이 작품을 정체성 정치학이 점점 더 와해되는 작품이라고 한다. 문화적 다양성을 지닌 뉴욕에서 단일한 정체성을 추구한다는 것은 어려운 일이며 작품에 설정된 헨리의 스파이 직업은 복잡하게 분열된 그의 자아를 나타내는 메타포라는 것이다. 그러면서 벨라판테는 헨리의 아버지가 증명하는, 열심히 일하면 큰 성공이 따른다는 90년대의 낙관주의가 과연 유효한가를 질문한다. 불평등이 도처에 깔려 있는 도시에서 과연 얼마나 많은 2세대 미국인들이 성공과 부를 이룰 수 있는지? 비좁은 도심 아파트를 떠나 근교의 저택에 갈 수 있는 자가 얼마나 되는지? 질문하며 작품의 진정성을 문제시 삼는다.

제리 윈지그(Jerry Winzig)는 『네이티브 스피커』가 쉽게 읽히지도 솔직하지도 않다고 하면서 이창래의 언어 스타일이 의미파악을 하는데 장애물이 된다고 비판한다. 그러나 윈지그는 『네이티브 스피커』가 미국 이민자의 경험, 특히 한국계 미국인의 경험에 대해 매우 예리한 통찰을 하고 있다고 본다. 미국 내에서 벌어지고 있는 인종적 긴장의 복잡성을 잘 전달하고 있으며 이민자들이 언어 장벽에 도전하는 모습과 가족 간의 삶, 그리고 개인들 간의 관계를 역동적으로 표현하고 있다는 것이다. 이 작품이 주는 가장 강력한 메시지를 원어민이 아닌 사람들에게 있어 영어가 지닌 파괴적인 속성이라고 본 윈지그는 언어문제는 두 문화 사이에 낀 이민자들의 정체성 문제와 밀접한 관계가 있다고 해석한다.

이와 같은 비평과 더불어 주목할 만한 것은 『네이티브 스피커』가 주인공 설정과 장르 면에서 여느 아시아계 미국문학과 다르다고 한 리엄 콜리(Liam Corley)의 주장이다. 콜리는 『네이티브 스피커』가 다른 아시아계 미국문학보다 스케일이 큰 영역을 다룬다고 보는데 가령 미국 정치권력의 중심에 도전하는 인물을 설정한다든지, 아시아계 미국문학의 일반화된 장르인 자서전적인 성장소설 대신 탐정소설의 장르를 도입한 점이 그러하다는 것이다. 이러한 소재와 형식의 변화는 기존 아시아계 미국문학의 스테레오 타입에서 벗어나 보다 다양하고 확장된 문학 영역으로 발돋움할 수 있는 계기를 마련한 것이라고 본다.

『네이티브 스피커』를 도시소설이라고 할 때 도시 재현의 방식에 있어서도 다른 작품과는 다른 양상을 보인다. 『미국은 내 마음속에』나 『노-노 보이』, 그리고 『차 한 대접 드세요』 등 이전의 다른 아시아계 미국 도시 소설들이 도시를 단순하고도 사실적으로 그리고 있다면 『네이티브 스피커』는 복잡하고도 추상적으로 그린다. 또한 전자가 도시를 생존과 동화의 공간으로 인식한다면 후자는 상호교차의 유동적인 공간으로 인식한다. 20세기 초 중반에 출판된 이전의 작품과 달리 작품의 주제와 톤, 그리고 재현 방식에 있어 20세기 말의 포스트모던 작품에 속하는 『네이티브 스피커』는 도시를 재현하는 방식이나 그 의미를 부여하는 방식에 있어서 이전과 다를 수 밖에 없다. 작품에는 1965년 이민자 법이 제정된 이후 아시아로부터 이민자들이 쏟아져 들어오던 1960년대의 뉴욕이 헨리 아버지의 야채가게를 중심으로 그려져 있다면 성장한 헨리가 활동하던 1990년대의 뉴욕은 여러 구역에 걸쳐 이질적이고 복합적으로 그려져 있다. 어린 헨리가 경험하던 협소하고 단일한 도시는 어른이 되어 경험하는 광활하고 복잡한 도시와 대조되어 있으며 이런 대조 속에서 헨리는 자신과 세상에 대한 인식을 달리하게 된다. 타고난 강박적인 성격대로 한 가지 단일한 정체성을 손에 쥐려고 하던 그는 점점 세상의 복잡성과 이질성을 인정하고 수용하게 되는데 그 과정을 통해 그는 자기 자신도 백인성과 한국성의 이중적 속성을 지닌 혼종적인 존재임을 알아가는 것이다.

2. 낯선 자들의 도시: 언덕 위의 도시와 바벨탑

『네이티브 스피커』는 언덕 위의 도시를 건설한 백인과 바벨탑을 점거한 이방인 간의 한 판 격돌을 다룬 작품이다. 한국계 미국인 존 강이 메트로폴리탄 뉴욕의 시장이 된다는 것은 미국정치의 중심을 백인이 아닌 이방인이 차지한다는 것을 의미한다. 더구나 "도시의 볼품없는 자들, 불법 노동자들을 대변하는"(『네이티브 스피커』 342) 존 강의 승리는 백인이 항상 두려워하던 외국인 침입의 명백한 승리를 의미하는 것이기도 하다. 그러므로 존 강이 뉴욕 시장의 고지를 목전에 앞두고 사회적으로 거세당하는 것은 이방인의 입성을 허락하지 않는 백인 사회의 예정된 수순일 지도 모른다. 하지만 『네이티브 스피커』는 존 강을 사회적으로 매장시키는 세력이 건국 초기에 백색 도시에서 추방된 이방인이었다는 사실을 암시함으로써 이 격돌이 지닌 역사성과 전복의 가능성을 다시 한 번 환기시킨다. 작품의 제사(epigraph)로 인용된 월트 휘트먼의 시, 언어수업에서 사용하는 발음 연습용 시, TV 뉴스에 등장하는 중국 선박의 난파 장면 등 작품의 곳곳에서 이러한 충돌의 역사와 전복의 가능성이 강조되고 있다.

> 몸을 돌려보지만 벗어날 수가 없다.
> 혼란 속에서 지난날을 읽고 또 읽어보지만
> 아직 어둠일 뿐.
>
> I turn but do not extricate myself,
> Confused, a past-reading, another,
> but with darkness yet. (『네이티브 스피커』 epigraph)

휘트먼의 시 일부를 차용한 위의 제사는 난파선에서 탈출하지 못하고 어둠 속에 갇혀 있는 사람의 공포와 혼란을 그린다. 이창래가 작품의 제사로 난파선을 소재로 한 휘트먼의 시를 실은 것은 여러 가지로 해석할 수 있다. 이민자로서 아직 미국에 완전히 동화하지 못한 국외자의 감정을 표현한 것일 수도 있고 영원히 자신의 본래 모습을 알지 못하는 실존적인 인간 고뇌를 담은 것일 수도 있다. 리엄 콜리는 이민자가 갖는 비상의 욕구를 미국 민초들의 욕구와 병치시킨 것으로 해석한다. "드넓은 비전 안에 모든 차이를 포함해야 한다는 우주적 전망을 주장했던"(Corley 73) 민주주의자 휘트먼이 다양한 계급과 인종들의 "몸을 돌려보려는" 비상의 욕구를 수용할 것을 주장했듯이 이창래도 아시아계 미국인들의 신분 상승에 대한 욕구가 보편적인 것이며 그들 역시 건국의 아버지인 "보트 피플"의 후예임을 환기시킨다는 것이다(79).

언덕 위의 도시와 바벨탑의 신화는 『네이티브 스피커』에 기술된 또 다른 시에도 내포되어 있다.

> *마침내 잠에 속박된 사람처럼,*
> *바다로 떠밀려 둥둥 떠내려가다가, 맴돌다가,*
> *점점 퍼져 나가는 소리의 깊은 바다 속으로 들어간다 ….*
>
> *Till, like one in slumber bound,*
> *Borne to ocean, I float down, around,*
> *Into a sea profound, of ever-spreading sound ….*
> (『네이티브 스피커』 233)

이 시는 알브레히트 부인의 언어 교정 반에서 헨리가 발음 교정을 하기 위해 암송하던 시다. 그녀가 "우리가 제일 좋아하는 노래를 외워 봐요"(233)라고 명령하면 겁에 질린 헨리가 더듬거리며 암송하던 이 시는 퍼시 비쉬 셸리(Percy Bysshe Shelly)의 「사슬에서 풀린 프로메테우스」("Prometheus Unbound")다. 당시 시인의 이름을 "Peanut Butter Shelley"라는 "온통 여자 같은 이름"으로 잘못 기억하고 있을 뿐더러 제목조차 모르던 헨리는 이 시를 떠올릴 때 마다 장엄한 운율에 맞추어 자신의 손바닥과 등을 내리치던 알브레히트 부인의 매질과 꼼짝없이 덫에 걸려 죽어가는 동물을 떠올린다.

레이첼 리(Rachel Lee)는 신체적, 정신적인 고문을 연상시키는 이 언어연습 장면을 두고 푸코의 생명권력(biopower)으로 해석한다. 생명 권력이 "집단적 사고를 형성하기 위한 수단"으로 사용된다고 할 때 "권력이 몸을 장악하고 권력을 당연한 문화로 여기게 만드는 구체적인 행위"(Lee 346)인 읽기 교육은 곧 그것이 집행되는 현장임을 보여 준다는 것이다. 이는 헨리가 반복해서 연습해야 하는 읽기가 단순히 발음을 교정하기 위한 것이 아니라 보이지 않는 지배 권력이 우리도 모르게 몸과 생각을 통제하는 통로라는 사실을 지적한 것으로 이 때 "집단적 사고"는 백인 중심의 미국, 그 사회가 사용하는 언어와 가치체계만이 유일하다는 사고이다. 헨리의 어릴 적 언어 수업이 혀의 통증, 손바닥의 매질 등 신체적인 고통뿐 아니라 열등감과 수치심 등 심리적인 고통을 동반한다는 사실은 언어가 지닌 심리적 억압기제를 가리킨 것이라 하겠다.

이렇게 제국주의적인 교육의 수단으로 활용되는 셸리의 시는 한편 그 내용을 분석해볼 때 휘트먼의 시와 마찬가지로 미국의 건국 신화를 떠올리게 한다. 인류에게 불을 준 대가로 큰 바위에 묶여 독수리에게 간을 쪼이는 극심한 고통을 당하던 프로메테우스가 드디어 구속으로부터 벗어나는 이야기를 다룬 「사슬에서 풀려난 프로메테우스」는 인간의 자유, 평등한 세상의 도래를 노래한 것이다. "잠에 속박된 사람처럼" 혼돈 속에서 항해하던 "내가" "점점 퍼져 나가는 소리의 깊은 바다 속으로 들어가는"(『네이티브 스피커』 233) 내용을 담은 셸리의 시는 '보다 나은 삶'을 찾아 미지의 세계로 향하던 수많은 '보트 피플'의 자유를 향한 항해일지이기도 하다.

미국의 기원에 대한 환기는 위의 두 시 외에도 지역 TV에 방영되는 중국 불법이민자들의 난파선 장면에서도 되풀이된다. 실제로 1993년 뉴욕 근처 바다에서 조난당한 중국 불법 이민선 골든 벤처(Golden Venture)호를 모델로 했다는 이 장면은 혹한의 바다를 헤엄치는 중국인들, 시신들이 널브러져 있는 해안가, 그나마 생존한 사람들마저 "멍한 상태로, 물에 완전히 젖어, 말도 못하고" "경찰 밴에 줄줄이 끌려가는"(247) "비루함의 스펙터클"(Corley 61)이다. 콜리가

▌뉴욕 맨해튼 코리아타운 이정표

"아시아인들의 침입에 대한 미국인들의 공포"(62)를 드러낸다고 한 이 장면에서 우리가 엿볼 수 있는 것은 휘트먼과 셸리의 시가 상기시키던 미국의 정체성, 이른바 이방인이던 "'보트 피플'이 항상 미국 일상어의 일부"(79)라는 사실이다.

이 반복적인 역사는 『네이티브 스피커』의 헨리 아버지의 스토리에도 고스란히 반영된다. 정치적으로 불안정했던 한국을 떠나 "달랑 200달러만 지닌 채 아내와 아이, 몇 마디 영어만을 가지고" 뉴욕에 당도한 아버지는 "맨해튼 5번가와 브로드웨이 사이의 32번가 거리에 한국 가게라곤 야채가게 한 개, 음식점 두 개, 양복점 한 개, 그리고 술집 한 개가 있던" 1960년대에 뉴욕에 입성한 이방인이다. 아버지가 뉴욕 시의 플러싱에서 밤낮으로 야채가게를 지키며 고단한 삶을 꾸리는 지난한 여정은 언덕 위에 신의 도시를 세우고 종교적 자유와 물질적 풍요를 누리려던 청교도들의 꿈의 연장선상에 있다.

> 그에게 세상이란— 바로 이 땅, 그가 선택한 국가를 의미하는데—결정된 절차, 이떤 예정된 규칙들에 따라 움직이는 것이었다. 이민자들의 양도할 수 없는 권리가 있었다.
>
> For him, the world—and by that I must mean this very land, his chosen nation—operated on a determined set of procedures, certain rules of engagement. There were the inalienable rights of the immigrant. (『네이티브 스피커』 47)

이민자의 양도할 수 없는 권리인 청교도 노동 윤리와 신앙으로 무장한 아버지는 "새벽부터 밤늦게까지," "거래할 때는 친절하게, 그러나 후하지는 않게" 일하며 "제대로 본 적도 없지만" 삶의 "전부인"(47) 가족에 절대적인 가치를 두는 삶을 꾸려간다.

당신은 새벽부터 밤늦게까지 일하셨다. 거래할 때 절대로 불친절한 적이 없지만 그렇다고 후하지도 않았다. 가족을 제대로 본 적도 없지만 가족이 전부라고 했다. 돈은 소액권으로 잘 숨겼다. 자신만만하게 시장을 차근차근히 독점해 갔다. 시보레를 몰다가 캐딜락으로 그 다음 벤츠로 바꾸었다. 한 번도 대출금을 미룬 적도 없었고 교회에 빠진 적도 없었다. 아버지는 눈물을 흘릴 때까지 열정적으로 기도를 드렸다. 당신은 자본주의와 예수님에 대한 사랑만이 유일하게 믿을 수 있는 보이지 않는 힘이라고 생각하셨다.

You worked from before sunrise to the dead of night. You were never unkind in your dealings, but then you were not generous. Your family was your life, though you rarely saw them. You kept close handsome sums of cash in small denominations. You were steadily cornering the market in self-pride. You drove a Chevy and then a Caddy and then a Benz. You never missed a mortgage payment or a day of church. You prayed furiously until you wept. You considered the only unseen forces to be those of capitalism and the love of Jesus Christ. (47)

고단한 노동, 가족애, 그리고 신앙을 통해 결국 아메리칸 드림을 이룬 아버지는 "시보레," "캐딜락," "벤츠"가 상징하듯 부를 일구어 백인 구역인 아드슬리에 꿈의 집을 갖는다. 이민자의 고전적인 성공담을 그대로 따르는 아버지는 신앙과 물질을 동시에 숭배하는 건국의 신화를 재연하는 셈이다.

사실 유토피아에 대한 갈망은 신세계에 온 청교도들만의 것은 아니다. 유토피아적 사회주의를 표방하는 데이비드 하비(David Harvey)에 의하면 유토피아는 사회적 관계, 도덕적 질서, 정치·경제적 체제 등에 관하여 광범위하고 흥미로운 사고를 탐구하고 표현하기 위한 창의적 수단이 되며, 활동가들은 이러한 수단을 통해 가능한 공간적 질서의 무한한 배열을 추구하게 된다고 한다. 특히 역사적으로 제시된 여러 유형의 유토피아들은 대체로 공간적 형태로 볼 때 도시의 모습을 하는데 이것은 도시와 유토피아적 상상력이 불가분의 관계임을 보여 준다. 호머의 『오딧세이』에 묘사된 도시국가 패아키아로부터 그리스 로마시대의 아테네 등에 이르는 많은 도시국가들은 당시의 어떤 이상적인 사회 공간의 형태를 반영한 것으로 간주되었고 르네상스 이후 토마스 모어의 『유토피아』에서도 이상적 세계는 도시의 형태를 띠게 된다. 유대-기독교적 전통은 파라다이스를 모든 선량한 영혼들이 고난과 시련을 겪은 이후에 들어가는 독특한 장소로 규정하며 여기서부터 유토피아에 대한 은유의 방식들은 하느님의 도시, 영원한 도시, 언덕 위의 찬란한 도시로 묘사된다(『희망의 공간』 215-223 참조).

유토피아적 꿈이 특정한 장소를 가진다는 하비의 주장에 의거하면 미국의 교외화는 만성적인 빈곤과 사회적인 질환으로 이미 디스토피아가 된 내부 도시를 떠나 새로운 유토피아를 교외에 실현시킨 사회 공간적 프로젝트이다. 이질적인 인종이 모여 각종 사회 문제를 일으키는 도시에서 벗어나기 위해 배타적인 "풍요의 게토"(210)를 교외에 세우는 미국식 유토피아 건설은 미국의 징표인 정치적 보수주의와 사회적 자유주의의 특이한 혼합에 근거를 두고 있다. 이른바 유토피아의 기나긴 역사에서 미국식 교외화는 상업화된 부르주아적 유토피아로 출현한 최근의 버전이라 하겠다(『희망의 공간』 194-210 참조). 유토피아에 대한 꿈을 안고 대서양을 건너 온 청교도 '보트 피플'이 신세계에 정착하자 '언덕 위의 도시'를 세우고 자신들만의 배타적인 공간을 구축했듯이 최근 미국 도시의 교외화는 최상층 백인들을 위해 건립된 또 다른 '부르주아적인 언덕 위의 도시'라고 말할 수 있다.

이러한 부르주아적 유토피아는 『네이티브 스피커』에서 뉴욕 근교에 위치한 백인 동네 아드슬리로 재현되고 있으며 그것이 지닌 폐쇄성과 배타성은 헨리 부모의 심리적 위축과 아들 밋의 죽음으로 명백히 나타난다.

> 우리는 아들이 좀 더 시원하고 좀 더 부드러운 땅을 알기를 원했다. 아버지의 넓디넓은 집에는 키 큰 포플러 나무, 오크 나무, 병으로 쓰러지지 않은 몇 그루의 느릅나무가 있었다. 20년 전에 비해 별 달라지지 않은 것 같았다. 그때와 마찬가지로 키가 크고, 장엄한, 아버지의 삶의 중심지였다.
>
> We wanted our boy to know a cooler, softer ground. On the expansive property of my father's house stood high poplar, oak, the few elm not yet fallen with disease. They didn't appear much different to me than they did twenty years before; they looked just as tall, as venerable, the capital of my father's life. (『네이티브 스피커』 101)

욕설과 범죄의 소굴인 뉴욕 시 근교에 있는 아드슬리는 한 여름의 열기에도 불구하고 그지없이 시원하고 쾌적한 "유토피아의 심장부"(101)이다. "유토피아의 심장부"에 있는 아버지의 집은 그 동네가 그러하듯이 누구도 침범하지 못하는 '높고 장엄한' 난공불락의 배타적인 요새이다.

반면에 헨리와 릴리아가 아들의 안전을 염려하여 떠나온 뉴욕은 흥분과 아노미의 장소이다.

> 물론 도시는 너무 위험하게 보였다. 특히 여름에는 더 그랬다. 거리는 누그러지지 않는 열기로 미친 것 같았고, 말 그대로 온갖 가능성으로 김이 푹푹 났다. 어느 하나 좋은 일이 일어날 것 같지 않았다. 사람들은 점

점 더 비열해져 갔다. 저 맹렬한 빛과 돌 아래에 짓눌린 채. 뉴욕 시의 여름은 욕설의 계절이다…. 열기의 파도, 범죄의 파도가 일렁인다. 매연과 먼지 구름. 저녁에는 이 모든 것이 보이지 않게 땅으로 내려온다. 저 먼 화염의 보이지 않는 재가 도처에서 우리를 더럽히며.

> The city, of course, seemed too dangerous. Especially during the summer, the streets so dog mad with heat, untempered, literally steaming with possibilities, none of them good. People got meaner, stuck beneath all that hard light and stone…. : in New York City, summer is the season of bad language…. And then there were the heat waves, the crime waves. The clouds of soot and dust. In the evening it all descended unseen, an invisible ash of distant fires, soiling us everywhere. (101)

여름이면 더욱 심해지는 뉴욕의 열기와 욕설과 오염은 급속한 도시화가 극단적인 형태로 나타난 미국 도시의 현상을 상기시킨다. 조사이어 스트롱(Josiah Strong)은 미국의 도시들을 가리켜 "기하급수적으로 사회 문제가 늘어나고, 계급과 인종이 용광로에서처럼 뒤섞이며, 사회적 대조가 두드러지게 나타나고, 기대와 환멸의 혼합이 이미 내상되어 있으며, 촉수가 발달된 신비로운 성장이 일어나는," "문명이라는 태풍의 중심"(Bradbury 재인용, 98)이라고 하였다. 이러한 문화적 혼돈인 도시를 가리켜 맬컴 브래드 베리(Malcolm Bradbury)는 "우발적이고, 수개국어를 사용하는 바벨 탑"(98)이라고 말한 바 있다.

『네이티브 스피커』에 재현된 뉴욕은 다인종과 여러 계층들이 마구 뒤섞인 거대한 용광로이며 위험과 혼돈이 들끓는 바벨탑이 분명하다. 하지만 이창래는 밋의 죽음이 일어나는 장소를 아드슬리로 설정함으로써 진짜 위험지역은 이 바벨이 아니라 청결하고 질서정연하며 단일한 백색 유토피아임을 극적으로 환기시킨다. 밋의 죽음은 아드슬리에 이사온 헨리 부모의 심리적인 소외에 이미 내장되어 있다. 아무도 자신들의 행동을 지적하거나 뭔가 지시를 하지 않는데도 불구하고 그들은 끊임없이 스스로를 수치스럽게 여기며 기꺼이 자신들을 이웃으로부터 격리시킨다. 헨리가 "비루한 수치"(『네이티브 스피커』 53)라고 규정한 부모의 심리적인 소외와 자발적인 타자화는 실상 개인의 문제라기보다 아드슬리에 보이지 않게 깔려 있는 은밀한 인종주의에서 비롯된 것이다. 밋의 죽음으로 노출된 이 인종주의는 거리와 클럽과 놀이터 등 풍요의 게토 곳곳에 안개처럼 깔려 있다. 동네 백인 아이들에게서 "칭크, 잽, 구크," "찰리 챈, 냄비처럼 납작한 얼굴," "얼간이, 혼혈, 튀기, 바나나 티윙키"(103) 등 언어폭력에 시달리고 따돌림을 당하던 밋은 7세 되던 생일날 "창백한 어린 소년들"에게 "짓눌려"(106) 이 공간으로부터 영원히 추방된다.

백인 동질성을 대표하는 아드슬리가 유토피아가 아니라 소외와 죽음의 공간임은 여기가 이방인들을 배척하고 배제시키기 때문만은 아니다. 백인성을 상징하는 또 다른 공간인 릴리아와 헨리의 쾌적하기 짝이 없는 뉴욕의 아파트가 점점 "거주자들의 구역이 자연스럽게 분리되는 작은 도시"(24)가 되어 가듯이 이 유토피아는 결국 이방인들뿐만 아니라 구성원들 자신들을 배척하고 스스로를 소외시키는 단절과 고독의 공간이다. 백인 사회의 중심부에 있는 릴리아의 부모가 알코올 중독과 우울증에 시달리고 그들의 집이 가족 간의 대화 단절과 격리로 인해 "죽음의 냄새가 나는 집"(119) 으로 변하는 것도 백색 유토피아가 지닌 폐쇄성과 그에 따른 사멸을 증명한다고 하겠다.

이와 같이 『네이티브 스피커』에는 언덕 위의 도시와 바벨탑, 동질적인 유토피아와 이질적인 디스토피아, 백인성과 타자성의 이분법적인 간극이 아드슬리와 뉴욕의 대조를 통해 나타난다. 그러면서 '보트 피플'의 발생학적 기원을 망각한 전자는 안전과 풍요의 공간이 아니라 위험과 결핍의 공간이 될 수 있음을 암시한다. 비록 존 강이 뉴욕의 정치계에서 추방되긴 하지만 그럼에도 불구하고 그가 "별 볼일 없는 또 한명의 소수인종 출신 정치가"(303)로 머물지 않고 뉴욕 전역을 대표할 정치가로 나설 수 있었던 것은 현 뉴욕 시장 데 루스(De Roos)가 증거하듯이 이방인의 유입과 그들의 사회적 전복을 허락하는 뉴욕의 토양 때문이다.

네덜란드 출신인 데 루스의 조상은 1626년 뉴욕 지역에 뉴 암스테르담을 세우지만 1664년 영국에 정복당하고 쫓겨난다. 그 후손인 데 루스가 20세기 후반 뉴욕 정치계의 중심에 우뚝 선 것은 이방인이 항상 이방인으로만 머물지 않고 중심인물로 역전될 수 있는 가능성 때문이다. 이질적이고 무질서하기 때문에 온갖 위험과 혼돈이 발생하는 공간이지만 그 이질성과 무질서 속에 가능성의 출구를 마련해두고 있는 곳이 바로 뉴욕이다. 리엄 콜리가 말한 것처럼 "뉴욕은 원래가 논쟁과 문화적 다원주의의 창조물이기 때문이다"(68). 혼종성, 그것이 태생적 정체성인 뉴욕에서 지금의 실패는 미래의 성공을 여는 통로이기 때문이다.

3. 생성의 도시학과 『네이티브 스피커』

『네이티브 스피커』의 헨리 박은 몰락한 한국계 미국 정치가인 존 강의 집 주위를 에워싸고 시위하는 뉴욕의 군중들을 보며 "만약 내가 저 무리의 공격 대상, 막 배에서 내린 이국인들 중 한 명이라면 어느 공동체의 축하연, 문화 축제인 줄로 착각하겠다"(340)고 냉소한다. 헨리의 독백은 소수 인종의 정치입문을 차단하는, 인종차별적인 도시 뉴욕을 비판한 것이다. 이 장면은 새로운 '집'으로 선택했으나 쉽사리 정착할 수 있도록 허락하지 않는 도시에 대한 이민 후손의 실망과 혐오를 드러내는 것이지만, 한편 아시아계 미국인의 삶에서 그동안 도시가 해 온 기능을 포착할 수 있는 단서를 제공하기도 한다.

초기부터 최근까지 아시아계 미국 소설에 재현된 도시는 주인공의 정체성 추구를 촉진시키고 제 3의 혼종적 문화를 창조하는 카니발적 장소로 보인다. 초기작 『미국은 내 마음속에』에 등장하는 미서부 도시들은 필리핀 이민자에게 빈곤과 인종차별의 상징이면서도 결국 생존과 희망의 공간으로 수용된다. 『차 한 대접 드세요』의 샌프란시스코는 이민자의 개별성이 보장되지 않은 뉴욕 차이나타운과 달리 익명의 자유를 제공하는 해방의 장소로 그려져 있다. 마찬가지로 『노-노 보이』와 『네이티브 스피커』의 시애틀과 뉴욕도 소외와 단절의 황무지를 넘어서 두 이민 후손들의 자아실현과 새로운 이질적 문화를 창조하는 기회의 공간으로 재현된다. 이와 같이 도시는 아시아계 미국 이민자들에게 생존과 기회의 장소로 재현되어 있는데, 이는 헨리의 무의식적 발언에 함축되어 있는 도시의 카니발적 속성 때문이다.

아시아계 미국 소설에 재현된 도시의 속성을 바흐친(Bakhtin)의 카니발 개념과 연계시키는 것은 이질적인 요소의 동시 공존, 주변적인 요소의 전복성에 따른 것이다. 중세 전형적인 인간의 삶을 연구한 바흐친은 중세인들이 두 가지 다른 형태의 삶을 병행했다고 보았다. 하나는 "엄격한 위계질서를 따르고, 공포와 도그마, 경의와 경건으로 가득한" "공식적인 삶"이며, 다른 하나는 "자유롭고 구속되지 않은, 양가적 웃음, 신성모독, 모든 신성한 것에 대한 신성 모독으로 가득한… 만인과 만물에 쉽게 접할 수 있는" "축제와 광장의 삶"(Bakhtin 129-30)이다. 바흐친은 엄격한 종교적 도그마와 위계질서가 전복되고 그로인해 억압된 욕망이 방출될 수 있었던 중세의 카니발 개념을 문학 담론에 적용하여 카니발적 문학 양식을 정립한 바 있다. 바흐친의 카니발적 문학 양식은 유머와 혼돈을 통해 지배적인 스타일과 인식론을 전복시키고 그럼으로써 주변적인 요소들을 해방시키는 것이다.

같은 맥락에서 헨리의 도시는 이질적인 하위문화가 폐기되지 않고 공존하며 혼종적인 제3의 문화를 창조하는 동력이 된다는 점에서 카니발적 공간이라고 말할 수 있다. 뉴욕은 쉴 새 없이 이민자가 유입하고 이동하는 안전 취약지이며, 구성원들의 익명성과 무관심으로 인해 이웃 간의 소통이 단절된 소외공간이다. 세계 각지에서 몰려든 이민자들의 도시인 뉴욕에서 인종차별과 계급 차별이 삶의 조건임을 알게 되는 헨리는 암암리에 자기 자신과 한인 공동체에 대해 열등의식을 갖게 되며 성장과정 내내 열등의식에서 벗어나려는 강박관념에 시달린다. 그러나 이민 후손들에게 미국 주류 사회로부터 소외되었다는 소외 의식과 항상 사회적 타자로 존재해야 한다는 타자 의식을 불러일으키는 도시는 역설적이게도 도시가 지닌 이질성, 이동성, 비개인성 등의 속성으로 인해 그들에게 개인적인 자유의 공간과 새로운 제 3의 문화를 창출할 토양을 제공한다.

『네이티브 스피커』의 뉴욕이 『차 한 대접 드세요』의 뉴욕과 다른 것은 소수인종 거류지의 제한된 영역을 벗어나 보다 넓은 구역을 조망한다는 점, 그러므로 도시의 다양성과 복잡한 양상이 보다 큰 스케일로 상세하게 다루어지고 있다는 점이다. 두 작품이 출간된 30여 년 간의 시간적 간격을 고려할 때 도시 풍경과 인물의 활동 영역에서 그만한 변화는 당연할 것이다. 일견 아시아계 미국 이민자의 삶이 이전보다 다양해지고 풍요로워진 것처럼 보이는 『네이티브 스피커』에는 그러나 그들의 삶이 실제로는 소수인종의 거주지를 크게 벗어나지 못하고 있으며 인종차별과 계급 차별은 보다 내면화되어 있다는 사실이 드러난다. 다국적 기업의 스파이인 헨리가 하는 일은 주로 아시아계 이민자들의 뒤를 캐는 일이며 그의 활동무대도 그들의 주거지나 일터이다. 잠깐씩 들르는 도시 근교 아드슬리, 도시 북쪽에 있는 호글랜드 회사, 릴리아의 맨해튼 아파트 외에 그는 대부분 시간을 존 강이 활동하는 퀸즈 카운티의 플러싱에서 보낸다. 메트로폴리탄 뉴욕에서 그가 경험하는 도시는 결국 소수인종 거주지이며 도시에 대한 인식도 그 통로를 통해서 하는 셈이다.

플러싱은 다양한 인종, 다양한 국적의 이민자들이 끊임없이 흘러들어오는 곳으로 각종 범죄와 인종간의 소요가 끊이지 않는 일종의 전쟁터이다.

> 길게 줄을 서서 일하고 거래하는 이 사람들, 한국인, 인도인, 베트남인, 아이티인, 콜롬비아인, 나이지리아인으로 이루어진 이 다양한 소대들. 갈색과 노란색과 무슨 색이든 상관 없는 이들, 누구든 상관없는 이들, 셀 수 없이 많은, 들어보지도 못한, 아무 것도 아닌 이들. 각자 시장에 김치, 리치, 바나나, 검은 콩, 두유, 코코넛 밀크, 생강, 그루퍼, 아히, 노란 커리, 쿠치프리토, 할라페뇨를 도매로 파는 이들. 일 년의 매일을, 매분마다, 서로에게, 스스로에게, 어떤 것이라도 닥치는 대로 파는 이들.

> They were of all kinds, these streaming and working and dealing, these various platoons of Koreans, Indians, Vietnamese, Haitians, Colombians, Nigerians, these brown and yellow whatevers, whoevers, countless unheard nobodies, each offering to the marketplace their gross of kimchee, lichee, plantain, black bean, soy milk, coconut milk, ginger, grouper, ahi, yellow

curry, cuchifrito, jalapeno, their everything, selling anything to each other and to themselves, every day of the year, and every minute. (83)

이른 아침 플러싱 거리 풍경을 담은 위의 장면은 이민자들의 삶을 생생히 보여 준다. 새로운 국가의 시장 체제에 곧바로 진입할 수 없는 이민자들은 "가장 값싼 노동력"인 자신들의 몸을 "기계처럼"(188) 혹사하며 모국에서 건너온 물품들을 닥치는 대로 팔거나 교환하며 살아간다. 현대 도시의 발달 단계를 "상업 도시, 산업 도시, 세계무대의 도시"(Lehan 3)로 분류하는 레한의 분류법으로 볼 때 플러싱은 세계무대 도시의 한 귀퉁이에 1차 산업 물품을 상 거래하는 초기 상업 도시라고 할 수 있다. 최저 임금과 최저 가격으로 미국 시장에 전 세계 공물을 제공하는 이민자들은 "들어보지도 못한, 아무것도 아닌"(『네이티브 스피커』 83) 불가시적 존재이며 "상점 진열장과 차고와 창고의 어수선한 심연으로부터 부유하는"(82) 실체가 없는 텅 빈 기호이다. 랠프 앨리슨(Ralph Ellison)의 『보이지 않는 인간(*Invisible Man*)』의 화자가 그렇듯이 이들 익명의 이민자들은 사회적으로 힘이 약한 불가시적인 존재이다.

이와 같이 불가시성과 비실체성으로 요약되는 플러싱의 다인종 집단은 자본주의 시장논리에 의해 구조적으로 하층 계급에 속하는 주변지역이다. 그런데 이러한 주변화 현상을 심화시키는 요소는 백인의 인종적 억압이라기보다 오히려 소수인종간의 갈등이라는 데 더 큰 문제가 있다. 백인보다 아시아계 미국인의 인구가 더 많은 플러싱[20]에서 벌어지는 "인종 전쟁"(181)은 백인 중심의 사회에서 인종

20) 2000년 인구분포도에 따르면 백인이 39.3%, 흑인이 5.8%, 히스패닉계가 18.8%, 아시아계가 43.1%, 기타 7.4% 이다. (2000년 인구통계, http: // en.wikipedia.org / wiki / Flushing,_Gueens)

차별의 최대 피해자였던 흑인과 1960년대 이민법 개정 이후 대규모로 유입하기 시작한 한인과의 갈등에 집중되어 있다.

> 자식이 둘이나 있는 젊은 흑인 어머니 새런더 할란스가 죽었습니다. 한국인 상점 주인이 쏜 총에 등을 맞았습니다. 한국계 미국인 대학생 찰스 김도 죽었습니다. 그는 그의 가족의 가게가 화염병에 맞아 불이 붙자 물건들을 꺼내려다가 연기에 질식사했습니다. 그가 죽을 때 나는 그의 병실에 있었습니다. 나는 할란스 양의 장례식에 참석했습니다. 나는 말합니다. 그들은 땅 밑에 누웠을지 모르나, 묻히지는 않았습니다.

> A young black mother of two, Saranda Harlans, is dead. Shot in the back by a Korean shopkeeper. Charles Kim, a Korean-American college student, is also dead. He was overcome by fumes trying to save merchandise in the fire-bombed store of his family. I was in the hospital room when he died. I attended Miss Harlands' funeral. And I say that though they may lie beneath the earth, they are not buried. (151)

위의 장면은 흑인 어머니 새런더 할란스가 한국 상점 주인의 총에 맞아 죽자 뉴욕의 한인/흑인 간의 갈등이 일촉즉발의 위기 상황까지 치닫게 되고 그것을 중재하려는 존 강이 군중들을 대상으로 연설을 하는 장면이다. 다니엘 김(Daniel Kim)도 말한 바 같이 1992년 L.A. 폭동을 연상시키는 『네이티브 스피커』의 한인/흑인간의 갈등은 이질적인 소수인종 집단 간에 발생하는 계층적 억압과 그 폭력성을 여실히 증명한다(Kim 237). 로드니 킹 사건으로 촉발된 L.A. 폭동이 그전부터 누적되어왔던 한인과 흑인 사이의 갈등이 폭발한 것이듯 할란스 사건이 있기 오래 전부터 뉴욕에도 한인/흑인간의 갈등이 겹겹이 쌓여있었다. 흑인 운동 지도자인 보비 실(Bobby Seale)이 체포되던 날 그의 부당한 체포보다 아들의 이른 귀가 때문에 흥분하던 헨리 아버지가 보여주는 흑인에 대한 혐오는 한인 타운의 일상어이다.

플러싱에 현저히 나타나는 소수인종간의 갈등은 플러싱에만 국한되지 않고 뉴욕 시 전체에 퍼져있다. "지상의 모든 언어로 말하고, 이야기하고, 외치고, 소리치는"(『네이티브 스피커』 101) 다인종 다언어의 도시 뉴욕은 "안전한 지역인 맨해튼의 어퍼 이스트와 웨스트 지역에도 이웃을 찾아보기 힘들" 정도로 단절된 공간이며, "학교 실험실 장비에 쓸 돈을 금속 탐지기 설치에 써야 할 만큼"(192) 폭력과 범죄가 난무하는 우범지역이다. 백인 중심 사회로부터 소외된 소수인종들은 그 내부에 혹은 그들 간에 첨예한 대립과 갈등을 일으키며 서로 단절된 채 스스로를 주변화시킨다. 『네이티브 스피커』에는 뉴욕의 이질성과 그로 인한 주변화가 특히 언어 문제에 집중되어 있는데 이민 2세대인 헨리는 청각적 경험을 통해 자신의 주변화를 인지한다.

> 고대 로마는 첫 번째 바벨이었다. 뉴욕 시티는 두 번째이다. 마지막이 로스 엔젤레스라는 사실은 의심할 여지가 없다. 그러나 이 눈부신 장소에 들어가기 위해서 새로 온 사람들은 제 1 언어인 라틴어를 배워야 한다. 낡은 혀를 억누르고 입술을 느슨하게 풀어라. 들어라, 미국 도시의 기침과 외침을.

> Ancient Rome was the first Babel. New York City must be the second. No doubt the last will be Los Angeles. Still, to enter this resplendent place, the new ones must learn the primary Latin. Quell the old tongue, loosen the lips. Listen, the hawk and cry of the American city. (237)

아버지와 달리 거의 원어민처럼 영어를 구사하면서도 항상 언어 사용에 민감한 헨리는 뉴욕을 다양한 인종이 각기 자신의 언어를 쏟아내는 '바벨'로 여긴다. 하지만 '바벨'이 그랬듯이 뉴욕은 소통이 되지 않는 다중 언어의 지역이며 로마가 그랬듯이 제국의 언어가 다른 언어를 무력화시키는 지역이다. 정복당한 이민족들이 로마에 도착했을 때 제일 먼저 해야 할 일이 모국어를 버리고 라틴어를 배우는 것이듯 뉴욕에 도착한 이민자들은 즉시 영어부터 배워야 한다. 어린 시절 언어 교정 반에서 발음 교정을 한 적이 있는 헨리는 자신을 포함하여 함께 수업 받던 아이들을 "말을 더듬거리거나, 화를 내며 길길이 뛰거나, 바지에 오줌을 지리거나, 필요한 말을 할 줄 모르는, 학습 지진아, 정신박약아, 실패자"(235)라고 한다. 영어를 잘 할 줄 모르는 것을 장애, 패배, 열등, 사회 부적응과 같은 맥락으로 바라보는 그는 완벽한 영어 구사를 완전함, 성공, 우월성의 결정체로 인식하며 집착한다.

헨리의 완벽한 영어 사용에 대한 강박은 원어민인 릴리아와의 결혼, 영어만 배우도록 강요하는 아들 밋에 대한 교육, 그리고 공식 영어를 유창하게 사용하는 존 강에 대한 동일화로 나타난다. 하지만 그의 시도는 릴리아와의 결별, 아들 밋의 죽음, 존 강의 추방으로 완전히 실패로 끝난다. 밋에게 한국어를 가르치지 않는 이유를 이중언어 사용이 제공할 수 없는 "세상에 대한 하나의 감각," "하나의 목소리로 이루어진 삶"을 위해서이며 그 단일성이야말로 "그 아이의 넓적한 노란 얼굴이 절대 줄 수 없는 권위와 신뢰"(267)를 보장하기 때문으로 본 것은 미국 백인 중심의 가치를 유일한 것으로 보고 내재화시킨 결과이다.

완전한 실패로 끝나는 헨리의 단일성에 대한 집착은 거슬러 올라가면 그의 아버지로부터 비롯된다. "호주머니에 달랑 200 달러를 가진 채, 아내와 아기와 영어 몇 마디만으로" 뉴욕의 게토에서 새로운 삶을 시작한 아버지는 "운이나 우연이나 다른 누군가에도 의지하지 않은 채" "단지 실패를 거부하며"(『네이티브 스피커』 49) 성공한 영웅이다. 아버지의 삶은 모국을 버리고 새로운 국가를 선택한 데에 대한 보상심리로 완벽한 성공을 추구한다. 그가 생각하는 성공이란 부를 일구고, 자식에게 좋은 교육을 시키며, 백인 부촌에 집을 사는 것이다. 실제로 아버지는 새벽부터 밤늦게까지 야채가게에서 열심히 일해서 아드슬리의 저택을 구입하며 아들 헨리를 엘리트로 키운다. 아드슬리의 집이 표상하듯 그에게 있어 성공은 '백인이 되는 것,' 달리 말해서 백인처럼 풍요롭고 백인처럼 생활하고 백인처럼 유창하게 말하는 것이다. 그가 원어민 며느리를 보았을 때 그토록 기뻐하고 손자 밋에게 숭배에 가까운 애정을 보내는 것도 백인 미국주의에 근접해간다는 충족감의 발로이다. 이러한 아버지의 강박적인 동화주의는 헨리에게 고스란히 전수되어 그로 하여금 실패에 대한 공포에 시달리게 하며 자아 속으로 숨어들게 만든다.

이와 같이 헨리에게 뉴욕은 안전과 유대를 보장하는 '집'이 아니라 소외와 단절, 추방의 게토이며 그 공간에서조차도 그는 스스로를 침입자, 이방인으로 인식한다. 그러나 헨리에게 도시와 자신에 대해 새로운 인식을 하게 되는 전환점이 생기는데 그것은 자신과 유사한 인물의 파국을 통해서이다. "함께 있으면 판박이란 말을 들을 수 있지만," 사실은 "아주 다른 종류의 사람"(138)인 존 강은 헨리에게 자신의 실제 모습을 똑바로 보게 하는 거울이다. 존 강을 만나기 전까지 헨리는 "20평도 안 되는 게토의 소매상 공간에 얽매어 있던"(183) 아버지와 대학 교육을 받았지만 늘 그늘에 숨어 지내는 자신이 별 다를 바 없다고 생각한다. 자기 자신을 가리켜 "원할 때마다 거주지에서 반 발짝만 내딛을 수 있는" 정서적인 이방인이라고 생각하는 그는 이 세상을 틈새로 만나는 스파이 직업이야말로 "이 문화에서 발견한 진정한 나의 자리"(127)라고 생각한다. 그러한 헨리에게 "존경받는 식품가게 주인이나 세탁소 주인이나 의사가 아니라 가족이라는 비좁은 범위 바깥에서 말을 하고 행동을 하려는 공적인 큰 인물"인 존 강이 출현한 것은 한국 태생인 자신도 "이 도시의 모든 구역에서 일등 시민으로 우뚝 설"(139) 수 있다는 가능성, 세상과 정면으로 부딪혀 자신의 영토를 구축할 수 있다는 가능성을 엿보게 한 일대 사건인 셈이다.

이렇게 심리적으로나 사회적으로나 헨리에게 충족의 가능성을 열어준 존 강은 하지만 뉴욕 정치계의 정중앙에 들어가기 바로 직전 파국을 맞이하며 미국 사회로부터 추방된다. 그의 파국을 통해 헨리는 『노-노 보이』의 이치로가 켄지를 통해 얻은 것과 유사한 교훈을 얻게 되는데 그것은 과거에 대한 직시와 미래에 대한 해법이다. 전자는 아버지로 대변되는 과거 역사가 결핍이라는 사실이고 후자는 다인종 다언어의 미국 사회가 필수적으로 갖추어야 할 윤리가 차이에 대한 수용이라는 사실이다.

존을 통해서 투영된 아버지의 실체는 존과의 만남 이후 유난히 길고도 세밀하게 묘사된 아버지의 그림을 통해 부각된다. 집에서 가부장으로서 권위를 행사하고 맨해튼 채소가게에서 소수인종 종업원들에게 군림하는 난공불락의 아버지는 그러나 존 강과 비교해서 볼 때 소수인종 콜로니를 벗어나지 못하는 초라한 소상인에 불과하다. 존과 아버지의 차이는 특히 머리카락으로부터 걸음걸이에 이르는 외양을 통해 적나라하게 드러난다. 그의 삶에서 "유일한 허영"(135)이던 "숱 많은 윤기 흐르는 머리카락"(134) 외에 아버지가 존을 닮은 점은 어느 한군데도 없다. “다림질된 양복”에서 “향긋한 냄새”(134)를 풍기는 존과 달리 아버지의 몸에서는 “땀과 썩은 채소와 잿빛 도시의 악취”(136)가 난다. 존은 “남의 것을 빌려온 듯 긴 걸음으로 성큼성큼 과시하며 걷는”(138) 걸음걸이라면 아버지는 “우리 같은 사람의 짧고 잰”(138) 걸음을 걷는다. 뉴욕 근교의 백인 부촌 아드슬리에 입성했음에도 불구하고 항상 국외자처럼 보이는 아버지의 악취와 초라한 걸음은 물질적 성취가 채워주지 못하는 사회적인 결핍을 의미한다. 반면 존의 향기와 우아한 걸음은 물질적 성취와 더불어 사회적인 성공과 충족을 가리킨다.

존을 통해 아버지의 사회적 결핍을 객관적으로 바라보는 헨리는 자신이 겪는 사회 부적응과 심리적인 패배의식 역시 그 결핍의 파생물임을 인지한다. “미국의 유명한 게토에서 25년간 청과상을 하도록 밀어붙인” “한결같은 결의”(49)의 소유자, 사물에 대한 단일한 감각을 지닌 아버지와 정반대로 헨리는 아내인 릴리아 조차 “건드릴 수 없는”(127) 모호함의 구현체이며 이중 의식의 소유자이다.

> 나는 한 번도 나 자신이 그런 식의 하얀 모자를 쓰고 멋진 말을 타고 시내 중심가를 질주하는 모습을 그려본 적이 없었다. 주로 나는 심야 마차를 타고 온다. 이런 말을 해도 좋다면 나는 늘 초대를 받은 곳, 아니면 초대 없이 가도 환영을 받을 수 있는 곳만 찾아 다녔다.
>
> I never envisioned myself in that kind of white hat, though, astride some fine horse, galloping into the main street of town. I mostly come by the midnight coach. If I may say this, I have always only ventured where I was invited or otherwise welcomed. (160)

스스로를 “약질”(135)로 규정하는 헨리는 자신을 신체적 허약함

못지않게 정서적으로도 위축된 국외자라고 여긴다. "심야 마차"는 이러한 국외자 의식을 잘 표현하고 있으며, "그냥 배후에 남아서 두드러지지 않고 납작하게 있어야 하는"(44) 스파이 일은 그 불가시성의 적절한 선택으로 보인다. 헨리의 스파이 직업에 대해서는 그동안 여러 비평가가 다른 의견을 내 놓은 바가 있다. 가령 스파이 직업을 설정한 것을 두고 아시아인을 불가해하다고 보는 스테레오 타입을 강화시킨다고 비판하는 부류가 있는가 하면 정서적 분열을 겪는 이민자를 잘 표현하는 적절한 문학 장치라고 주장하는 부류가 있다. 융-싱 우(Yung Hsing-Wu) 같은 비평가는 랠프 엘리슨의 『보이지 않는 인간』의 불가시성을 헨리의 경우와 연계시킴으로써 스파이 직업이 인종적 타자를 표상하는 것으로 본다(Wu 1461).

이렇게 예민하고 자의식적인 헨리를 두고 아버지는 어머니에게서 물려받은 열성 유전 탓으로 돌리지만 릴리아는 "한 번에 인생의 작은 부분만 살려고 하는" 그의 "강박"때문으로 본다. 삶에 대한 최소한의 개입과 표현으로 나타나는 헨리의 축소 강박증에 대해 릴리아는 그의 부모를 단명하게 한 생존에 대한 "스트레스"(『네이티브 스피커』 224) 만큼이나 그를 죽음으로 몰아 갈 치명적인 요소라고 하는데, 이것은 사실상 아버지의 사회적 결핍이 아들에게 대물림된 심리적인 현상이다. 과도한 노동과 부의 축적으로 아메리칸 드림을 이룬 아버지의 생존 법칙인 감정 억제와 완벽주의는 헨리에게 자기 부정이란 정서적 장애를 가져다준 것이다.

> 어머니는 무엇을 그렇게 두려워할까, 얼마나 나쁜 일이 생기기에 사람들이 우리를 어떻게 생각하는지 그렇게 신경을 쓸까 궁금해 하던 기억이 난다. 흠 하나 없는 우리 동네를 통과할 때면 마치 발이 아파 조심하듯 천천히 걸어야 했다. 와스프와 유태인들과 접해 살던 우리는 그들과 스

칠 때면 반드시 웃음을 지어야 했다. 마치 우리에게는 늘 모든 일이 괜찮은 것처럼, 그 어떤 것도 우리를 움직일 수 없고, 우리에게서 분노나 슬픔을 끌어낼 수 없는 것처럼 깔끔하고 예의 바르게 꾸미고 다녀야 했다. 안 그러면 얼마나 나쁜 일이 생기기에 우리는 미국적인 것이면 다 믿어야 하고, 미국인들에게 감명을 주어야 하고, 돈을 벌고, 한밤중에 사과를 반들반들하게 닦아야 할까. 완벽하게 다림질한 바지, 완벽한 신용, 완벽해지는 것, 흑인들을 쏘면서도, 우리 가게와 사무실이 불에 타 재가 되는 것을 지켜보면서도.

I remember thinking of her, What's she afraid of, what could be so bad that we had to be that careful of what people thought of us, as if we ought to mince delicately about in pained feet through our immaculate neighborhood, we silent partners of the bordering WASPs and Jews, never rubbing them except with a smile, as if everything with us were always all right, in our great sham of propriety, as if nothing could touch us or wreak anger or sadness upon us. That we believed in anything American, in impressing Americans, in making money, polishing apples in the dead of night, perfectly pressed pants, perfect credit, being perfect, shooting black people, watching our stores and offices burn down to the ground. (52-3)

어릴 적부터 "조용히, 적게 말하도록 교육받은"(182) 헨리는 미국 주류 사회의 상징인 아드슬리의 자기 집에서조차 희로애락의 감정을 억제해야하고 완벽함을 가장해야 하는 부모의 이중적인 태도를 "비루한 수치"(53)라고 냉소한다. 여기서 헨리의 가족이 믿어야 할 "미국적인 것"이란 팀 엥글즈(Tim Engles)가 말한 "교조적 백인성"(27)이다.

백인성은 "순수의 근본적인 상태"에 의해서 독사(doxa)의 형식으로 기능할 수 있다. 그것은 사람들의 상호작용을 통해 형성된 것이 아니라 어떤 사물이 "당연히," 그럴 수밖에 없는 것으로 수용되는 방식이다. 이것은 주류 미국 사회에서 "자명하고도 자연스러운 질서"가 반드시 중산층 백인 미국인들의 삶의 방식만을 고집한다거나 이러한 삶의 방식이 다른 문화와 하위문화의 영향을 전혀 받지 않으며, 많은 경우 전혀 장악되지 않는다고 말하는 것은 아니다. 오히려 주류 미국인의 행위와 관습은 대부분 중산층 백인들의 방식과 일치한다는 점에서 교조적으로 백인적인 것이라고 말하는 게 맞다. 물론 *그러한* 상황이 아무런 표시 없이 그대로 통과되는 경향이 있긴 하지만 말이다.

Whiteness can function as a form of doxa, then, by means of a "primal state of innocence," an acceptance of its own terms as not terms that have been established in the course of human interactions, but rather as the way things just "naturally" are and out to be. This is not to say that within mainstream American social relations the "self-evident and natural order" necessarily constitutes exclusively the ways of all middle-class white Americans, nor that these ways have not been fully influenced by and, in many cases, appropriated from other cultures and subcultures. Acceptable, mainstream American behavior and mores are doxically white in that they match most closely what have become the ways of most middle-class white Americans, while their status *as such* tends to pass unmarked. (28)

피에르 부르디외(Pierre Bourdieu)의 "독사(doxa)" 개념을 차용한 "교조적 백인성"은 백인 중산층 계급이 당연하게 여기는 삶의 가치와 전망이 사람들의 의식을 불가시적으로 은밀하게 장악한다는 것을 의미한다. 부르디외가 만들어낸 신조어 "독사"는 "이미 구축된 우주 질서와 정치 질서를 임의적인 것이 아니라 자명하고 자연스러운 것으로 당연시 여기는"(27) 의식이다. 팀은 의문의 여지없이 "자명하고 자연스러운" 질서로 편입되는 중산층 백인들의 삶의 방식을 가리켜 교조적 백인성이라고 하였다. 헨리는 백인문화에 동화되기를 원하던 아버지가 감정표현을 극도로 억압하고 자기 통제를 지나칠 정도로 하던 것을 “비루한 수치”라고 비판하지만 그 역시 점점 더 적게 반응하고 더 침묵을 지키며 더 조심스럽게 언어를 사용하는 부정성을 보인다. ‘원어민처럼 말하기’에 함축되어 있는 언어 강박은 사실상 자국민 보호주의와 외국인 혐오를 골자로 하는 교조적 백인성을 내재화한 결과이며 그럼으로써 비원어민인 그는 자기 부정을 키워갈 수밖에 없는 것이다.

이렇듯 사물을 직시하고 삶의 현장에 적극적으로 뛰어들기보다 항상 우유부단하게 삶의 경계선상을 맴돌던 헨리가 행위주체의 자유를 얻게 된 것은 아버지와 유사한 이민사를 거쳤지만 미국 사회에 대해 전혀 다른 시각을 가진 존 강을 통해서이다. 한국 전쟁 고아 출신인 존은 헨리의 아버지보다 더 큰 폭으로 수직상승한 “야심만만한 비주류 정치가”(『네이티브 스피커』 20)이다. 하지만 백인 미국주의를 통해 주류 사회에 동화하려던 아버지와 달리 다인종 미국주의를 선도함으로써 스스로 주류가 되려고 한다.

> 그는 맨해튼 바깥의 자치구에서 만족하며 지역 유지로 살아가는 그저 그런, 또 한 사람의 소수 민족 정치가가 되지 않을 작정이었다. 그는 중요한 인물이 될 작정이었다. 그는 이 땅에서, 이 도시의 모든 구역에서, 플러싱과 브라운스빌과 스페니시 할렘과 클린턴에서 일등 시민으로 우뚝 설 작정이었다. 그는 모든 다양한 민족들을 그레이시 맨션의 계단으로 데려갈 작정이었다. 그들을 전리품으로 안고 가는 것이 아니라, 정복당한 자들로서가 아니라, 도시의 살아 있는 목소리, 늘 새로워져야 하는 목소리로 데려갈 작정이었다.

> He wasn't going to be just another ethnic pol from the outer boroughs, content and provincial; he was going to be somebody who counted, who would stand up like a first citizen of these lands in every quarter of the city, in Flushing and Brownsville and Spanish Harlem and Clinton. He would be

> the one to bring all the various peoples to the steps of Gracie Mansion, bear them with him not as trophies, or the subdued, but as the living voice of the city, which must always be renewed. (303-4)

"도시의 모든 구역에서" "일등 시민으로 우뚝" 서기 위해 선택한 존의 전략은 들끓는 여론의 반대에도 불구하고 이중 언어를 사용할 것을 주장하고 이민자들과 저소득층을 규합하는 정치 기반을 다지며 사회적 소수자 위치에 있는 유권자들과 정서적인 교감을 시도하는 것이다. 감상적이고 비체계적인 그의 선거 전략은 비현실성과 취약성으로 인해 몰락을 자초하는 요인이 된다. 하지만 존 강의 그러한 정치 행보와 몰락의 과정은 헨리에게 백인 미국주의가 지닌 배타성과 폭력성을 생생하게 목격하며 다인종 미국이 갖추어야 할 대응담론의 필요성을 절실히 깨닫게 되는 기회를 제공한다.

『네이티브 스피커』가 그동안 아시아계 미국문학에서 볼 수 없었던 정치 체제와 제도를 다룬 점을 높이 평가한 둔 벳시 후앙(Betsy Huang)은 존 강의 몰락을 두고 "사회· 경제적 계단이 아니라 정치적 계단을 오르는 이민자를 다룬 이 드라마는 소수자의 목소리가 갖는 가차 없는 한계를 드러낸다"(Huang 246)라고 함으로써 현실적인 한계와 그에 따른 실패라고 말한다. 그러나 소수 인종을 "전리품"이 아니라 "도시의 살아 있는 목소리"(『네이티브 스피커』 303)로 부상시키려던 존의 좌절은 헨리에게 백인 미국주의의 속성을 직시하고 그 대응 담론을 찾게 한다는 점에서 실패라기보다 미래를 향한 가교 역할을 한다고 볼 수 있다. 그가 직시한 백인 미국주의는 단일성에 집착하여 이질적인 존재를 거세시키는 폭력성이며 그것은 바로 아들 밋을 죽음에 이르게 한 속성이다. 그가 깨달은 대응담론은 다양한 소수 인종들의 존재 의미와 그들의 사회적인 반전 가능성이다.

“한국 남자가 에너지를 바쳐 헌신할만한 가치 있는 뭔가를 발견하리라고는 한 번도 생각조차 해 본 적이 없는”(139) 헨리는 미국사회의 중심에 우뚝 서려는 존 강을 통해 소수 인종도 미국 사회의 주체가 될 수 있음을 엿본다.

소수자에 대한 이러한 인식의 변화는 미국의 본질에 대한 인식의 변화로 발전된다. 이전의 헨리가 “다양성이 힘과 풍요를 주기보다 고통”을 주며 “주류 경험과 문화 이외의 어떤 것도 위협적이거나 위험하다고 여기는”(274) 단일성의 논리에 침윤되어 있었다면 인식의 변화를 거친 그는 미국의 변함없는 정체성은 다민족의 이질성에 있으며 그 이질성이 사회 변화의 전복적인 힘임을 확신한다.

헨리의 미국 정체성에 대한 이러한 인식의 변화는 그의 의식을 사로잡고 있던 언어에 대한 달라진 태도로 표출된다. 존 강의 마지막을 지켜보던 헨리는 한 밤중 창가에서 들려오는 한인과 남미인 노동자의 서툰 “딱딱한 영어 조각들”(『네이티브 스피커』 337)을 두고 다음과 같이 반응한다.

> 어렸을 때라면 그 사람들을 조롱했을 것이다. 아버지와 가게 노동자들의 그 우스꽝스러운 말투, 그 모든 콩글리시, 스팽글리시, 은어에 몸이 움츠러들고 창피하고 화가 났을 것이다. 말 좀 똑바로 해, 그렇게 소리치고 싶었다. 궁상맞게 사는 주제에 말이라도 한번 똑바로 해봐. 하지만 지금은 아버지의 말을 다시 들을 수만 있다면 무슨 짓이라도 할 것 같다. 아버지의 언어, 항상 맹렬하게 돌진해가는 그 언어의 충돌과 강타와 멈춤. 나는 이 도시의 거리들에서 아버지의 말을 듣기 위해 언제까지나 귀를 쫑긋할 것이다.

> I know I would have ridiculed them when I was young: I would cringe and grow ashamed and angry at those funny tones of my father and his workers, all that Konglish, Spanglish, Jive. Just talk right, I wanted to yell,

> just talk right for once in your sorry lives. But now, I think I would give most anything to hear my father's talk again, the crash and bang and stop of his language, always hurtling by. I will listen for him forever in the streets of this city. (337)

그가 사회적 결핍의 표상이던, 그러므로 폐기하고 싶어 하던 아버지의 "우스꽝스러운" 피진(pigin) 영어를 의식의 중심에 둔다는 것은 단일 언어 사용에 대한 강박으로부터의 벗어나 다중 언어의 존재성을 인정하는 것이다. 그것은 헨리가 아버지의 언어 뿐 아니라 "거리의 나머지 언어들, 특히 끌려간 사람들의 믿을 수 없는 비명과 외침," "그들의 기도와 저주의 일제 사격까지 감당할 것이다"(337)라는 말에 함축되어 있듯이 백인 중심의, 표준 영어 사용의, 단일성에 기반을 둔 백인 미국주의로부터 다인종의, 다중 언어 사용의, 이질성을 포괄하는 다민족 미국주의로 전환됨을 보여주는 것이다.

자신과 아버지의 삶이 결핍에 대한 강박적인 보상심리의 연속임을 인지하고 미국의 정체성이란 다양한 것들이 모여 상호작용하는 혼종성임을 자각하는 헨리는 그 표식으로 언어와 도시에 대해 새로운 인식을 하게 된다.

> 여기는 말의 도시다. 우리는 여기 살고 있다. 거리에서 들리는 외침소리는 우리가 거의 알아듣기 힘든 언어이다. 가장 이상한 합창곡. 끊임없이 들리는 외침은 바로 이러한 것이다. 너는 여기 속해있다. 혹은 너 스스로 여기 속해야 한다. 아니면 너는 여기를 떠나야 한다.

> This a city of words. We live here. In the street the shouting is in a language we hardly know. The strangest chorale. The constant cry is that you belong here, or you make yourself belong, or you must go. (344)

뉴욕을 “알아듣기 힘든 언어”로 가득 찬, 차이가 질병이 되는 바벨로 보던 헨리는 이제 “알아듣기 힘든 언어”의 “가장 이상한 합창곡,” 차이가 축복이 될 수 있는 바벨로 보는 인식의 전환을 한다. 밋의 죽음이 “너무나 위험한”뉴욕이 아니라 “유토피아의 심장부”(101) 아드슬리에서 일어났다는 사실이 암시하듯 헨리의 이러한 인식의 전환은 다양성이 불모가 아니라 풍요의 토양을 제공한다는 사실에 대한 자각이며, 그러므로 다양성이 본질인 뉴욕을 자신의 ‘집’으로 주장하는, 욕망하는 주체로 거듭남을 보여주는 것이라 하겠다.

이와 같이 『네이티브 스피커』는 ‘온전한 정체성’과 ‘적절한 집’을 찾는 이민 후손들의 여정을 다루고 있으며 도시는 그 여정의 대응물로 설정된다. 『네이티브 스피커』의 뉴욕은 축소 강박증 증후를 지닌 헨리가 자아 정체성을 찾아가는 데 있어 생성의 토양으로 기능한다. 작품은 아시아계 미국 이민 후손들이 정체성을 찾아가는데 있어 도시가 미치는 영향, 인물들이 도시에 대해 가지는 인식의 과정과 병행하고 있음을 보여 준다. 해너 네셔(Hana Wirth Nesher)의 언급처럼 “도시는 국가의 환유”(Nesher 145)이므로 도시에 대한 이해와 수용은 곧 국가에 대한 인식과 불가분의 관계를 가지며 국가에 대한 인식은 바로 자아 정체성의 문제와 직결된다. 헨리가 발견한 미국의 도시성은 이질성, 유동성, 비개인성으로서 그것은 계층적인 차별과 단절의 원인이 되면서도 한편 개인의 발전과 자유의 토양이 되는 양가성을 지니고 있는 것이다.

개인의 정체성 획득에 이와 같이 깊이 영향을 미치는 도시는 또한 제3의 혼성적인 문화를 만드는 생성의 공간이기도 하다. 다인종 다민족이 끊임없이 모여 들었다 흩어지는 뉴욕은 언어로부터 음식, 의복, 공간에 이르기까지 새로운 혼성적인 문화가 창조되는 지점인데 맨해튼의 중국 식당은 이러한 혼성성을 엿보게 하는 풍경이라고 할 수 있다.

> 우리는 다른 사람들과 어울려 밖에 서 있다. 유대인들, 히스패닉들, 아시아인들, 흑인들 모두가 뒤섞여 있다. 모두가 사이좋게 어울린다. 잡담을 하고 농담을 하면서. 곧잘 웃음을 터뜨리며. 곧 같은 음식을 먹을 것이라는 사실을 아는 것만으로도 충분히 그럴 만하다고 생각하는 것 같다.

> We stand outside with everyone else, the crowd mixed, Jews and Hispanics, Asians and blacks. Everyone gets along. There's cross-talking and joking. Easy laughs. It's something enough, I suppose, when you know you will soon eat the same food. (326)

백인과 소수인종 간에, 혹은 소수인종끼리 대립과 갈등이 끊이지 않는 뉴욕에서 잠깐 클로즈업되는 중국 식당의 풍경은 혼성적인 문화의 카니발적 속성을 보여 준다. 이 장면은 "유대인들, 히스패닉들, 아시아인들, 흑인들" 등 다양한 인종이 식당 앞에 줄을 서서 기다리며 "잡담을 하고, 농담을 하고, 곧잘 웃음을 터뜨리며" "사이좋게 어울리는" 모습을 그린 것으로 피진 중국 음식에 대한 보편적인 선호가 인종간의 위계질서와 이데올로기를 넘어서 감각적인 공감대를 형성함을 보여 준다. 이 장면이 지닌 함의는 혼성적인 문화의 창조는 이데올로기와 권력 같은 거대 담론이 아니라 인간의 원초적 감각과 같은 미시적인 요소들을 통해 이루어짐을 보여 준다고 하겠다.

이와 같이 도시는 개인의 자아 정체성 추구에 있어 깊은 영향을 미치는 대응물일뿐 아니라 제3의 혼성적인 문화를 만들어내는 복합적인 공간이다. 『네이티브 스피커』에서 다인종 다문화의 공간으로 초점이 맞추어진 플러싱은 정치, 경제, 문화 등 다방면에서 미국

주류 사회의 대응 담론이 될 수 있는 소수인종의 거류지로 그려져 있다. 이 도시 공간은 헨리가 무의식적으로 내뱉은 '축제'라는 단어에 내포된 것처럼 이질적인 존재가 충돌하기도 하고 공조하기도 하면서 새로운 제3의 영역을 만들어 내는 생성의 기능을 한다. 그것은 현대 도시가 가진 다양성이 일견 공동체 "바깥"의 타자를 양산하지만 한편으로 그 타자가 내부로부터 도시를 전복시키는 디오니소스적 힘을 발휘한다고 본 레한의 견해와 같은 맥락이다(Lehan 8). 결국 헨리와 그의 아버지가 수도 없이 벗어나고자 하면서도 궁극적으로는 정착하기로 결심한 뉴욕은 아시아계 미국인들에게 생존의 터전일 뿐 아니라 소수인종의 사회적인 전복을 시도해볼 수 있는 기회의 지점이며 여러 이질적인 요소의 융합으로 제3의 문화를 창조하는 카니발적 공간인 것이다.

참고 문헌

최병두 외. 『희망의 공간』. 데이비드 하비 지음. 서울: 한울, 2001.

Bakhtin, M. M. *Problems of Dostoevsky's Poetics*. Ed. Caryl Emerson. Minneapolis: University of Minnesota Press, 1984.

Bellafante, Ginia. "Discussing 'Native Speaker.'" *The New York Times*. (2013 August 13): 1-2.

Bradbury, Malcolm. "The Cities of Modernism." *Modernism*. eds. Malcolm Bradbury and James McFarlane. London: Penguin Books, 1991, 96-104.

Corley, Liam. "Just Another Ethnic Pol": Literary Citizenship in Chang-Rae Lee's *Native Speaker*." *Studies in the Literary Imagination* 37.1 (2004): 61-81.

Engles, Tim. "Visions of me in the whitest raw light: Assimilation and

Doxic Whiteness in Chang-rae Lee's *Native Speaker*." *A Journal of Asian American Cultural Studies* 4.2 (1997): 27-48.

Huang, Betsy. "Citizen Kwang: Chang-rae Lee's *Native Speaker* and the Politics of Consent." *JAAS* 9.3(2006): 243-269.

Kim, Daniel Y. "Do I, Too Sing America?: Vernacular Representations and Chang-rae Lee's *Native Speaker*." *JAAS* 6.3 (2003): 231-260.

Hune, Shirley. "Asian American Studies and Asian Studies: Boundaries and Borderlands of Ethnic Studies and Area Studies." *Color-Line to Borderlands: The Matrix of American Ethnic Studies*. Ed. Johnnella E. Butler. Seattle: University of Washington Press, 2001. 227-239.

Lee, Chang-Rae. *Native Speaker*. New York: Riverhead Books, 1995.

Lee, Rachel C. "Reading Contests and Contesting Reading: Chang-rae Lee's *Native Speaker* and Ethnic New York." *MELUS* 29.3/4(2004): 341-352.

Lehan, Richard. *The City in Literature: An Intellectual and Cultural History*. Berkeley: University of California Press, 1998.

Winzig, Jerry. "*Native Speaker*: Chang-rae Lee, New York, Riverhead Books." review originally appeared Fall 1997, *Korean Quarterly*.

Wirth-Nesher, Hana. *City Codes: Reading the Modern Urban Novel*. New York: Cambridge UP, 1996.

Wu, Yung-Hsing. "*Native Sons* and *Native Speakers*: On the Eth(n)ics of Comparison." *PMLA* 121.5 (2006): 1460-1474.

에필로그

2007년 아시아계 미국 학회에서 학문적으로 자극을 받아 시작된 나의 도시주의 연구는 해너 네셔의 『시티 코드: 현대도시 소설 읽기』를 만나고 난 후 보다 구체적인 그림을 그리게 되었다. 그녀의 책은 『시스터 캐리』의 시카고와 뉴욕, 『나의 마이클』의 예루살렘, 『댈러웨이 부인』의 런던 등 문학 작품에 재현된 세계각지의 도시들을 도시 기호학으로 섬세하면서도 포괄적으로 읽고 있었다. 책 곳곳에 1950년에 찍은 철조망에 둘러싸인 예루살렘의 사진, 1990년도에 그려진 뉴욕 삽화, 1890년도의 더블린 거리의 사진, 런던의 빅벤 사진 등이 배치되어 있었다. 문학 작품의 도시들을 도시 기호학으로 치밀하게 분석하면서도 시각적인 효과를 가미한 이 책은 예술감각을 띤 학술이론서라고 할만하다.

『생성의 도시학: 아시아계 미국문학과 메트로폴리타니즘』에서 내가 정말 하고 싶었던 작업도 바로 그러한 것이다. 이론적인 치밀함과 미학적인 풍요로움이 공존하는 '예술적인 학술서.' 도시주의 이론으로 문학 작품을 제대로 치밀하게 분석하고 싶었고 아울러 사진, 시각 자료 등을 넣어 예술적인 분위기가 물씬 풍기는 책을 만들고 싶었다. 하지만 이제 원고를 마무리하면서 여러 면에서 역부족이라는 사실을 다시 한 번 절감한다. 치열하게 학문을 탐구하지도 못했고 창조적인 발상으로 감각적인 글을 쓰지도 못했다. 단지 아시아계 미국 이민사를 전체적으로 개괄해 보았다는 점, 도시 공간의 의미를 일관성 있게 연구했다는 점은 그나마 자족할 부분이 아닌가 생각한다.

이 책에 수록된 6작품은 같은 아시아계 미국문학의 범주에 속하면서도 각각 이민사와 문화, 재현된 도시 공간이 다르다. 도시 공간의 모습과 특성이 다르므로 적용할 도시주의도 다를 수밖에 없다. 사회주의자였던 불로산의 『미국은 내 마음속에』는 맑스주의 도시학으로, 중국 토착문화가 강하게 배어 있는 루이스 추의 『차 한 대접 드세요』는 도시기호학으로 읽었다. 2차 대전 때 강제 수용소에서 억류되었던 존 오카다의 『노-노 보이』는 실존주의 도시학으로, 베트남 전쟁의 한 가운데 있었던 르 리 헤이슬립의 『하늘과 땅이 장소를 바꾸었을 때』는 젠더화된 도시 개념으로 해석하였다. 인도인의 디아스포라 경로를 그린 바라티 무컬지의 『재스민』은 포스트모던 도시주의로, '중간 사이'에 낀 한국계 미국 2세를 주인공으로 한 이창래의 『네이티브 스피커』는 실존주의 포스트모던 도시학으로 접근하였다.

공간에 대해 다르게 접근하면 공간은 다른 의미를 드러낸다. 『미국은 내 마음속에』의 미국 서부 도시들은 신제국주의가 지배하는 삶의 현장이다. 『차 한 대접 드세요』의 뉴욕은 소수인종 콜로니에 갇힌 작은 중국이며 『노-노 보이』의 시애틀은 배제와 포함의 원리를 행사하는 미국의 환유다. 『하늘과 땅이 장소를 바꾸었을 때』의 베트남 도시는 여성의 몸을 물신화하는 현장이고 『재스민』의 미국 도시들은 이방인들의 임시 체류지일 뿐이다. 『네이티브 스피커』의 뉴욕은 다문화의 공존을 인정하지 않는 다문화 공간이다.

이민자의 새로운 거주지인 도시는 이렇게 다른 의미를 띤다. 하지만 6 작품에 걸쳐 나타난 공통점은 도시가 '고독과 소외의 장소'라기보다 '예기치 않는 기회의 장소'라는 것이다. 질병과 가난에 시달리는 알로스는 도시에서 사회주의 작가로 거듭나는 기회를 만나며,

도시에서 성적 불능 자가 된 벤 로이는 결국 도시에서 회복한다. 도시 혐오자인 이치로도 도시를 '집'으로 받아들이면서 자신의 정체성을 찾게 되며, 도시에서 몸을 팔아 생존해야 했던 르 리는 몸의 물신화를 통해 행위주체의 자유를 얻는다. 영원한 떠돌이 재스민은 도시가 주는 익명성 뒤에 숨어 주체 변용을 하고 자유의 출구를 찾는다. 뉴욕 다문화주의의 배타성을 신랄하게 비판하던 헨리가 혼종성의 가능성을 발견한 곳은 다름 아닌 뉴욕이다.

범죄와 인종차별과 적의가 가득한 도시. 같은 소수인종끼리 폭력을 일삼고 물질적인 가치가 인간성을 압도하는 곳. '보다 나은 삶'을 찾아 태평양을 건너 힘겹게 찾아온 아시아계 이민자들에게 한 뼘의 땅도 허락하지 않던 미국의 도시들. 그 척박함과 신랄함을 견디며 미국에 뿌리내리기 시작한 아시아 이민자들은 이제 뉴욕과 샌프란시스코와 L.A. 등지에서 견고한 공동체를 세우고 미국 시민의 위상을 드높인다. 도시는 긴 시간에 걸쳐 조금씩 문을 열어주며, 그들이 그렇게 할 수 있도록 자양분을 공급한 '생성의 공간'이다.

찾아보기

김애주

동국대학교 영어영문학부 교수
동국미디어 센터장 2011~2012
문화학술원 영어권문화 연구소장 2008~현재
동국대 문과대 CML(창의인성) 연구소장 2013~현재
(사) 지혜로운 여성 이사장 2011~2012

저서

『토니 모리슨 연구』, 한국문화사 1999
AsianAmerica.Net : Ethnicity, Nationalism, and Cyberspace, Routledge 2003

역서

『술라』, 들녘 2005
『순수의 시대』, 펭귄클래식 코리아 2012

논문

「부적응에 대한 옹호: 진화 심리학으로 읽는 미국 흑인 문학」
「젠더화된 도시 오디세이: 르 리 헤이슬립의「하늘과 땅이 장소를 바꾸었을 때」
「바라티 무컬지의『재스민』: 벌거벗은 생명들과 부정의 존재윤리」
「시티 코드: 도시주의를 통한 아시아계 미국문학 읽기」등 다수

아시아계 미국문학과 메트로폴리타니즘
생성의 도시학

초판 1쇄 발행 _ 2016년 10월 30일

저　자 · 김 애 주
발행인 · 정 현 걸
발　행 · 신 아 사
인　쇄 · 예지인쇄
주　소 · 서울특별시 은평구 통일로 59길 4 (2층)
전　화 · (02) 382-6411 팩스 · (02) 382-6401
홈페이지 · www.shinasa.co.kr
E-mail · shinasa@daum.net
출판등록 · 1956년 1월 5일 (제 9-52호)

ISBN : 978-89-8396-958-3 (93840)

정가 14,000원